SIGNETS

BELLES LETTRES

Collection dirigée
par
Laure de Chantal

CAVE CANEM

DANS LA MÊME COLLECTION

1. Panthéon en poche
Dieux et déesses de l'Antiquité
2. À la table des Anciens
Guide de cuisine antique
3. Séduire comme un dieu
Leçons de flirt antique
4. À l'école des Anciens
Professeurs, élèves et étudiants
5. À la rencontre de l'étranger
L'image de l'Autre chez les Anciens
6. Sur la mer violette
Naviguer dans l'Antiquité
7. Monstres et merveilles
Créatures prodigieuses de l'Antiquité
8. Professionnelles de l'amour
Antiques & impudiques
9. Dixit
L'art de la parole dans l'Antiquité
10. Des lyres et cithares
Musiques & musiciens de l'Antiquité
11. Homosexualité
Aimer en Grèce et à Rome
12. Celebriti
Riches, célèbres et antiques
13. Devenir dieux
Désir de puisssance et rêve d'éternité chez les Anciens
14. Paranormale Antiquité
La mort et ses démons en Grèce et à Rome
15. L'Empire des loisirs
*L'*otium *des Romains*
16. Odeurs antiques
17. Hocus Pocus
À l'école des sorciers en Grèce et à Rome
18. Exit
Exclus et marginaux en Grèce et à Rome
19. Mercato
Le commerce dans les mondes grec et romain
20. Torturer à l'antique
Supplices, peines et châtiments en Grèce et à Rome
21. Nuits antiques
22. ECOLΩ
Écologie et environnement en Grèce et à Rome
23. Clio et ses disciples
Écrire l'histoire en Grèce et à Rome
24. Rouge sang
Crimes et sentiments en Grèce et à Rome

CAVE CANEM

Hommes et bêtes dans l'Antiquité

Précédé d'un entretien
avec Élisabeth de Fontenay

Textes réunis et présentés
par
Jean-Louis Poirier

LES BELLES LETTRES

2016

95, bd Raspail 75006 Paris

www.lesbelleslettres.com
Retrouvez Les Belles Lettres sur Facebook et Twitter

ISBN: 978-2-251-03025-8
ISSN: 0003-181X

ENTRETIEN AVEC ÉLISABETH DE FONTENAY

Philosophe et longtemps maître de conférences à l'université de Paris 1, Élisabeth de Fontenay a publié, entre autres ouvrages, Les Figures juives de Marx *en 1973 (Éditions Galilée) et* Diderot ou le matérialisme enchanté *en 1981 (Éditions Grasset). Dans son livre majeur,* Le Silence des bêtes, *paru en 1998 (Éditions Fayard), elle critique une tradition philosophique responsable de la longue méconnaissance de l'animal au nom du « propre de l'homme ». En dénonçant les mauvais traitements dont ils sont ordinairement victimes, Elisabeth de Fontenay n'a cessé de rappeler cette évidence que l'attention portée au sort des animaux ne saurait entrer en contradiction avec celle que l'on porte aux humains.*

Jean-Louis Poirier. – Un de vos livres les plus importants, paru en 1998, a pour titre Le Silence des bêtes. *Vous entendez montrer par là comment toute une culture rejette l'animal, exclu d'une véritable participation à la société. Cette expression – « le silence des bêtes » – témoigne d'une violence et veut dire qu'elles n'ont pas la parole, peut-être même qu'elles n'ont pas droit à la parole. Croyez-vous que ce phénomène est moderne, ou peut-on aussi le trouver dans l'Antiquité avec, par exemple, la caractérisation des bêtes comme espèces privées de parole,* aloga *? Est-ce la même chose de se voir refuser la parole et de ne pas y avoir accès, faute de disposer d'un langage, ou des organes voulus ?*

Élisabeth de Fontenay. – Bien entendu, c'est une chose de ne pas avoir accès à la parole du fait d'une constitution organique, c'en est une autre d'être réduit au silence par la violence sociale ou politique. Le titre du livre, *Le Silence des bêtes*, a effacé à dessein cette distinction. La plupart des philosophes grecs et romains ont défini les animaux comme des êtres privés de parole, mais leurs civilisations ne les ont pas pour autant exclus de la vie sociale. La pratique des sacrifices, l'observation du vol des oiseaux, l'examen des entrailles, montrent que les hommes attendaient des animaux des informations, des messages quant à la légitimité de leurs fondations ou quant à l'issue de leurs batailles. Certains animaux étaient porteurs de sens, pris dans une chaîne de signification qui reliait les hommes aux dieux. Le sacrifice de la croix a mis fin aux immolations animales et à cette sorte de communauté des vivants, sanglante certes mais si riche en signes.

Un thème sur lequel vous ne cessez d'insister, votre fil conducteur peut-être, est celui du « propre de l'homme », animal tenu pour raisonnable. Vous montrez l'importance de ce thème dans l'instauration du partage homme/animal, et vous en organisez la mise en question. Pouvez-vous préciser ?

Je voudrais préciser que c'est la théologie judéo-chrétienne et la métaphysique occidentale du propre de l'homme que je tente de déconstruire. Il me semble qu'il faudrait pouvoir endurer la blessure narcissique qu'est cette nouvelle expérience de la finitude infligée à l'humanité par la théorie synthétique de l'évolution, et reconnaître en même temps la singularité de l'émergence humaine, liée à la parole et à sa double articulation. Mais l'émergence de l'homme, la différenciation irréversible, la séparation, la divergence des hommes et des animaux, sont un accident de l'histoire évolutive dont il n'y a pas lieu de se rengorger et de tirer parti en chosifiant les animaux.

La question de la raison des bêtes s'articule, dans l'Antiquité, à la question du langage éventuel des animaux. Vous rappelez la distinction entre parole proférée *et* parole intérieure. *Cette distinction s'attache à un dispositif conceptuel particulièrement élaboré et, lorsqu'elle ne conduit pas à refuser toute raison aux bêtes, elle conduit à définir, spécifiquement, une raison ou du moins une intelligence animale. Dans quelle mesure ce dispositif, monté par les stoïciens pour appuyer leur doctrine du propre de l'homme, peut-il contribuer aussi, en raison de son ambiguïté, à déstabiliser cette doctrine ?*

Il est vrai que cette distinction entre parole proférée et parole intérieure, imposée par les stoïciens, est à la fois décisive et confuse, comme Plutarque l'a montré en intitulant l'un de ses ouvrages *Les Contradictions des stoïciens.* Ceux-ci reconnaissent que les animaux possèdent le *logos prophorikos*, le langage proféré, c'est-à-dire une voix plus ou moins articulée, mais que cela ne suffit aucunement à les rendre *logikoi*, raisonnables : ils demeurent tous *aloga*, dépourvus du *logos endiathétos*, du langage intérieur qui s'identifie en quelque sorte à la pensée et constitue le propre de l'homme. Et pourtant le fondateur de l'école stoïcienne, Chrysippe, considérait que le chien de chasse poursuivant un gibier fait un syllogisme au croisement de deux pistes. Il reste que c'est à partir de cette distinction et de l'affirmation de cette carence fondamentale que vont se distribuer et s'ordonner les nombreuses privations infligées aux animaux par les stoïciens.

Les animaux, disent-ils, ont l'usage de leurs représentations alors que les hommes peuvent prendre *conscience* de cet usage. Il faut toutefois noter que le même mot de *logos* est employé dans les deux cas, ce qui s'explique par le matérialisme gradualiste de la physique stoïcienne. C'est le *logos* en effet qui constitue le principe actif agissant dans la matière passive, par lequel la tension intérieure constitutive des corps s'élève graduellement de la structure du minéral, à la croissance de la plante, à l'âme de l'animal, à l'intellect de l'homme. Mais, en contradiction avec la continuité revendiquée par la physique et donc par la psychologie stoïciennes, surgit un hiatus, la raison de l'homme étant une partie de l'esprit divin et son âme étant dotée d'une partie hégémonique d'où provient le discours de la raison. Seuls les hommes possèdent le *logos*, la *ratio* qui les relie entre eux, aux dieux, à Dieu, seuls ils peuvent vivre selon la loi et le droit.

C'est avec une ironie quasi sceptique que Plutarque défendra les aptitudes des animaux contre le dogmatisme stoïcien et montrera que les bêtes usent de raison. Quant à Porphyre, il reconnaît aux animaux la faculté de « penser ce qu'ils éprouvent », entendant par pensée « ce qui sonne en silence dans l'âme ». Une seule et même raison s'exprime en effet selon divers degrés de perfection. « Aucune intention n'échappe aux animaux et ils y répondent chaque fois à propos », dit-il. Le manque d'« à propos », ce sera le nerf de l'argumentation cartésienne contre le langage des bêtes.

La question de l'âme des bêtes ne se pose pas du tout de la même manière dans l'Antiquité et à l'âge classique. Avez-vous une idée des raisons de cette différence ?

Il n'y a eu dans l'Antiquité, et même chez les matérialistes, aucun débat de fond quant à l'âme des bêtes, c'était pour eux une évidence. Les naturalistes et les philosophes attribuaient la vie des animés, des *empsucha*, à la présence et à l'action d'un principe vital qu'ils nommaient âme, et la biologie était une psychologie. Ils étaient, à l'exception peut-être de Platon, continuistes, et pouvaient, comme Aristote, classer les animaux selon le degré, la nature, la capacité de leur âme : nutritive, sensitive, intellective. Avec le développement du christianisme, on peut dire à la fois que la donne a et n'a pas changé. L'âme humaine s'est spiritualisée dans un sens ascétique, platonicien, et surtout elle est devenue le théâtre de la rédemption. Le Christ n'est pas mort pour racheter les animaux puisqu'aussi bien ceux-ci n'ont pas péché en Adam. Une coupure radicale devait donc s'instaurer entre cette âme immortelle, propre à l'homme, condition de sa liberté, de sa pensée, de son salut, et les principes vitaux des animaux. Mais en même temps le christianisme est devenu thomiste, c'est-à-dire aristotélicien, tenant d'une âme des bêtes. Il y a toujours eu une tension à ce sujet entre la foi et la philosophie. L'hypothèse cartésienne de l'animal machine était bien plus conforme aux exigences de la théologie.

*L'approche juridique, identique sur ce point en Grèce et à Rome, exclut les animaux de la sphère du droit. L'idée d'un droit subjectif est étrangère à l'Antiquité : du seul fait que nous ne pouvons conclure aucun contrat avec eux, faute de langage, les animaux ne sauraient être des sujets de droit. Pouvez-vous nous rappeler, alors, comment l'idée d'une communauté plus large que le droit peut introduire ici celle d'une bienveillance à l'égard des bêtes, comme si la protection des animaux relevait de l'humanitaire ? Quel est le rôle, dans ce contexte, de la notion d'*oikéiôsis *?*

Comme ils ne disposent pas du langage, il n'y a pas de contrat entre eux et nous, ni de possibilité d'une parole donnée : les animaux n'ont pas droit à la justice, disent presque unanimement les penseurs de l'Antiquité. Pourtant, les plus juristes de tous, les Romains, les inventeurs du droit, ont compté parmi leurs poètes Virgile, Lucrèce et Ovide, qui ont fait entendre dans leurs vers des accents de bienveillance extrême, de pitié et de tendresse envers les animaux. Virgile à cause de son attention aux travaux des champs et aux soucis des éleveurs, Lucrèce en raison des débordements lyriques d'un matérialisme sans concession, Ovide du fait de l'horizontalité des métamorphoses, qui rompt la hiérarchie entre les vivants. La poésie latine sauve les bêtes du non-droit où les Anciens les ont séquestrées.

Mais c'est seulement dans la séquence grecque – Théophraste, Porphyre, Plutarque – que l'on trouve la notion de cette *philanthrôpia* qui ne saurait consister à aimer les hommes sans être aussi amour des bêtes et qui, en vertu de notre *apparentement* avec elles, déclare illégitime de les maltraiter. Le concept d'*oikéiôsis* fonde cette fraternité, cette consanguinité des vivants : même chair, mêmes humeurs, mêmes membres, même savoir immédiat de ce qui est bon et mauvais, même désir de vivre. Théophraste, naturaliste et moraliste, avait été le disciple et le successeur d'Aristote et il est l'héritier de son œuvre d'histoire naturelle qui compte l'homme parmi les animaux. Il ne retenait pas de son maître le propre logique et politique de l'homme mais la communauté originaire des corps, et l'on peut dire qu'il a déplacé souverainement la question animale. L'apparentement primordial des vivants a remplacé le logos, principe d'exclusion. Cet élargissement pythagoricien de la communauté représente un véritable changement de terrain par rapport à l'*oikéiôsis* des stoïciens.

Car ce qui rend ambigu ce concept d'*oikéiôsis*, ce qui le rend contradictoire même, c'est que les stoïciens qui, les premiers, l'ont utilisé ne le définissaient que comme appropriation de soi-même, affinité avec soi-même, conscience et amour de soi, sauvegarde de soi qui fait que tout animal veut vivre et persévérer dans son être propre et peut s'attacher, pour survivre, à des objets de plus en plus éloignés. On voit bien comment, en dépit cet admirable pressentiment du *conatus* spinoziste et du corps propre des phénoménologues, ce qui empêchait les stoïciens d'accorder leur morale à leur physique continuiste, moniste, matérialiste. On voit ce qui obligeait des philosophes, allant malgré tout si loin dans la pensée du propre et de l'appropriation qui caractérise le vivant, à refuser tout apparentement entre les animaux et les hommes, et leur permettait de récuser l'idée d'un rapport de justice entre eux et nous. C'est bien l'obsession de la prérogative humaine, de ce *logos* qui apparente l'homme au divin et non aux simplement vivants.

Abordons maintenant, si vous le voulez bien, quelques questions qui s'attachent aux problématiques philosophiques majeures que nous venons d'évoquer. Ce sont des questions remarquablement concrètes, dont il ne faut pas dissimuler l'actualité :

- *en premier lieu et au premier plan, celle du droit qu'auraient les hommes de tuer les bêtes. Avons-nous le droit de tuer pour vivre ? Avons-nous le droit de tuer pour manger ? Est-il « loisible de manger chair », comme demande Plutarque ?*
- *en second lieu, mais non au second plan, la question du droit d'utiliser ou d'exploiter les bêtes : peut-on admettre de leur infliger de mauvais traitements ?*

Théophraste, Porphyre et Plutarque pensaient justement qu'en vertu de l'*apparentement* les hommes n'avaient pas le droit de tuer pour manger. La question du végétarisme, voire du végétalisme, m'est toujours apparue comme une question capitale, d'ordre à la fois ontologique, éthique et politique. Il faut, me semble-t-il pour y réfléchir correctement, comprendre la portée de l'événement anthropologique, de la césure qu'est l'avènement du néolithique et, en l'occurrence, de l'élevage. Car à partir de cette révolution, les hommes ont apprivoisé, nourri et abrité des animaux en vue de les abattre. Aujourd'hui, dès lors que les conditions de la survie ont radicalement changé, je ne vois pas qu'on puisse qualifier cette pratique autrement que comme un meurtre avec préméditation, c'est-à-dire un assassinat même si ce crime n'a pas été inscrit dans le Décalogue et même si des siècles et des siècles semblent le légitimer. Il m'arrive de manger de la viande et du poisson, mais ce n'est jamais de gaieté de cœur, jamais sans penser à l'animal qui a été mis à mort. Et j'accepte qu'on me traite péjorativement de *belle âme*, car je n'accorde pas ma pensée la plus sincère avec ma conduite et en ce sens je ne suis pas digne du titre de philosophe, du moins tel que les Anciens l'entendaient.

Pour répondre à votre seconde question sur le droit que nous aurions à maltraiter les animaux, je ne vous parlerai ni de la chasse ni de la corrida, ni même de l'expérimentation, mais de ce qui constitue une seconde césure dans l'histoire zoo-anthropologique, à savoir de la production industrielle de viande, instituée à la fin du XIXe siècle par les abattoirs de Chicago. L'élevage – mais le mot est devenu impropre, car ces courtes vies contraintes sont bien plus atroces que leurs mises à mort –, les transports et l'abattage témoignent d'une barbarie inhumaine et déshumanisante dont le capitalisme financier et l'industrie agroalimentaire, qui par ailleurs affament des millions d'êtres humains, devront rendre compte un jour et, je l'espère, bientôt.

Si vous me permettez de rebondir sur votre réponse, ne peut-on penser que les peuples de l'Antiquité, qui réglaient les pratiques d'abattage en les intégrant aux rites religieux, leur donnant ainsi le sens d'un geste sacrificiel, se montraient un peu moins inhumains ?

Je suis d'autant plus d'accord sur ce point que j'ai consacré une grande partie du *Silence des bêtes* aux sacrifices des Grecs et des anciens Hébreux, et que j'ai tracé une ligne de séparation entre cette culture qui faisait de l'abattage une immolation aux dieux, donc de la cuisine un rite religieux, avec le christianisme dans lequel c'est un dieu qui s'immole. Je considère que le statut des animaux a changé alors du tout au tout. L'animal sacrifié par excellence était, chez les Grecs, le bœuf de labour dont le chant XII de l'*Odyssée* montre qu'il n'est pas autorisé sans des précautions qui attestent que cette pratique constituait en même temps une terrible transgression. Les compagnons d'Ulysse ont tué, pour les manger, les bœufs du Soleil qui leur avaient été expressément interdits. Leur cuisine et leur repas ont donné lieu à des prodiges effroyables, car les hommes ne sauraient manger n'importe quoi et n'importe comment, la consommation de nourriture carnée exigeant, pour ne pas être criminelle, le sacrifice d'une bête autorisée et des rites bien ordonnancés. Il y a bien dans la cuisine transgressive des compagnons d'Ulysse une ébauche de cérémonie sacrificielle, mais elle tient d'une parodie dévastatrice de l'humanité et de la cité grecque dans la mesure où elle inverse et modifie les rites : le feuillage d'un chêne remplace l'orge, l'eau et le vin, et surtout l'ordre du bouilli et du rôti est inversé. Je ne sais pas si l'on peut dire qu'il y avait là un souci d'humanité, mais en tout cas les animaux étaient des vivants intermédiaires entre les hommes et les dieux, et non de la viande sur pieds.

Question plus générale, maintenant, et qui déborde sûrement l'Antiquité : si on admet que les bêtes ne sont pas raisonnables, mais si elles ne sont pas pour autant des automates, quelle forme de conscience faut-il leur attribuer ? Comment se distinguent-elles du monde environnant ? Bref, en quel sens faut-il des animaux pour faire un monde ?

Vous abordez là une question dont les philosophes, obsédés par l'absence de raison des bêtes, n'ont pu avoir la moindre idée. Heidegger affirmait que les animaux étaient « pauvres en monde », et même qu'ils étaient « sans monde », parce qu'il considérait que l'existence, le *dasein*, faisait de l'homme un configurateur de monde, un existant qui avait à voir avec le destin de devoir mourir et non avec le fait naturel d'être seulement un vivant. Il a rompu avec Husserl sur ce point, puisque pour ce dernier « le monde de la vie », commun aux hommes et aux animaux et qui constitue la condition primordiale de possibilité du rapport de corrélation entre une subjectivité et un monde, ce monde de la vie forme une couche préconsciente, préréflexive du psychisme. Les animaux supérieurs ne vivent pas dans un environnement auquel ils réagissent mais dans des mondes de signes constitués par leur subjectivité, passive certes et limitée, mais suffisamment structurée et structurante pour que du réel et du symbolique s'y révèlent. À ce « psychisme », à ces « ego sans intériorité » des animaux supérieurs, nous pouvons avoir accès par empathie. L'animal participe à notre vie perceptive et notre vie perceptive participe à l'animalité, nos mondes se croisent : cette intuition sera somptueusement orchestrée par Merleau-Ponty dans son cours sur la nature au Collège de France.

Une telle avancée aura été facilitée chez l'un et l'autre de ces philosophes par les découvertes renversantes de l'éthologie, et principalement par les travaux de Uexküll et de Lorenz sur les activités oniriques, donc rituelles et symboliques, dont sont capables les animaux supérieurs quand l'objet de leur instinct leur fait défaut. Aujourd'hui, l'existence de cultures animales et leur transmission ne font plus de doute, et les primatologues observent comment des mères chimpanzés apprennent à leurs petits à casser des noix, en ralentissant leurs gestes.

Votre livre, qui suit un plan en apparence historique, recouvre une multiplicité d'époques. Qu'est-ce qui vous paraît caractéristique de l'animal dans l'Antiquité ? Pensez-vous que la condition animale est meilleure aujourd'hui, chez nous ?

Ce qui me paraît caractéristique des Anciens, c'est la curiosité et la manière contemplative dont ils approchaient les animaux. Et ce, en dépit du procès de la maîtrise humaine qu'on trouve dans l'admirable chœur de l'*Antigone* de Sophocle :

« Les oiseaux étourdis, il les enserre et il les prend,
Tout comme le gibier des champs et les poissons peuplant les mers,
[dans les mailles de ses filets,
L'homme à l'esprit ingénieux.
Par ses engins il se rend maître de l'animal sauvage qui va courant les monts,
Et, le moment venu, il mettra sous le joug et le cheval à l'épaisse crinière
Et l'infatigable taureau des montagnes. »

Mais justement, les Grecs ont su mettre en garde contre la démesure, contre les excès du prométhéisme ou contre la folie sanguinaire d'Ajax qui tue des moutons en les prenant pour des Grecs. Bien sûr, les jeux romains du cirque qui faisaient s'affronter à mort des êtres humains et des animaux sauvages représentent une abominable exception à ce que je continue à voir comme une sorte d'âge d'or où les bêtes s'entretenaient avec les hommes. Si l'on adopte le seul point de vue des animaux, on ne peut être que nostalgique de la religion grecque et de la poésie latine.

Dernière question : pouvez-vous expliquer votre intérêt, et peut-être votre amitié, pour les bêtes ?

Je ne parlerai peut-être pas d'amitié, car la *philia* a pour moi comme pour les Anciens un sens immédiatement politique et ne s'adresse qu'aux hommes. Pour Aristote, c'est un élargissement de l'affection unissant les membres de la famille, et qui de proche en proche devient cette bienveillance mutuelle entre citoyens qui peut s'élargir à tous les représentants de l'espèce humaine, mais qui, fondamentalement, exclut les animaux. Je lui préfère, en l'occurrence, la *philanthrôpia* plutarquienne avec sa connotation de pitié et son exigence de justice envers les animaux comme envers les hommes.

Je répondrai à votre question à travers deux registres. Je ne connais pas bien les animaux sauvages, à l'exception des éléphants. Les bêtes auxquelles je dois mon éducation animale sont celles de la ferme, les vaches, les chevaux, les cochons, et celles de la chasse, les lièvres, les canards et les oies, mais par-dessus tout les chiens dont je ne cesse de contempler le mystère. Dans une tout autre perspective, je vous dirai que des blessures familiales, l'une d'ordre historique, l'autre d'ordre congénital, m'ont rendue solidaire de tous ceux qui ne peuvent pas se défendre.

Merci.

CARTES

La Méditerranée antique (1 cm = 280 km)

Borysthenes
Tanais
SCYTHIA
DACIA
CHERSONESUS
TAURICA
COLCHIS
Danubius/Ister
PONTUS EUXINUS
Trapezus
MOESIA
PONTUS
BITHYNIA
CAPPADOCIA
THRACIA
Byzantium/
Constantinopolis
MACEDONIA
Halys
Tigris
MESOPOTAMIA
Smyrna
Euphrates
CILICIA
Athenae
SYRIA
CYPRUS
CRETA
Sidon
Damascus
Tyrus
PHOENICIA
Aelia capitolina/
Jerusalem
Cyrene
Alexandria
Nilus
LIBYA
AEGYPTUS

Le monde grec (1 cm = 98 km)

PONTUS
EUXINUS
THRACIA
Bosphorus
Byzantium/
Constantinopolis
Abdera
Hebrus
Doriscus
PROPONTIS
THASOS
Hellespontus
Cyzicus
TROAS
Troja/Ilium
Simoïs
MYSIA
TENEDOS
Scamander
M. Ida
MARE
Pergamum
PHRYGIA
LESBOS
LYDIA
Hermus
ASIA MINOR
Smyrna
CHIOS
IONIA
Colophon
Ephesus
Maeander
ANDROS
SAMOS
M. Mycale
Miletus
CARIA
DELOS
PATMOS
PAROS
SPORADES
NAXOS
Halicarnassus
COS
Cnidus
LYCIA
THERA
RHODOS
Cnossus
Gortyna
M. Dicte

ALPES MONTES
GALLIA CISALPINA
Mediolanum
Cremona
Padus
Parma
Verona
Mantua
Patavium
Aquileia
APENNINUS MONS
Felsina/
Bononia
Ravenna
Rubico
Ariminum
Pisaurum
Ancona
Pisae
Arnus
Florentia
Arretium
ETRURIA
PICENUM
UMBRIA
Asculum
Tiberis
CORSICA
Tarquinii
Roma
Tibur
Praeneste
Tusculum
Ostia
Lavinium
Corfinium
Sulmo
Arpinum
Venafrum
Beneventum
Cannae
APULIA
MARE
ADRIATICUM
ILLYRICUM

L'Italie antique (1 cm = 93 km)

I

DES ANIMAUX
ET
DES HOMMES

Drachme macédonienne,
sous Alexandre le Grand
(336-323 av. J.-C.).
Tête d'Héraclès coiffée
de la peau du lion néméen.

ÉTAT DE NATURE ET SOCIÉTÉ

L'homme est lui aussi un animal, bien sûr ! Mais cela ne l'empêche pas de tenter, de multiples façons, de s'exclure de l'animalité.

Si, dans l'Antiquité, il n'est jamais le moins du monde question d'une *évolution*, au sens des théories modernes, et si les espèces sont tenues pour immuables, cela ne conduit pas pour autant à récuser toute histoire : on se représente alors un état de nature, plus ou moins idyllique, qui correspondrait à la condition des animaux, et dont l'être humain se serait délivré ou dont il aurait été chassé.

Au-delà de variations possibles qui font de cet état de nature tantôt un état de paix, d'abondance et de bonheur, sur le modèle de l'âge d'or, et tantôt un état de dénuement, de détresse et de guerre, ce qui caractérise invariablement l'état de nature, ainsi opposé aux sociétés humaines, c'est toujours l'absence d'association civile, ce qui n'exclut pas certains types de société. On retrouvera donc à chaque fois ce thème, dans l'Antiquité : les animaux, en cela différents des hommes, faute de langage, et définis par là, sont incapables de former une société politique car ils sont incapables de justice. Ils vivent donc dans la guerre et se dévorent les uns les autres, à moins, comme dans certaines représentations de l'âge d'or, d'être gouvernés par des bergers divins, ou plus tard, pour certains, par des bergers humains.

Le monde animal, désormais constamment opposé au monde humain (non sans quelque dérive anthropocentriste) fournira donc, selon les cas, un modèle d'organisation et de paix à une humanité en fait ignorante de la justice et entraînée dans une histoire catastrophique, depuis que les bergers divins se sont retirés, ou au contraire un repoussoir, illustrant la quasi-impossibilité de vivre sans institutions politiques et sans justice.

Platon

À travers quelques grands mythes platoniciens, l'animal est l'occasion d'une réflexion sur la politique et la société. Si le modèle du troupeau et de son berger illustre le bon gouvernement, le problème est qu'il n'est point de bergers pour s'occuper des hommes, comme pour les moutons. Il ne naît point de roi dans nos cités comme il en éclot dans les ruches. Les prétendus bergers ne sont que graine de tyrans et, en allant au bout de l'idée, il devient clair, au fond, que toute domination sur l'homme le transforme en animal, « occupé à se gorger de nourriture ».

LE RÈGNE DE CRONOS ET LA MÉTAPHORE DU BERGER ET SON TROUPEAU

L'Étranger. — Par ailleurs, les animaux eux-mêmes avaient été répartis, par genres et par troupeaux, sous la houlette de génies divins, dont chacun pourvoyait pleinement par lui-même à tous les besoins de ses propres ouailles, et si bien qu'il n'y en avait point de sauvages et qu'elles ne se mangeaient point entre elles, et qu'il n'y avait parmi elles ni guerre ni querelle d'aucune sorte ; quant aux autres bienfaits qu'entraînait une telle condition du monde, il y en aurait des milliers à conter. Mais, pour revenir à ce qu'on rapporte des hommes, qu'ils n'avaient qu'à se laisser vivre, en voici l'explication. C'est Dieu qui les paissait et les régentait en personne, de même qu'aujourd'hui les hommes, race plus divine, paissent les autres races animales, qui leur sont inférieures. Sous sa gouverne, il n'y avait point de constitution et point de possession de femmes ni d'enfants, car c'est du sein de la terre que tous remontaient à la vie, sans garder aucun souvenir de leurs existences antérieures. Mais, au lieu de tout cela, ils avaient à profusion les fruits des arbres et de toute une végétation généreuse, et les récoltaient sans culture sur une terre qui les leur offrait d'elle-même.

Sans vêtement, sans lit, ils vivaient le plus souvent à l'air libre, car les saisons leur étaient si bien tempérées qu'ils n'en pouvaient souffrir, et leurs couches étaient molles dans l'herbe qui naissait de la terre, à foison. Voilà donc, Socrate, la vie que l'on menait sous Cronos ; quant à celle que Zeus, dit-on, régit, celle de maintenant, tu la connais par toi-même : serais-tu donc de taille et d'humeur à juger laquelle des deux est la plus heureuse ?

SOCRATE LE JEUNE. — Pas le moins du monde.

L'ÉTRANGER. — Veux-tu alors que, de quelque façon, je fasse ce choix pour toi ?

SOCRATE LE JEUNE. — De grand cœur.

L'ÉTRANGER. – Eh bien, si les nourrissons de Cronos, avec tant de loisirs et de facilités pour entretenir des propos non seulement avec les hommes, mais encore avec les bêtes, usèrent de tous ces avantages pour pratiquer la philosophie, conversant avec les bêtes aussi bien qu'entre eux et interrogeant toutes les créatures pour voir s'il y en aurait une, plus heureusement douée, qui vînt enrichir d'une découverte originale le trésor commun de sapience, il est aisé de juger que ceux d'alors surpassaient infiniment en bonheur ceux d'à présent. Mais si, occupés à se gorger de nourriture et de boisson, ils ne surent échanger entre eux et avec les bêtes que des fables comme celles que l'on conte maintenant à leur sujet, dans ce cas encore, s'il faut dire là-dessus ma pensée, la question serait facile à résoudre.

Le Politique, 271d *sq.*

Selon le sophiste Protagoras, la nature a donné aux espèces animales le moyen de survivre en les dotant d'une organisation adaptée. Oubli de la nature, l'homme ne doit son salut qu'à l'invention des techniques. Surtout, il se distinguera des animaux par la possession de la justice, don de Zeus qui lui permet de vivre en société et de l'emporter dans la lutte pour la vie.

TECHNIQUE HUMAINE ET ADAPTATION ORGANIQUE DES ANIMAUX

C'était le temps où les dieux existaient déjà, mais où les races mortelles n'existaient pas encore. Quand vint le moment marqué par le destin pour la naissance de celles-ci, voici que les dieux les façonnent à l'intérieur de la terre avec un mélange de terre et de feu et de toutes les substances qui se peuvent combiner avec le feu et la terre. Au moment de les produire à la lumière, les dieux ordonnèrent à Prométhée et à Épiméthée de distribuer convenablement entre elles toutes les qualités dont elles avaient à être pourvues. Épiméthée demanda à Prométhée de lui laisser le soin de faire lui-même la distribution : « Quand elle sera faite, dit-il, tu inspecteras mon œuvre. » La permission accordée, il se met au travail.

Dans cette distribution, il donne aux uns la force sans la vitesse ; aux plus faibles, il attribue le privilège de la rapidité ; à certains, il accorde des armes ; pour ceux dont la nature est désarmée, il invente quelque autre qualité qui puisse assurer leur salut. À ceux qu'il revêt de petitesse, il attribue la fuite ailée ou l'habitation souterraine. Ceux qu'il grandit en taille, il les sauve par là même. Bref, entre toutes les qualités, il maintient un équilibre. En ces diverses inventions, il se préoccupait d'empêcher aucune race de disparaître.

Après qu'il les eut prémunis suffisamment contre les destructions réciproques, il s'occupa de les défendre contre les intempéries qui viennent de Zeus, les revêtant de poils touffus et de peaux épaisses, abris contre le froid, abris aussi contre la chaleur, et en outre, quand ils iraient dormir, couvertures naturelles et propres à chacun. Il chaussa les uns de sabots, les autres de cuirs massifs et vides de sang. Ensuite, il s'occupa de procurer à chacun une nourriture distincte, aux uns les herbes de la terre, aux autres les fruits des arbres, aux autres leurs racines ; à quelques-uns il attribua pour aliment la chair des autres. À ceux-là, il donna une postérité peu nombreuse ; leurs victimes eurent en partage la fécondité, salut de leur espèce.

Or Épiméthée, dont la sagesse était imparfaite, avait déjà dépensé, sans y prendre garde, toutes les facultés en faveur des animaux, et il lui restait encore à pourvoir l'espèce humaine, pour laquelle, faute d'équipement, il ne savait que faire. Dans cet embarras, survient Prométhée pour inspecter le travail. Celui-ci voit toutes les autres races harmonieusement équipées, et l'homme nu, sans chaussures, sans couvertures, sans armes. Et le jour marqué par le destin était venu, où il fallait que l'homme sortît de la terre pour paraître à la lumière.

Prométhée, devant cette difficulté, ne sachant quel moyen de salut trouver pour l'homme, se décide à dérober l'habileté artiste d'Héphaïstos et d'Athéna, et en même temps le feu – car, sans le feu, il était impossible que cette habileté fût acquise par personne où rendît aucun service –, puis, cela fait, il en fit présent à l'homme.

C'est ainsi que l'homme fut mis en possession des arts utiles à la vie, mais la politique lui échappa : celle-ci en effet était auprès de Zeus ; or Prométhée n'avait plus le temps de pénétrer dans l'acropole qui est la demeure de Zeus, en outre il y avait aux portes de Zeus des sentinelles redoutables. Mais il put pénétrer sans être vu dans l'atelier où Héphaïstos et Athéna pratiquaient ensemble les arts qu'ils aiment, si bien qu'ayant volé à la fois les arts du feu qui appartiennent à Héphaïstos et les autres qui appartiennent à Athéna, il put les donner à l'homme. C'est ainsi que l'homme se trouve avoir en sa possession toutes les ressources nécessaires à la vie, et que Prométhée, par la suite, fut, dit-on, accusé de vol.

Protagoras, 320c-322a

LA NATURE ET LA LOI

Parce que l'homme participait au lot divin, d'abord il fut le seul des animaux à honorer les dieux, et il se mit à construire des autels et des images divines ; ensuite il eut l'art d'émettre des sons et des mots articulés, il inventa les habitations, les vêtements, les chaussures, les couvertures, les aliments qui naissent de la terre. Mais les humains, ainsi pourvus, vécurent d'abord dispersés, et aucune ville n'existait. Aussi étaient-ils détruits par les animaux, toujours et partout plus forts qu'eux, et leur industrie, suffisante pour les nourrir, demeurait impuissante pour la guerre contre les animaux ; car ils ne possédaient pas encore l'art politique, dont l'art de la guerre est une partie. Ils cherchaient donc à se rassembler et à fonder des villes pour se défendre. Mais, une fois rassemblés, ils se lésaient réciproquement, faute de posséder l'art politique ; de telle sorte qu'ils recommençaient à se disperser et à périr.

Zeus alors, inquiet pour notre espèce menacée de disparaître, envoie Hermès porter aux hommes la pudeur et la justice, afin qu'il y eût dans les villes de l'harmonie et des liens créateurs d'amitié.

Protagoras, 322a-322c

HOMÈRE
VIIIe s. av. J.-C.

VIRGILE
Ier s. av. J.-C.

CLAUDIEN
Ve s. ap. J.-C.

Porphyre

On croit communément qu'il y a des animaux utiles, et d'autres qui sont nuisibles. Mais ce n'est pas si simple. Il y a une rivalité dans la lutte pour la vie si bien que même des animaux inoffensifs peuvent, s'ils prolifèrent trop, être une menace pour la société. Tout est alors une question d'équilibre. Et c'est la naissance d'un concept qui, en raison de sa fécondité, sera durant des siècles au cœur de la connaissance du vivant.

ANIMAUX UTILES, ANIMAUX NUISIBLES

Deux principes contribuaient également à la tranquillité de la société : tuer sans ménagements tous les êtres nuisibles, et préserver tout être pouvant servir à leur destruction. Il fut donc naturellement interdit de tuer les uns, alors qu'il ne fut pas défendu de tuer les autres. Et l'on ne peut objecter le cas de certains animaux nullement susceptibles de détruire l'espèce humaine ni de nuire en aucune façon à son existence, et que pourtant la loi nous permet d'anéantir. Car parmi les animaux que la loi nous permet de tuer, il n'y en a pratiquement aucun qui, si on le laisse se multiplier trop abondamment, ne puisse devenir dangereux pour nous. En revanche, si on les maintient dans la quantité où ils se trouvent actuellement, ils facilitent notre vie en nous rendant certains services. Par exemple le mouton, le bœuf, et tous les animaux de ce genre nous aident, tant qu'ils restent en nombre limité, à faire face aux nécessités de notre existence. Mais s'ils prolifèrent sans limite et dépassent à l'excès le nombre établi, ils peuvent mettre notre vie en danger, soit en usant contre nous de leur force, puisque leur nature le leur permet, soit seulement en dévorant ce que la terre produit pour notre nourriture. Et c'est la raison pour laquelle il ne fut pas non plus interdit de tuer ce genre d'animaux. Le but est d'en laisser vivre un nombre tel qu'ils puissent à la fois rendre service et être facilement maîtrisés. Quant aux lions, loups et autres animaux qu'on appelle sauvages, qu'ils soient petits ou gros, il est exclu qu'ils puissent, maintenus en une certaine quantité, alléger notre tâche face aux nécessités de la vie. Il en va différemment pour les bœufs, les chevaux, les moutons, en un mot pour tous les animaux dits domestiques. Aussi détruisons-nous totalement les premiers, alors que chez les seconds nous supprimons seulement ce qui dépasse la juste mesure.

De l'abstinence, I, 10-11

Aristote

Si c'est la société qui caractérise l'homme par rapport aux animaux, celle-ci est naturelle selon Aristote, en total désaccord avec le sophiste Protagoras : l'homme est simplement plus sociable, « plus civique » que les autres animaux. Question de degré. Pas plus que les bêtes, l'homme n'est naturellement ennemi de ses semblables, dont il a au contraire besoin. Ce qui le distingue des animaux, c'est la parole, grâce à laquelle la société n'est pas fondée sur une disposition biologique, mais sur la justice que les hommes définissent en en parlant. On tire de cela que les bêtes sont des animaux moins civiques, moins capables de faire société que l'homme, parce qu'ils ne disposent pas de la parole et ne savent pas délibérer sur ce qui est juste.

L'HOMME EST UN ANIMAL PAR NATURE POLITIQUE

La raison est évidente pour laquelle l'homme est un être civique plus que tous les autres, abeilles ou animaux grégaires. Comme nous le disons, en effet, la nature ne fait rien en vain ; or seul d'entre les animaux l'homme a la parole. [...] l'homme qui ne peut pas vivre en communauté ou qui n'en a nul besoin, parce qu'il se suffit à lui-même, ne fait point partie de la Cité : c'est une bête sauvage ou un dieu.

Politique, I, 1253a, 10-14

Pour Aristote, le prétendu dénuement de l'homme est en fait un avantage vital, parce que c'est l'intelligence qui met l'homme au-dessus de tous les autres animaux et qui l'affranchit de la rigidité des moyens naturels de défense en multipliant ses possibilités. Cette supériorité s'exprime dans le corps : en se tenant debout, l'homme libère ses mains et son regard, il va à la rencontre des dieux et d'autrui, il devient apte à une construction spirituelle.

SE TENIR DROIT

Chez l'homme, la partie comprise entre la tête et le cou s'appelle la face, nom qu'elle doit, semble-t-il, à sa fonction. Car du fait que l'homme est le seul animal qui se tienne droit, il est aussi le seul qui regarde de face et qui émet sa voix en face.

Les Parties des animaux, 662a

À la suite du cou et de la tête viennent chez les animaux les membres antérieurs et le tronc. L'homme, au lieu des pattes et des pieds de devant, possède des bras et ce qu'on appelle les mains. Car il est le seul des animaux à se tenir droit parce que sa nature et son essence sont divines. Or, la fonction de l'être divin par excellence c'est la pensée et la sagesse. Mais cette fonction n'aurait pas été facile à remplir si la partie supérieure du corps avait pesé lourdement. Car la pesanteur enlève toute souplesse au raisonnement et au sens commun.

Les Parties des animaux, 686a

LES MAINS

C'est pourquoi aussi tous ces animaux sont moins intelligents que l'homme [...]. La cause en est, comme nous l'avons dit plus haut, que le principe de l'âme est alors, à beaucoup d'égards, peu mobile et corporel. Et à mesure que la chaleur, qui élève, devient plus faible et l'élément terreux plus abondant, le corps des animaux est plus petit et les pattes nombreuses ; les pattes finissent même par disparaître et le corps traîne sur le sol. En continuant dans cette voie, les êtres vont jusqu'à avoir le principe vital en bas et la partie où se trouve la tête finit par être immobile et insensible : ils deviennent des plantes avec le haut du corps placé en bas, et le bas en haut. En effet, les racines jouent chez les végétaux le rôle d'une bouche et d'une tête, tandis que la semence se trouve à l'opposé : elle se forme en haut à l'extrémité des pousses.

Ainsi nous avons dit pourquoi certains animaux, ont deux pieds, d'autres plusieurs, alors que certains en sont dépourvus, pourquoi les uns sont des végétaux, les autres des animaux et pour quelle raison l'homme est le seul animal qui se tienne droit.

Or, puisque sa nature est de se tenir droit, il n'avait aucun besoin de jambes de devant : aussi, au lieu de ces jambes, la nature lui a donné des bras et des mains. À ce propos, Anaxagore prétend que c'est parce qu'il a des mains que l'homme est le plus intelligent des animaux. Ce qui est rationnel, plutôt, c'est de dire qu'il a des mains parce qu'il est le plus intelligent. Car la main est un outil ; or la nature attribue toujours, comme le ferait un homme sage, chaque organe à qui est capable de s'en servir. Ce qui convient, en effet, c'est de donner des flûtes au flûtiste, plutôt que d'apprendre à jouer à qui possède des flûtes. C'est toujours le plus petit que la nature ajoute au plus grand et au plus puissant, et non pas le plus précieux et le plus grand au plus petit. Si donc cette façon de faire est préférable, si la nature réalise parmi les possibles celui qui est le meilleur, ce n'est pas parce qu'il a des mains que l'homme est le plus intelligent des êtres, mais c'est parce qu'il est le plus intelligent qu'il a des mains.

Les Parties des animaux, 686b-687a 19

L'HOMME EST LE MIEUX PARTAGÉ DES ANIMAUX

En effet, l'être le plus intelligent est celui qui est capable de bien utiliser le plus grand nombre d'outils : or, la main semble bien être non pas un outil, mais plusieurs. Car elle est pour ainsi dire un outil qui tient lieu des autres. C'est donc à l'être capable d'acquérir le plus grand nombre de techniques que la nature a donné l'outil de loin le plus utile, la main. Aussi, ceux qui disent que l'homme n'est pas bien constitué et qu'il est le moins bien partagé des animaux (parce que, dit-on, il est sans chaussures, il est nu et n'a pas d'armes pour combattre) sont dans l'erreur. Car les autres animaux n'ont chacun qu'un seul moyen de défense et il ne leur est pas possible de le changer pour un autre, mais ils sont forcés, pour ainsi dire, de garder leurs chaussures pour dormir et pour faire n'importe quoi d'autre, et ne doivent jamais déposer l'armure qu'ils ont autour de leur corps ni changer l'arme qu'ils ont reçue en partage. L'homme, au contraire, possède de nombreux moyens de défense, et il lui est toujours loisible d'en changer et même d'avoir l'arme qu'il veut et quand il le veut. Car la main devient griffe, serre, corne, ou lance ou épée ou toute autre arme ou outil. Elle peut être tout cela, parce qu'elle est capable de tout saisir et de tout tenir.

Les Parties des animaux, 687a 19-687b 5

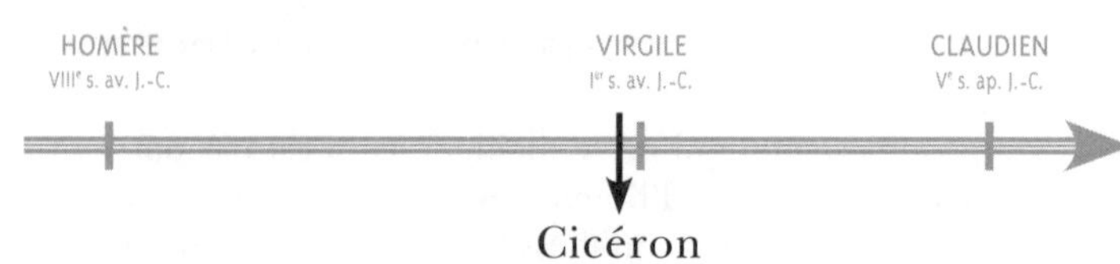

Cicéron

« CRÉER DANS LA NATURE COMME UNE SECONDE NATURE »

Quelles servantes habiles, et cela dans combien d'arts, sont les mains que la nature a données à l'homme ! Les doigts se plient et s'allongent facilement grâce à la souplesse des jointures et des articulations qui leur permet de faire tous les mouvements sans effort ; c'est pourquoi, par le simple jeu des doigts, la main est capable de peindre, de modeler, de graver, de tirer des sons de la lyre et de la flûte. Voilà pour le divertissement ; mais voici des besoins vitaux : je veux dire la culture des champs, la construction des maisons, la confection des vêtements tissés ou cousus, et toute l'industrie du bronze et du fer ; on comprend comment grâce aux mains des artisans qui mettent en œuvre les inventions de l'esprit et les perceptions des sens, nous nous sommes procuré tout ce qu'il nous fallait pour être abrités, vêtus et en sécurité, et nous avons des villes, des murailles, des habitations, des temples. C'est encore le travail des hommes, je veux dire de leurs mains, qui nous révèle la diversité et l'abondance des aliments. En effet, d'une part, c'est la main qui nous procure de nombreux produits agricoles, qui sont consommés immédiatement ou mis en conserve pour les laisser vieillir, d'autre part, nous nous nourrissons d'animaux terrestres et aquatiques tantôt en les capturant, tantôt en les élevant. Nous domestiquons aussi pour en faire des moyens de transport des quadrupèdes, dont la rapidité et la force nous apportent à nous-mêmes force et rapidité. Nous faisons porter des charges à certains animaux et à d'autres le joug : nous exploitons à notre profit les sens très subtils des éléphants et le flair des chiens ; nous extrayons des profondeurs de la terre le fer, indispensable pour la culture des champs, nous mettons au jour des filons de cuivre, d'argent, d'or, profondément cachés, qui servent aussi bien à l'usage qu'à la parure. La coupe des arbres et tout le bois des arbres cultivés et des forêts nous servent tantôt, en y mettant le feu, à nous chauffer et à faire cuire nos aliments, tantôt à bâtir, pour nous défendre du froid et de la chaleur, à l'abri de nos maisons. Le bois sert beaucoup aussi pour la construction des bateaux, dont les voyages nous fournissent en abondance, venant de partout, tout ce qui est utile à la vie. Quant aux forces naturelles les plus violentes, celles de la mer et des vents, seuls nous savons les modérer, grâce à l'art de la navigation, et nous jouissons et usons d'un très grand nombre de produits de la mer. De même, l'homme a la maîtrise complète des biens de la terre : nous tirons profit des plaines et des montagnes, les fleuves sont à nous, les lacs sont à nous ; nous semons des céréales, nous plantons des arbres, nous fertilisons les terres par des irrigations, nous contenons les cours d'eau, nous les rectifions, nous les détournons ; de nos mains enfin nous essayons de créer dans la nature comme une seconde nature[1].

La Nature des dieux, II, 60

1. Après Aristote et Cicéron dont il se réappropriera l'argumentation en l'enrichissant d'un savoir scientifique propre à en confirmer la pertinence, Galien (*De l'utilité des parties du corps humain*, I, 2) fera voir magnifiquement comment le fait de posséder des mains ne donne pas seulement la maîtrise des techniques les plus diverses, mais permet d'accéder à une dimension nouvelle, celle de la culture, des arts, de la mémoire et de l'archive : « Grâce aux ouvrages écrits et à l'usage des mains, écrit-il, vous pouvez encore vous entretenir avec Platon, Aristote, Hippocrate et les autres Anciens. »

DE L'HOMME À L'ANIMAL, LES DIFFERENCES EN QUESTION

Si, dans l'Antiquité, ce qui fait la différence entre les hommes et les bêtes est que les premiers disposent de la parole alors que les secondes en sont privées (elles sont dites *aloga*), cette différence, moins facile à identifier qu'il ne semble, ne cesse d'être interrogée. Et cela d'autant plus qu'elle fait l'objet, de la part des stoïciens, d'une élaboration théorique subtile, inscrite dans la distinction entre λόγος ἐνδιάθετος (discours intérieur) et λόγος προφορικός (discours proféré). C'est là une question qui est au centre de l'approche antique de l'animal, et qui ne cessera de faire valoir sa pertinence pendant beaucoup de siècles encore.

HOMÈRE
VIIIe s. av. J.-C.

VIRGILE
Ier s. av. J.-C.

CLAUDIEN
Ve s. ap. J.-C.

Porphyre

*La parole vaut argument en faveur de l'humanité parce qu'elle témoigne de la présence d'une pensée, et de raison. Selon une tradition qui, après Platon, définit la pensée comme « un dialogue de l'âme avec elle-même » (*Théétète, *189e), la parole est une pensée exprimée, et la pensée une parole intérieure. Dans la mesure où l'intérieur est par définition recouvert, le partage intérieur/extérieur porte quelque chose d'indécidable : le muet peut penser, comme le bavard ne rien avoir en tête.*

ET SI LES BÊTES PARLAIENT ?

Puisqu'il existe, selon les stoïciens, deux sortes de discours – l'un qui est intérieur et l'autre qui est proféré, et encore l'un qui est parfait et l'autre qui est déficient –, il convient de bien préciser lequel de ces discours ils refusent aux animaux. Est-ce le seul discours parfait et non tout discours absolument ? Ou bien est-ce absolument tout discours, tant celui qui est intérieur que celui qui procède à l'extérieur ? Ils ont bien l'air de se prononcer pour la privation totale et non pour celle du seul discours parfait. Sinon les animaux ne seraient pas des êtres non raisonnables, mais ils seraient encore des êtres raisonnables, ni plus ni moins que ne le sont, selon eux, presque tous les hommes. À leurs yeux, en effet, il n'a paru qu'un seul sage, voire deux, chez qui seuls la raison est parvenue à la perfection ; les autres sont tous des sots, qu'ils progressent ou qu'ils restent noyés dans leur sottise, même s'ils sont tous semblablement raisonnables. C'est l'égoïsme qui les pousse à dire que les autres animaux sont tous sans exception non raisonnables, au sens où l'absence de raison signifie la privation de toute espèce de discours. Cependant, s'il faut dire la vérité, non seulement le discours se rencontre chez tous les animaux absolument, mais chez beaucoup d'entre eux il a encore une capacité à devenir parfait.

Et puisque, comme on l'a vu, il y a deux sortes de discours qui consistent, l'un dans la prolation et l'autre dans la faculté, commençons par celui qui est proféré et qui consiste dans le son de la voix. Si donc le discours proféré est un son signifiant au moyen de la langue les affections internes ou de l'âme – cette définition est très générale et n'est encore liée à aucune doctrine particulière, mais seulement à la notion de discours –, en quoi les animaux qui parlent en sont-ils privés ? Et pourquoi aussi, avant même de dire ce qu'ils veulent dire, ne commencent-ils pas par penser ce qu'ils éprouvent ? (J'entends par pensée ce qui sonne en silence dans l'âme). Eh bien donc ! puisque les sons émis par la langue sont un discours, de quelque manière qu'ils sonnent, que ce soit à la manière des Barbares ou à celle des Grecs, à celle des chiens ou à celle des bœufs, les animaux qui font entendre des sons participent au discours ; les hommes cependant parlent selon les lois humaines et les animaux selon celles que chacun a reçues des dieux et de la nature. Et si nous ne les comprenons pas, qu'importe ? Les Grecs non plus ne comprennent pas la langue des Indiens ni de même ceux qui ont été élevés en Attique, les Scythes ou les Thraces ou les Syriens ; mais le son des uns est perçu par les autres comme un craquètement de grues. Cependant pour les autres leur langue est analysable en lettres et en sons, comme pour nous la nôtre ; en revanche la langue des Syriens, par exemple, ou des Perses n'est analysable pour nous ni en sons ni en lettres, comme pour tous les hommes celle des animaux. Car de même que nous ne percevons qu'un bruit et un son, faute de connaître l'usage des Scythes, par exemple, et qu'il nous semble qu'ils criaillent, qu'ils n'articulent rien, mais qu'ils émettent toujours un même bruit tantôt long et tantôt court, sans que sa modulation ne parvienne à notre oreille en formant quelque sens que ce soit, tandis que leur parler est pour eux intelligible et très distinct, comme l'est pour nous la langue qui nous est familière ; de même chez les animaux : le sens est saisi d'une manière particulière selon chaque espèce, tandis que nous ne pouvons entendre qu'un bruit dont le sens nous échappe, parce qu'il ne s'est trouvé personne ayant appris notre langue pour nous apprendre à traduire dans notre langue ce qui est dit chez les animaux.

Cependant s'il faut en croire les auteurs anciens et ceux qui ont vécu à notre époque et à celle de nos pères, certains hommes, dit-on, ont perçu et compris les cris des animaux. Ainsi, chez les Anciens, Mélampous, Tirésias et autres devins, et naguère Apollonius de Tyane dont on rapporte aussi le trait suivant : il était avec ses disciples lorsqu'une hirondelle vola au-dessus d'eux en criant. « Cette hirondelle, dit-il, indique aux autres qu'un âne chargé de blé a fait une chute devant la ville et que dans sa chute il a répandu sa charge sur le sol. » Un de nos compagnons racontait qu'il avait eu le bonheur de posséder un jeune serviteur qui comprenait tous les cris des oiseaux ; et c'était toujours des prédictions qui annonçaient des événements prochains ; mais il perdit cette faculté de comprendre parce que sa mère, craignant qu'on ne l'envoie à l'empereur en présent, lui avait uriné dans les oreilles pendant qu'il dormait.

De l'abstinence, III, 1-3

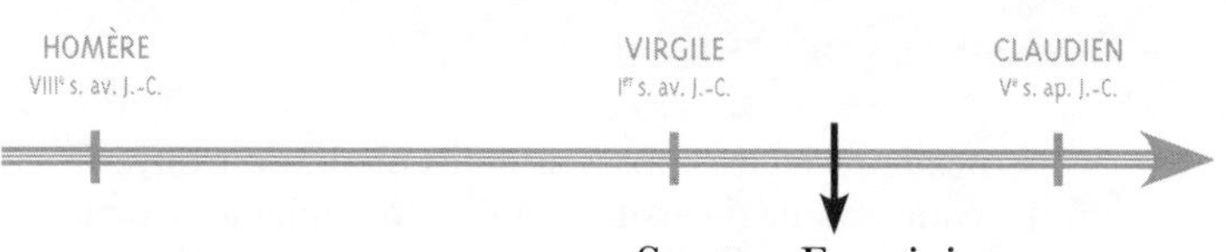

Sextus Empiricus

C'est un thème sceptique traditionnel, que recueillera Montaigne, qui accorde la parole aux bêtes. Ainsi, en mettant l'homme à égalité avec les bêtes et en accordant à leurs représentations la même valeur qu'aux nôtres, on met en question non seulement l'anthropocentrisme, mais aussi, de façon provocante, toutes les représentations naïves qui en sont issues.

LAISSEZ LA PAROLE AUX BÊTES !

Il n'est pas nécessaire maintenant de parler de la faculté d'exprimer sa pensée au-dehors, et que l'on peut appeler discours extérieur, ou parole : puisque même quelques philosophes dogmatiques (pythagoriciens) ont rejeté la parole, comme étant contraire à l'acquisition de la vertu, ce qui faisait qu'ils gardaient le silence tout le temps qu'ils se soumettaient à l'instruction. En effet supposons qu'un homme soit muet ; personne ne dira pour cela qu'il soit privé de raison, comme les brutes. Mais laissons ces choses. Ne voyons-nous pas que les animaux brutes profèrent quelques paroles humaines, comme les pies et quelques autres animaux ? Passons encore cela sous silence, et venons au fait. Encore que nous n'entendions pas, et que nous ne pénétrions pas le langage des animaux, il n'y a pas d'absurdité à dire qu'ils discourent entre eux, mais que nous ne comprenons pas ce qu'ils disent. Il en est à peu près comme quand nous entendons parler des étrangers, dont nous ne concevons point le langage, ne remarquant en eux qu'une voix uniforme, et non distinguée par aucune variété de prononciation.

Mais quoi ! Nous entendons que les chiens ont une certaine voix quand ils poursuivent quelqu'un, une autre quand ils hurlent, une autre quand on les bat, et encore une autre quand ils caressent. Enfin pour finir, si l'on veut considérer ici les choses attentivement, on trouvera qu'il y a une grande diversité de voix, non seulement dans cet animal, mais encore dans plusieurs autres, selon la diversité des circonstances. Voilà les raisons qui peuvent faire conclure que les animaux, que l'on dit être privés de raison, ne sont pas privés de toute faculté d'énoncer leurs pensées et leurs perceptions. Si donc les animaux ont les sens aussi parfaits, que les hommes ; s'ils ont une raison et un discours intérieur, comme les hommes ; et s'ils ont outre cela par surcroît une sorte de faculté de s'énoncer, et d'exprimer leurs perceptions au-dehors, on pourra autant les en croire que nous, à l'égard de choses qui dépendent de la pensée ou de la perception passive des objets.

Ce que j'ai fait voir à l'égard du chien, je pourrais de même le démontrer à l'égard des autres animaux. Car qui peut nier que les oiseaux n'aient beaucoup d'adresse, et qu'ils n'aient une espèce d'énonciation ; connaissant les choses présentes et les choses à venir, et prédisant ces dernières à ceux qui peuvent entendre le langage des oiseaux, ce qu'ils font en plusieurs manières, mais surtout par leur voix ? Cependant, pour le répéter encore, je n'ai usé de cette comparaison des animaux avec les hommes que par une surabondance superflue, pour ainsi dire, puisque j'avais assez fait voir auparavant, ce me semble, que nous ne pouvons pas préférer nos pensées ou nos perceptions à celles des autres animaux, que l'on dit être privés de raison. Or si ces animaux ne sont pas moins dignes d'être crus que nous, dans le discernement des perceptions, et si ces perceptions sont différentes, selon la variété qui se trouve entre les animaux, je pourrai bien dire qu'un objet me paraît d'une certaine manière ; mais s'il s'agit de déterminer quel il est en lui-même, je serai obligé de suspendre mon jugement là-dessus.

Hypotyposes pyrrhoniennes, I, 73-77

HOMÈRE
VIIIe s. av. J.-C.

VIRGILE
Ier s. av. J.-C.

CLAUDIEN
Ve s. ap. J.-C.

Plutarque

Au-delà de la possible précipitation avec laquelle de nombreux auteurs accordent le langage – proféré – aux bêtes, on retiendra la précision des observations et la remarquable attention des philosophes et naturalistes de l'Antiquité à l'égard de la richesse et de la diversité des sons émis par les animaux. Et pas seulement dans le cas des oiseaux…

LE CAS DES OISEAUX…

Je parlerai […] des étourneaux, des corbeaux et des perroquets, qui savent apprendre à parler et qui offrent à ceux qui les dressent un souffle vocal si malléable et si prompt à imiter qu'ils peuvent articuler et infléchir ; pour ce qui est de l'apprentissage, ils me paraissent être des représentants qualifiés et de bons avocats de la gent animale. D'une certaine façon, ce sont eux qui nous instruisent en nous montrant que le discours proféré et le langage articulé font partie de leurs facultés. Je trouve donc du plus haut comique que l'on admette de leur comparer les êtres qui n'ont même pas le peu de voix qu'il faut pour hurler de douleur ou gémir. Même dans leurs cris naturels et non appris, ils possèdent l'art et la grâce à un degré dont témoignent les plus grands esprits et les plus belles voix, qui comparent les poèmes les plus suaves aux mélodies des cygnes et aux chants des rossignols. On sait que l'acte d'enseigner requiert plus de raison que l'acte d'apprendre ; or il y a lieu de croire Aristote lorsqu'il nous affirme que les animaux enseignent. Car on a vu, dit-il, le rossignol enseigner à son petit les rudiments du chant. Et la preuve, c'est qu'on observe un chant plus médiocre chez ces oiseaux lorsqu'ils ont été capturés petits et séparés de leur mère. En effet, lorsqu'ils sont élevés en famille, ils reçoivent un enseignement, et s'ils apprennent, ce n'est pas pour recevoir une récompense ni pour connaître un moment de gloire, mais simplement parce qu'ils se plaisent à faire assaut de vocalises, et parce qu'ils cultivent, dans leur voix, la beauté et non le profit.

L'Intelligence des animaux, XIX, 972f-973b

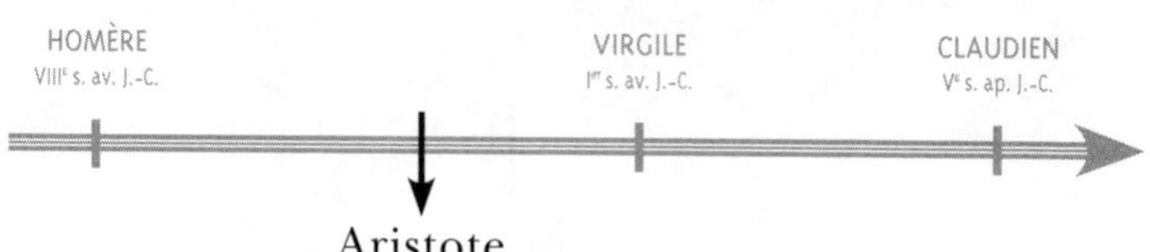

… ET DES AUTRES BÊTES

Les quadrupèdes vivipares ont chacun une voix différente, mais aucun d'eux n'a de langage : ce dernier est propre à l'homme. Car tout être qui a un langage possède aussi la voix, mais les êtres qui ont une voix n'ont pas tous un langage. Les sourds de naissance sont également tous muets. Ils émettent bien des sons, mais ils n'ont aucun langage. Les petits enfants, pas plus qu'ils ne commandent aux autres parties de leurs corps, ne sont pas maîtres, au début, de leur langue : celle-ci est imparfaite et ne se délie que plus tard, en sorte que la plupart du temps ils bredouillent et ils blèsent. Les voix et les langages varient suivant les lieux. La voix pour sa part se caractérise surtout par l'aigu ou le grave, et la qualité des sons émis ne diffère nullement à l'intérieur d'un même genre. Parmi les oiseaux de petite taille, les oisillons dans certains cas n'ont pas le même ramage que leurs parents, s'ils n'ont pas été élevés avec eux, et s'ils ont entendu le chant d'autres oiseaux. On a même déjà vu un rossignol apprendre à chanter à un petit oiseau, ce qui suppose que le langage et la voix ne sont pas de même nature, et que le premier peut être façonné par l'éducation. Les hommes ont tous la même voix, mais leur langage n'est pas le même. Quant à la voix de l'éléphant, lorsqu'elle ne passe pas par le nez, mais seulement par la bouche, elle ressemble au souffle d'un homme qui chasse l'air de ses poumons et qui soupire bruyamment, et quand elle passe par les narines, elle a le son rauque d'une trompette.

Histoire des animaux, IV, 9

HOMÈRE
VIIIe s. av. J.-C.

VIRGILE
Ier s. av. J.-C.

CLAUDIEN
Ve s. ap. J.-C.

Lucrèce

Lucrèce ne se contente pas de reprendre l'idée selon laquelle les animaux ont un langage. Il propose une analyse de ce langage, et même une tentative de déchiffrement, en rapportant la variété des sons émis non seulement aux espèces qui les produisent, mais surtout aux circonstances vitales, aux affections ressenties et aux situations dans lesquelles ils sont proférés. Cette théorie du sens et du langage vaut aussi bien pour les hommes.

IL FAUT INTERPRÉTER LES CRIS DES BÊTES

Les troupeaux privés de la parole, et même les espèces sauvages, poussent des cris différents suivant que la crainte, la douleur ou la joie les pénètre, comme il est aisé de s'en convaincre par des exemples familiers. Ainsi quand la colère fait gronder sourdement les chiens molosses, et, retroussant leurs larges et molles babines, met à nu leurs dents dures, les sons dont nous menace la rage qui fronce leur mufle sont tout autres que les aboiements sonores dont ensuite ils emplissent l'espace. Et lorsque d'une langue caressante ils entreprennent de lécher leurs petits, ou qu'ils les agacent à coups de pattes, et que, menaçant de mordre et retenant leurs crocs, ils feignent délicatement de vouloir les dévorer, les jappements qu'ils mêlent à leurs caresses ne ressemblent guère aux hurlements qu'ils poussent laissés seuls à la garde de la maison, ou aux plaintes qu'ils font entendre, l'échine basse et se dérobant aux coups. Enfin ne nous semble-t-il point entendre des hennissements différents, quand au milieu des cavales s'emporte le fougueux étalon, dans la fleur de son âge, éperonné par l'Amour, son cavalier ailé, et que les naseaux dilatés il frémit prêt à la lutte, ou quand toute autre émotion secoue ses membres et le fait hennir ? Enfin la gent ailée, les oiseaux divers, les éperviers, les orfraies, les plongeons qui dans les flots salés de la mer vont chercher leur nourriture et leur vie, ont, en autre temps, des cris tout autres que lorsqu'ils luttent pour leur subsistance et que leurs proies se défendent. D'autres encore font varier avec les aspects du temps les accents de leur voix rauque ; telles les corneilles vivaces et les bandes de corbeaux, suivant que, dit-on, elles réclament les eaux de la pluie, ou qu'elles annoncent encore les vents et la tempête.

De la nature, V, 1059-1086

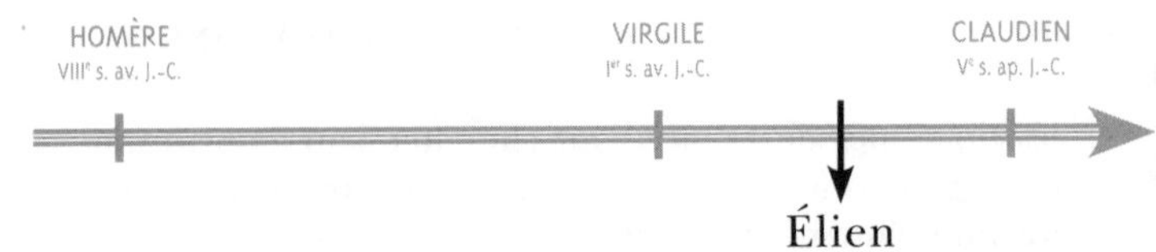

À CHAQUE ESPÈCE SA LANGUE

La nature a donné aux animaux des voix et des langages extrêmement variés, comme elle l'a fait pour les hommes. Ainsi le Scythe s'exprime dans une langue et l'Indien dans une autre ; l'Éthiopien a une langue qui lui est propre, et les Saces également ; la langue grecque est une chose et la langue romaine en est une autre. Il en va exactement de même pour les animaux qui émettent chacun des sons et des bruits différents et propres à leur langue. Ainsi l'un rugit, un autre meugle, pour un autre il s'agit de hennissement, pour un autre de braiment, pour un autre de bêlement ou de béguètement, certains ont coutume de hurler, d'autres d'aboyer, d'autres de grogner ; les criaillements, les sifflements, les hululements, les chants, les mélodies, les trilles et mille autres dons de la nature sont particuliers aux animaux et diffèrent chez les uns et chez les autres.

La Personnalité des animaux, V, 51

HOMÈRE
VIIIe s. av. J.-C.

VIRGILE
Ier s. av. J.-C.

CLAUDIEN
Ve s. ap. J.-C.

Plutarque

Le discours intérieur ne se réduit pas à un discours. Il ouvre en fait la dimension de ce que Plutarque appelle l'intelligence. L'intelligence – et les animaux ne cessent d'en faire preuve – renvoie au discours intérieur dans la mesure où elle traduit le fait qu'aucun animal n'en est réduit à ses sensations. Par suite, tout être sensible se caractérise par la capacité d'organiser son comportement, et ce genre de projet ne se limite pas à une intention abstraite, il enveloppe tous les préparatifs de l'action. Il suffit donc que le comportement d'un animal soit précédé de préparatifs, autrement dit soit organisé, pour attester qu'il dispose de la raison.

QUI DIT SENSATION DIT PENSÉE ET RAISON

On jugerait extravagant quiconque voudrait que le genre animé se divise en un genre sensible et un genre insensible, un genre capable de représentation et un genre dépourvu de cette faculté, parce que tout être animé est automatiquement et par nature capable de sentir et de se représenter. Eh bien ! on n'est pas mieux fondé à exiger qu'on reconnaisse que le genre animé se divise en rationnel et irrationnel, et cela devant des gens pour qui rien n'est doué de sensibilité qui ne soit doué aussi d'intelligence, et pour qui il n'est point d'être vivant en qui ne se trouve, par nature, une part d'opinion et de raisonnement, au même titre que de sensibilité et d'impulsion à agir. La nature, dont ils disent fort justement qu'elle ne fait rien sans intention ni sans but, n'a pas fait du vivant un être sensible à seule fin qu'il se rende compte qu'il lui arrive quelque chose. En réalité, étant donné qu'il existe une foule de choses qui lui sont appropriées et une foule d'autres qui lui sont inappropriées, il ne survivrait pas une seconde s'il n'avait appris la défiance vis-à-vis des unes et la familiarité avec les autres. Donc la sensation fournit à chacun le pouvoir de reconnaître pareillement ces deux catégories d'objets ; mais les activités qui suivent la sensation, et qui consistent à prendre ou rechercher ce qui est profitable et à rejeter ou fuir les causes de mort ou de douleur, seraient absolument impossibles à des êtres n'ayant pas par nature quelque aptitude au raisonnement, au jugement, à la mémoire et à l'attention. Si l'on retire à certains d'entre eux toute possibilité de prévoir, de se souvenir, de faire des projets et des préparatifs, si on leur enlève l'espoir, la crainte, le désir ou l'aversion, il ne leur servira à rien d'avoir des yeux et des oreilles. Et mieux vaudrait pour eux être débarrassés de toute cette sensibilité et de cette faculté de représentation inutilisables que d'éprouver peines, douleurs et souffrances sans avoir les moyens d'y mettre fin.

Il y a cependant une formule du physicien Straton qui déclare que le sentir n'existe en aucun cas sans l'acte de saisir par l'intellect. La preuve en est que souvent le sens des lettres que nous parcourons des yeux, ou des paroles qui frappent nos oreilles, nous reste inconnu et nous échappe si nous avons l'esprit ailleurs. Ensuite, au contraire, l'esprit revient, poursuit et traque les mots enfuis en les reprenant un à un. C'est du reste pourquoi il est dit : « L'esprit voit, l'esprit entend, et tout le reste est sourd et aveugle. » Ce qui signifie que l'impression qui touche les yeux ou les oreilles ne produit pas la sensation si l'entendement ne s'y joint.

L'Intelligence des animaux, III, 960d-961b

L'argument est classique. On peut ne pas être du tout intelligent ou raisonnable, mais on peut aussi l'être plus ou moins : c'est donc l'occasion d'un examen nuancé, qui multiplie exemples et descriptions concrètes, occasion aussi de faire apparaître la diversité et la richesse du monde animal.

TÊTES DE LINOTTES ?

Il y en a beaucoup [d'animaux] qui, par la taille et la vitesse, ou bien par la vigueur de la vue et la finesse de l'ouïe, laissent tous les hommes loin derrière eux. L'homme n'en est pas pour autant aveugle ni chétif ni sourd. En vérité nous courons, même si c'est moins vite que le cerf ; nous voyons, même si c'est moins bien que le faucon ; la nature ne nous a pas privés de force ni d'une certaine stature, bien que sous ce rapport nous soyons peu de chose face à l'éléphant ou au chameau. Donc, pareillement, ne disons pas non plus des bêtes, si leur entendement est plutôt paresseux et leur pensée plutôt médiocre, qu'elles n'ont pas de pensée et pas le moindre entendement, ou qu'elles ne possèdent pas la raison. Mais disons qu'elles possèdent une raison faible et trouble, comme nous parlerions d'une vue basse et brouillée. Et si je ne prévoyais pas que nos jeunes gens vont dans un instant, savants et érudits comme ils sont, apporter au dossier une ample moisson de faits recueillis par l'un sur la terre et par l'autre dans la mer, je ne me priverais pas de t'infliger l'exposé de milliers d'exemples où l'on voit les bêtes manifester de remarquables qualités aussi bien acquises qu'innées, puisque notre belle Rome nous a mis en mesure de puiser à pleins seaux ces sortes d'exemples dans ses théâtres impériaux. Laissons-leur donc ces sujets sans les déflorer ni les entamer, afin de leur permettre de briller dans leur éloquence. Mais il y a un petit détail que je veux examiner tranquillement avec toi. Je pense qu'il y a pour chaque partie et pour chaque faculté une déficience, une infirmité, une maladie qui lui sont propres : ainsi pour l'œil la cécité, pour la jambe la claudication, et le bégaiement pour la langue, défauts qui ne peuvent rien concerner d'autre. Car il n'y a pas de cécité chez un être à qui la nature n'a pas donné la faculté de voir, ni de claudication en l'absence de la faculté de marcher, et l'on ne saurait en aucun cas parler de bégaiement chez des êtres dépourvus de langue, ni de bredouillement chez des êtres par nature sans voix. Par conséquent, il n'y a pas davantage divagation, égarement ou folie là où n'existent pas par nature entendement, pensée et raisonnement. Car on ne peut être affecté si l'on ne possède pas la faculté à laquelle est liée l'affection, ou la privation, ou l'infirmité, ou toute autre détérioration. Or tu as bien rencontré des chiens enragés ! Moi, j'ai vu des chevaux pareillement atteints. Il y en a qui disent que les bœufs aussi peuvent devenir fous, ainsi que les renards. Mais l'exemple des chiens suffit : il est indiscutable, et témoigne que l'animal possède une raison et une pensée non négligeables, puisque c'est bien à cette faculté, alors en état de trouble et de confusion, que s'attaque l'affection qu'on appelle rage ou folie. Car nous ne voyons pas que ni leur vue ni leur ouïe soient altérées. Voyons ! quand un homme est atteint de mélancolie ou d'aliénation, il faut être extravagant pour ne pas admettre qu'il s'agit d'un dérangement ou d'une perte de son entendement, de son raisonnement et de sa mémoire. Du reste, c'est ce que dénoncent les termes habituellement employés à propos des égarés quand on dit qu'ils ne sont plus dans leur bon sens et qu'ils ont perdu la raison. Eh bien ! de la même façon, à propos des chiens enragés, si l'on croit à une autre forme d'affection au lieu d'estimer que c'est parce que leur faculté naturelle de réfléchir, de raisonner et de se souvenir est complètement perturbée et dérangée qu'ils ne reconnaissent plus les visages les plus aimés et qu'ils fuient leur séjour et leur nourriture habituels, c'est apparemment qu'on est insensible à l'évidence, ou alors qu'on a une claire conscience des faits, mais qu'on en fait une occasion de chercher querelle à la vérité.

L'Intelligence des animaux, V, 963a-963f

HOMÈRE
VIIIe s. av. J.-C.

VIRGILE
Ier s. av. J.-C.

CLAUDIEN
Ve s. ap. J.-C.

Augustin

L'ANIMAL DÉPOURVU DE RAISON NE PEUT ÊTRE DIT SOT

Quand est-ce qu'un homme commence à mériter d'être appelé nécessairement ou sage ou insensé ? N'est-ce pas quand il pourrait posséder la sagesse, s'il n'y mettait pas de négligence et que sa volonté devient responsable du défaut de la folie ? Personne n'est assez dépourvu de sens pour appeler un enfant insensé ; on serait moins raisonnable encore de vouloir l'appeler sage. Si donc un enfant, tout homme qu'il soit, n'est ni fou ni sage ; si par conséquent la nature humaine est susceptible d'un certain milieu qu'on ne peut nommer ni folie ni sagesse ; évidemment, on ne pourrait appeler insensé un homme qui serait disposé comme le sont ceux qui ont négligé d'acquérir la sagesse, s'il était ainsi non par sa faute, mais naturellement. La folie, en effet, n'est pas une ignorance quelconque de ce que l'on doit rechercher ou éviter, c'est une ignorance vicieuse. De là vient que nous n'appelons pas fou un animal sans raison : il ne lui a pas été donné de pouvoir acquérir la sagesse. Et pourtant nous prenons souvent les termes dans un sens figuré. Ainsi en est-il de la cécité : elle est certainement le plus grand défaut dont puissent être affectés les yeux, mais elle n'en est pas un dans les petits chiens qui viennent de naître, et à proprement parler, on ne peut alors la nommer cécité.

Du libre arbitre, III, 24

HOMÈRE
VIIIe s. av. J.-C.

VIRGILE
Ier s. av. J.-C.

CLAUDIEN
Ve s. ap. J.-C.

Sextus Empiricus

Le chien est un animal qui a toujours été tenu pour remarquable. Tous les bergers le savent : il sait faire la distinction entre amis et ennemis, et se montre fidèle aux premiers et impitoyable aux seconds. Pour cette raison Platon en fait un modèle pour les gardiens de la Cité. Les philosophes cyniques en ont fait leur emblème. Même les stoïciens, philosophes qui n'ont pas coutume de trop s'attendrir sur les bêtes, reconnaissent qu'il est capable de raisonnement. Ils s'appuient sur un exemple célèbre qui illustrerait la maîtrise par le chien d'un point délicat de la logique stoïcienne : le cinquième indémontrable *(poursuivant le gibier et arrivé à un carrefour, le chien n'a pas besoin de flairer – et il peut s'y jeter – pour savoir que le troisième chemin [q] est le bon, si aucun des deux autres [p] n'est le bon. En clair, le chien applique le mode logique dit* tollendo ponens *: [$p \vee q$, $\sim p \supset q$]).*

DIALECTI-CHIEN ?

Ceux de notre secte ont accoutumé de comparer simplement tous les animaux avec l'homme : mais les dogmatiques, voulant subtiliser, nient que la comparaison soit égale. Ainsi nous, pour avoir un plus ample sujet de nous moquer d'eux, nous ne parlerons que d'un seul animal, qui est le chien, qui semble tout à fait méprisable ; et par cette seule comparaison, nous trouverons que les animaux, dont nous parlons ici, ne nous sont point inférieurs, s'il s'agit de donner du poids et de l'autorité à leurs perceptions, ou à leur intelligence. Or tous les dogmatiques avouent unanimement que le chien a les sens meilleurs que nous. Il a l'odorat plus fin et plus pénétrant, puisqu'il s'en sert pour chercher à la chasse les bêtes qu'il ne voit pas ; et il les aperçoit aussi des yeux plus vite que nous ne pourrions le faire : il a également l'ouïe fort fine. Mais venons à sa raison intérieure, et aux marques qu'il en donne au-dehors ;

et examinons premièrement sa raison intérieure. De l'aveu même des stoïciens dogmatiques, qui nous sont plus opposés que tous les autres, cette raison consiste à choisir les choses qui sont conformes à la nature, et à fuir celles qui lui sont contraires ; elle consiste de plus à connaître les arts qui contribuent à cela ; elle consiste enfin à acquérir les vertus convenables à la nature, qui servent à régler les passions. Or le chien (qui est l'animal que nous avons pris pour exemple) choisit les choses qui lui sont avantageuses, et fuit celles qui lui sont nuisibles, cherchant tout ce qui est propre à sa nourriture, et s'en abstenant dès qu'on le menace du fouet. Il a de plus un art qui lui fait trouver ce qui lui est avantageux, qui est l'art de la chasse. D'ailleurs, il a quelques vertus : par exemple, il a de la justice ; car cette vertu consistant à rendre à chacun ce dont il est digne, le chien fait voir qu'il la possède, caressant les gens de la maison, et particulièrement ceux qui lui font du bien, et défendant ses maîtres contre leurs ennemis, et contre ceux qui leur font du tort. Que s'il a cette vertu, comme une vertu est irréparable des autres, selon les Stoïciens, il possède donc aussi toutes les autres, dont plusieurs hommes manquent, selon la pensée des sages. Nous voyons encore que le chien a du courage pour repousser les injures ; nous voyons qu'il a de la prudence, comme le témoigne Homère, qui rapporte qu'Ulysse, n'ayant été reconnu par aucun de ses domestiques, le fut seulement par son chien Argus, ce chien n'ayant point été trompé par le changement qui était arrivé dans la personne de son maître, et n'ayant point perdu l'idée qu'il avait de lui ; en quoi il surpassa des hommes mêmes. Le chien, selon Chrysippe (qui paraît favoriser le moins les animaux privés de raison), n'ignore pas l'art célèbre de la dialectique. Car ce philosophe dit que, quand un chien est arrivé en quelque endroit où aboutissent trois chemins, alors il se sert du dernier des cinq arguments, que les Stoïciens appellent indémontrables : lorsque de ces trois chemins il en a examiné deux, par où il juge que la bête n'a pas passé, alors sans rien examiner davantage il se jette dans le troisième. Cet ancien philosophe prétend que cela vaut autant que si le chien raisonnait de cette manière. La bête a passé ou par ce chemin-ci, ou par celui-là, ou par cet autre : or elle n'a passé ni par ce chemin-ci, ni par celui-là ; donc elle a passé par cet autre.

Ajoutons encore qu'il connaît quelles sont ses incommodités et qu'il sait y remédier. Si une écharde lui est entrée dans la patte, il tâche de l'arracher aussitôt en se frottant la patte contre terre, et en se servant de ses dents ; et s'il a par hasard quelque ulcère, comme s'il connaissait que les plaies, qui sont sales, se guérissent difficilement, et qu'elles se guérissent aisément si on les tient propres, il essuie doucement le pus qui en sort : il observe encore fort bien le précepte d'Hippocrate, qui dit que le remède du pied est le repos ; car, comme s'il savait cela, quand il a quelque blessure à la patte, il la tient élevée, et empêche, tant qu'il peut, qu'elle ne s'agite. S'il se sent incommodé de quelques humeurs, il mange du gramen, et se purgeant par ce moyen, il recouvre sa santé.

Nous avons fait voir que le chien (que nous avions pris pour exemple) recherche ce qui lui est utile, fuit ce qui l'incommode, possède l'art de se procurer quelques biens, sait connaître ses maux, et y apporter les remèdes propres à les soulager, et ne manque pas de vertu : toutes choses dans lesquelles consiste la perfection de la raison, ou du discours intérieur. Il est donc évident qu'eu égard à ce discours intérieur, le chien peut passer, avec justice, pour un animal à qui il ne manque rien. Et c'est peut-être cette persuasion, qui a fait que quelques philosophes se sont distingués en prenant leur nom de celui de cet animal.

Hypotyposes pyrrhoniennes, I, 62-72

Plutarque

Il reste que cet exemple est ridicule et relève d'un formalisme logique indéfendable. On opposera à Chrysippe que ce n'est pas ainsi que les choses se passent en réalité, ce qui ne veut pas dire que le chien ne soit pas intelligent. C'est son comportement global qui est intelligent, et c'est sa perception même, son flair, qui sont intelligents. Tant l'intelligence animale est complexe et, précisément, intelligente ! Finesse plutôt que géométrie…

AU FLAIR, TOUT EN FINESSE !

Du reste les dialecticiens disent bien que le chien, quand le sentier qu'il suit vient à se diviser, use de la proposition disjonctive à plusieurs termes et se tient le syllogisme suivant : « Ou bien la bête a pris ce chemin-ci, ou bien elle a pris celui-là, ou bien ce troisième ; or elle n'a pris ni celui-ci ni celui-là ; donc elle a pris celui qui reste. » Ici la sensation ne donne au chien que la mineure ; c'est la raison qui fournit en plus la majeure et la conclusion. Mais le chien n'a pas besoin d'un tel témoignage, qui du reste est faux et controuvé. Car en fait la sensation à elle seule, à partir des traces et des effluves, montre par où le gibier a fui, et n'a que faire des propositions disjonctives ou conjonctives. En revanche, il y a beaucoup d'autres actions et réactions, ou de comportements conformes au devoir, qui ne sont pas du ressort de l'odorat ni de la vue mais que seules la pensée et la raison permettent d'accomplir ou appréhender, et qui donnent bien à voir quelle est la nature du chien. Je ne me donnerai pas le ridicule de vous parler des qualités qu'il manifeste à la chasse : maîtrise de soi, obéissance, finesse ; vous les voyez tous les jours et vous les employez à votre service.

L'Intelligence des animaux, XIII, 969b-969c

La raison des animaux se déduit d'abord du fait que la plupart d'entre eux ne sont pas constitués d'une façon si différente de nous qu'il faille leur refuser cette faculté. Mais, plus clairement encore, elle se déduit de leur aptitude à organiser *toutes sortes d'actions. Discours intérieur à sa façon, le moment des préparatifs relève bel et bien du* λόγος. *Il est, dans une action, le moment le plus visiblement rationnel, et il suffit à fonder la présupposition que l'on a affaire à des êtres pensants. La capacité à former des projets fait apparaître une rationalité disjointe de sa traduction orale dans le discours proféré, mais non disjointe du* λόγος, *dont elle fait voir au contraire le caractère fondamentalement organisateur.*

Ajoutons que cette faculté témoigne d'un remarquable à propos, *puisque cette organisation se résume presque totalement dans l'adaptation parfaite, et à chaque fois singulière, de l'animal à son milieu. Ainsi de la confection de son nid par l'hirondelle, ou de sa toile par l'araignée : elles ne répètent jamais un modèle unique, ils intègrent toujours les particularités du lieu et du temps ; chaque bête a sa façon d'être raisonnable, chaque bête « agit en pleine conscience ».*

EXEMPLES DE PROJET : LES ANIMAUX BÂTISSEURS

Il existe des critères qui permettent aux philosophes de montrer que les animaux ont part à la raison, à savoir les projets, les préparatifs, les souvenirs, les passions, le soin qu'ils prennent de leurs petits, la reconnaissance pour les bienfaits, la rancune contre les causes de douleur, ainsi que l'aptitude à trouver ce qui leur est nécessaire, et la possession évidente de vertus comme le courage, la solidarité, la maîtrise des désirs ou la grandeur d'âme [...].

Et nous avons sous les yeux les préparatifs des hirondelles avant la procréation : avec soin, elles prennent d'abord les brindilles solides pour les placer à la base, comme des fondations, puis elles plaquent tout autour les éléments plus légers ; et si elles s'aperçoivent que le nid a besoin de quelque enduit collant, elles vont voler au ras d'un étang, ou de la mer, effleurant de leurs plumes la surface de l'eau juste assez pour que l'humidité les mouille sans les alourdir, puis elles ramassent de la poussière et c'est ainsi qu'elles replâtrent et ressoudent les lézardes et les éboulements. Par sa forme, l'ouvrage ne comporte ni arêtes ni faces, mais elles lui donnent, autant que possible, une surface unie et un volume à peu près sphérique : une telle construction, en outre stable et spacieuse, n'offre guère de prise aux bêtes qui voudraient l'attaquer de l'extérieur. De même, les travaux de l'araignée, qui sont des modèles pour les femmes au métier comme pour les chasseurs au filet, offrent plus d'un sujet d'étonnement : la délicatesse du fil, et ce tissage qui ne présente ni rupture ni laçage, mais qui réalise une toile unie et continue dont l'adhérence interne est due à la présence invisible d'une certaine viscosité, la nuance de la coloration qui donne à la toile l'apparence de l'air ou de la brume afin de la mieux dissimuler, et, par-dessus tout, le maniement même et la mise en œuvre de cet appareil lorsqu'une proie possible vient s'y prendre et que la bête agit en pleine conscience et en pleine intelligence, comme un habile chasseur armé de son filet qui brusquement replie et resserre son piège. Il faut vraiment que la chose soit exposée à la vue et à l'observation courante pour que l'on y croie ; sinon, on tiendrait cela pour une légende.

L'Intelligence des animaux, X, 966b-967b

HOMÈRE
VIIIe s. av. J.-C.

VIRGILE
Ier s. av. J.-C.

CLAUDIEN
Ve s. ap. J.-C.

Philon d'Alexandrie

Là où Plutarque faisait voir une intelligence quasi humaine à l'œuvre, la description de Philon fait apparaître au contraire une habileté de nature différente de la technique humaine. L'art de l'araignée fait fi de toute division du travail, aussi bien sociale que technique. Cet acarien sait tout faire, tout à la fois et parfaitement : coudre, filer, tisser ; il n'a pas besoin de compagnons de travail, il possède en lui-même tous les outils. Cette analyse fait ressortir l'irréductibilité de la technique animale aux procédés humains. Ainsi, l'art de l'araignée est-il irréductible à celui du tisserand.

L'ARAIGNÉE

Est-ce que l'araignée n'est pas experte dans la production de différents modèles ? Avez-vous observé la façon dont elle travaille et quelle étonnante œuvre elle façonne ? Quel autre, en effet, travaille aussi courageusement à la couture ou au tissage ? Je ne fais pas d'ironie, mais je compare. Qui vient second comme artiste ? Tous ceux qui, depuis leur enfance, n'ont jamais montré de nonchalance ou de négligence dans la poursuite de l'art sont ici surpassés et vaincus. Prenant une matière inutile, comme si c'était de la laine, elle la façonne d'une manière très habile et artistique. D'abord, elle la file très finement, comme avec la main. Ensuite, en l'étendant et l'entrelaçant, elle file et tisse avec une si merveilleuse habileté qu'elle est capable de produire une véritable œuvre d'art, donnant à un espace vide l'apparence de la dentelle. Ensuite, avec une patience éprouvée, elle tisse en avant et en arrière, gardant sagement dans son intelligence le modèle de la lyre avec ses courbes et sa forme circulaire, car la forme circulaire est toujours plus durable que la forme droite. Nous en avons la preuve évidente lorsque le vent souffle dans toutes les directions et que les objets s'entassent peu à peu les uns sur les autres : il est presque impossible de les défaire.

Il existe une autre merveille chez l'araignée, que les couturiers sont incapables d'imiter parce qu'ils divisent leurs techniques : ceux qui ont charge de filer ne tissent pas, et ceux qui tissent ne filent pas. De plus, l'araignée possède en elle-même tout ce dont elle a besoin. Elle produit de la façon la plus parfaite chaque chose particulière, sans avoir besoin de l'aide d'un compagnon de travail. N'est-ce pas merveilleux ? Elle est non seulement douée de la capacité de joindre et d'ajuster comme dans l'œuvre artistique, mais elle est aussi dotée d'outils compétents. Elle possède en elle le talent et les outils avec lesquels elle accomplira son œuvre sous tous ses aspects.

Sans gouvernail, sans voiles et sans hommes opérant ensemble, les marins ne peuvent mener à coup sûr un bateau à destination. De même, sans nourriture, breuvages et drogues, les médecins sont incapables de procurer la guérison. On notera encore que les artisans habitués à certains outils ne peuvent, malgré leur vigueur, travailler sans ces objets. Bien que l'araignée soit apparemment un animal insignifiant et inutile, elle n'a pas besoin d'outils pour tisser une toile parfaite. Elle est équipée elle-même pour accomplir tout ce qu'elle décide de confectionner. Je connais des peintres et des artisans qui s'efforcent, autant qu'ils le peuvent, de garder intacte et de perpétuer l'œuvre de leurs mains : peintures et statues qui sont devenues comme des parties d'eux-mêmes. Il est certain qu'ils haïssent comme des ennemis irréconciliables ceux qui les endommagent. L'araignée, manifestement, fait de même. Dès que son filet est achevé, elle se cache comme un point au centre, surveillant tout autour les insectes qui pourraient dans leur vol briser la toile. Tout ce qui arrive inopinément lui cause du souci. Que quelque chose se produise, elle sort de sa poche immédiatement pour se venger de l'auteur du dommage. Ensuite, elle répare la déchirure.

Alexander (De animalibus), XVI-XIX

HOMÈRE
VIIIe s. av. J.-C.

VIRGILE
Ier s. av. J.-C.

CLAUDIEN
Ve s. ap. J.-C.

Pline l'Ancien

UN SHOW D'AMPHITHÉÂTRE

Elle ourdit des toiles, et son abdomen suffit aux matériaux d'un si grand travail, soit, comme le veut Démocrite, par une corruption produite à temps voulu des matières contenues dans le bas-ventre, soit qu'elle possède en elle-même la faculté de produire une espèce de laine. Avec quel ongle régulier, avec quel fil uni et égal conduit-elle sa trame, son propre corps lui servant de poids ! Elle commence son tissu par le centre, puis élargit progressivement la trame par des anneaux qu'on dirait tracés au compas ; opérant par mailles à intervalles réguliers, mais qu'elle agrandit et élargit progressivement en partant du plus étroit, et qu'elle attache par un nœud indissoluble. Avec quel art cache-t-elle ses lacs, dissimulés dans le treillis de son filet ! Qu'il y a loin, semble-t-il, d'un piège au duvet de cette toile veloutée, à la contexture de cette trame, si tenace par elle-même, et qu'on dirait polie par l'art ! Que la poche en est lâche pour céder aux vents et ne pas rejeter ce qui tombe dedans ! On croirait que l'araignée fatiguée a laissé au haut de sa toile les lisses qu'elle y a tendues : mais ces lisses se voient difficilement, et, comme dans nos filets de chasse, les fils heurtés par la proie la précipitent dans la poche du piège. L'antre lui-même, avec quelle habileté d'architecture est-il voûté ! Comme il est plus duveté que le reste contre le froid ! Comme l'araignée se tient loin du centre, paraissant indifférente, et si bien enfermée que l'on ne peut distinguer s'il y a quelqu'un ou non à l'intérieur ! Et quelle solidité, pour résister aux assauts des vents, aux masses de poussières qui viennent la surcharger ! La largeur de la toile est souvent déterminée par l'espace entre deux arbres, quand l'insecte s'exerce et apprend à tisser ; la longueur du fil est celle du sommet de l'arbre au sol ; l'araignée remonte alors rapidement du sol le long de ce même fil, et en même temps qu'elle monte, elle tisse un autre fil. Quand une proie est tombée dans la toile, quelle vigilance et quelle promptitude pour accourir ! Quand même la proie serait prise à l'extrémité du filet, toujours elle accourt au centre, parce que c'est la meilleure façon de secouer toute la toile et d'enlacer sa proie. Sa toile déchirée, elle la refait aussitôt, et la reprise est d'une trame aussi unie que le reste. Elle fait même la chasse aux petits des lézards, leur enveloppant d'abord la tête avec sa toile, et alors seulement les attrapant et les mordant aux lèvres : spectacle digne de l'amphithéâtre pour qui a la chance de le voir.

Histoire naturelle, XI, 28

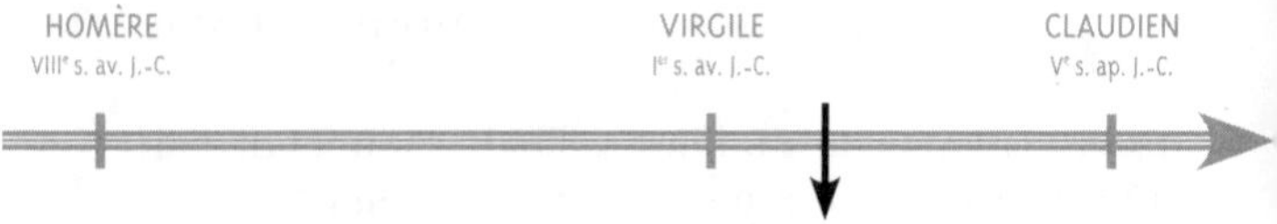

HOMÈRE
VIIIe s. av. J.-C.

VIRGILE
Ier s. av. J.-C.

CLAUDIEN
Ve s. ap. J.-C.

Plutarque

Plutarque montre ici tout simplement que l'intelligence animale, en ce qu'elle a peut-être de spécifique, va du vivant au vivant : elle ne consiste pas d'abord à s'adapter à une situation, mais à une autre intelligence. L'animal rivalise d'intelligence avec ses adversaires, il est capable de stratégie.

LA RUSE : TROP FORT, L'ANIMAL !

Pour ce qui est de la malice des animaux, les exemples en sont nombreux, et je laisserai de côté le cas des renards et des loups, ainsi que les trouvailles des grues et des choucas, toutes choses bien connues, pour m'arrêter au témoignage de Thalès, le plus ancien des sages. Car à ce qu'on raconte, le moins admiré de ses exploits ne fut pas d'avoir surpassé une mule en ingéniosité. Un jour, en effet, dans un convoi transportant du sel, un mulet, emporté par son élan, glissa par accident dans une rivière. Le sel fondit et l'animal se releva tout léger : il en devina la raison et l'inscrivit dans sa mémoire. Dès lors, chaque fois qu'il traversait la rivière, il faisait exprès de plonger ses sacs dans l'eau et de les détremper en s'accroupissant puis en se penchant successivement de côté et d'autre. Lorsque Thalès apprit le manège, il demanda qu'à la place du sel on mît dans les sacs de la laine et des éponges et qu'on menât le mulet ainsi chargé. L'animal fit comme à l'accoutumée, ce qui eut pour effet de gorger d'eau son chargement ; il comprit alors que l'astuce tournait à son désavantage, et désormais il sut traverser la rivière avec assez d'attention et de précaution pour ne jamais laisser, même par inadvertance, l'eau effleurer son chargement.

Les perdrix, elles aussi, font preuve de malice, mais accompagnée d'amour maternel, quand elles habituent leurs petits, encore incapables de fuir, à se protéger en cas de poursuite en s'allongeant dos au sol et en ramenant sur eux une motte de terre ou un débris quelconque en guise d'abri. Pendant ce temps, elles-mêmes entraînent les poursuivants dans une autre direction, les détournent en les attirant à elles, viennent se poser juste devant eux puis s'élancent vivement dans l'air, et finissent ainsi, en leur faisant croire qu'ils les tiennent, par les attirer loin de leurs petits. Les lièvres, quand ils retournent au gîte, transportent leurs levrauts chacun dans un endroit différent, laissant souvent entre eux une distance d'un plèthre, afin que, si un homme ou un chien surviennent, ils ne soient pas menacés tous ensemble. Eux-mêmes, après avoir multiplié leurs traces en courant de côté et d'autre, finissent par un bond puissant qui les projette loin de leurs traces, après quoi ils s'installent pour dormir. L'ours, quand il est pris par cet état qu'on appelle l'hibernation, et avant d'être complètement engourdi et de devenir lourd et impotent, efface toute trace alentour puis, au moment de s'enfoncer sous terre, il use d'abord d'une démarche aussi aérienne et légère que possible, effleurant le sol de la pointe des pieds ; il se couche ensuite sur le dos et pousse la masse de son corps qu'il fait ainsi progresser en direction de sa caverne. Les biches mettent bas de préférence au bord des routes, dont les animaux carnivores ne s'approchent pas. Quant aux cerfs, lorsqu'ils se sentent alourdis par la graisse et l'embonpoint, ils se retirent à l'écart, cherchant le salut dans la disparition dès lors qu'ils ne peuvent plus se fier à la fuite. La manière dont les hérissons se défendent et se mettent en garde est passée en proverbe : « Le renard connaît mille tours ; le hérisson un seul, mais bon. »

L'Intelligence des animaux, XV-XVI, 970e-971e

L'ANIMAL EN L'HOMME, UNE PRÉSENCE INQUIÉTANTE

Les animaux peuvent présenter un comportement et une intelligence qui les rapprochent de l'homme. En sens inverse, les hommes aussi peuvent se rapprocher de l'animal (ou de ce qu'ils croient être l'animal, celui dont ils s'excluent) : cette proximité, évidemment, ne peut que conduire l'homme à s'interroger sur la stabilité de sa nature. De là sans doute aussi la remarquable puissance d'inquiéter, pas seulement poétique, propre à la notion de métamorphose.

La magicienne Circé a le redoutable pouvoir de changer les hommes en bêtes. Il lui appartient aussi de leur rendre leur humanité. Si la légende de Circé relève d'un vieux rituel d'affranchissement des esclaves, il reste qu'en métamorphosant ainsi les hommes l'enchanteresse révèle à chacun sa vraie nature à travers le type d'animal qu'il devient.

Demeurerait-il, au fond de l'homme, quelque vestige d'animalité, se frayant une voie dans ses passions, ses rêves, voire ses crimes ? C'est l'hypothèse qu'avancera un Platon, donnant une signification morale à l'opposition de l'homme et de l'animal.

Homère

Une fois transformés, les compagnons d'Ulysse connaissent le bonheur des bêtes : ils se vautrent dans la fange et sont copieusement nourris par Circé ! Mais le vrai malheur, en cela, est qu'ils se souviennent de leur humanité : « en eux, persistait leur esprit d'autrefois ». Pitoyable déchéance !

L'ANIMAL QUI EST EN CHACUN…

Elle les fait entrer ; elle les fait asseoir aux sièges et fauteuils ; puis, leur ayant battu dans son vin de Pramnos du fromage, de la farine et du miel vert, elle ajoute au mélange une drogue funeste, pour leur ôter tout souvenir de la patrie. Elle apporte la coupe : ils boivent d'un seul trait. De sa baguette, alors, la déesse les frappe et va les enfermer sous les tects de ses porcs. Ils en avaient la tête et la voix et les soies ; ils en avaient l'allure ; mais, en eux, persistait leur esprit d'autrefois. Les voilà enfermés. Ils pleuraient et Circé leur jetait à manger faînes, glands et cornouilles, la pâture ordinaire aux cochons qui se vautrent.

Odyssée, X, 230-244

… ET COMMENT S'EN LIBÉRER

Je disais, et Circé, sa baguette à la main, traverse la grand-salle et va ouvrir les tects. Elle en tire mes gens : sous leur graisse, on eût dit des porcs de neuf printemps… Ils se dressent debout, lui présentent la face ; elle passe en leurs rangs et les frotte, chacun, d'une drogue nouvelle : je vois se détacher, de leurs membres, les soies qui les avaient couverts, sitôt pris le poison de l'auguste déesse. De nouveau, les voilà redevenus des hommes, mais plus jeunes, plus beaux et de plus grande mine. Quand ils m'ont reconnu, chacun me prend la main, et le même besoin de sanglots les saisit : le logis se remplit d'un terrible tapage ! La déesse, elle aussi, est prise de pitié.

Odyssée, X, 389-400

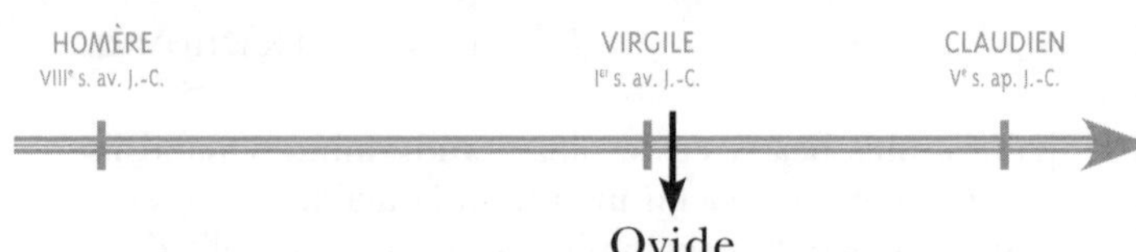

Ovide

L'art d'Ovide, c'est de raconter la légende à la première personne. Il fait alors sentir, avec évidence, mais sans le dire, tout le désarroi d'un être qui, dans la métamorphose, s'échappe à lui-même et devient, ou redevient, animal.

HUMANITÉ PERDUE ET RETROUVÉE

Arrivés là, à peine arrêtés au seuil du palais, nous apercevons mille loups, et mêlés aux loups, des ours et des lions, dont la rencontre nous remplit d'épouvante ; mais aucun de ces animaux n'était à craindre, aucun ne s'apprêtait à nous faire la moindre blessure ; et même ils agitaient doucement leur queue dans l'air et ils accompagnaient nos pas en nous caressant, lorsque des servantes nous accueillent et, à travers des atriums revêtus de marbre, nous conduisent à leur maîtresse. Elle est assise au bord d'un appartement magnifique, sur un trône pompeux, elle porte une robe éblouissante, sur laquelle est jeté un manteau enrichi d'or.

Lorsqu'elle nous aperçoit, elle échange avec nous un salut ; son visage s'épanouit et elle nous adresse des paroles de bon augure ; sans perdre un instant, elle donne l'ordre de mêler ensemble des grains d'orge grillés, du miel, du vin capiteux, du lait caillé et elle y ajoute furtivement des sucs que doit déguiser la douceur du breuvage. Nous recevons les coupes qu'elle nous offre de sa main divine. À peine notre bouche desséchée par la soif les a-t-elle vidées, à peine la cruelle déesse a-t-elle de sa baguette effleuré nos cheveux (je ne puis le dire sans honte), que mon corps se hérisse de soies et que la parole me manque ; au lieu de mots je ne fais plus entendre que de rauques grognements ; je me baisse vers la terre, la tête en avant, et je sens que ma bouche se durcit sous la forme d'un groin retroussé ;

les muscles de mon cou se gonflent, mes mains, avec lesquelles je venais de saisir la coupe, me servent à marcher ; aussi bien que mes compagnons, victimes du même sortilège (tant est puissante la vertu d'un tel breuvage !), je suis enfermé dans une étable ; le seul que nous vîmes échapper à cette métamorphose en pourceau, ce fut Euryloque ; seul il avait refusé la coupe qui lui était offerte. S'il ne l'avait évitée, je ferais encore partie aujourd'hui de ce troupeau vêtu de soies ; Ulysse n'aurait jamais été informé par lui d'un si grand malheur et ne serait pas revenu chez Circé pour nous sauver. Le dieu du Cyllène, messager de paix, avait donné à notre roi une fleur blanche que les habitants des cieux appellent moly ; qu'elle tient à la terre par une racine noire. Grâce à ce talisman et aux instructions du dieu, il pénètre dans la demeure de Circé ; au moment où elle l'invite à boire à la coupe perfide, où elle s'efforce de lui toucher les cheveux avec sa baguette, il la repousse et, tirant l'épée, il lui inspire un tel effroi qu'il l'oblige à y renoncer. Alors ils échangent leur foi et se donnent la main ; admis dans la couche de Circé, il exige pour prix de leur union qu'elle lui rende ses compagnons sous leur véritable forme. Elle répand sur nous les sucs bienfaisants d'une plante inconnue ; ayant retourné sa baguette, elle nous en frappe la tête et elle prononce des paroles contraires à celles qu'elle avait prononcées ; à mesure que se déroulent ses incantations, nous nous redressons au-dessus de la terre ; nos soies tombent ; la fente qui partageait nos pieds en deux moitiés s'efface ; nous retrouvons nos épaules et au-dessous de nos coudes reparaissent nos avant-bras ; notre chef pleurait ; nous l'embrassons en pleurant nous-mêmes et nous restons suspendus à son cou ; nos premières paroles expriment toute notre reconnaissance.

Métamorphoses, XIV, 254-307

HOMÈRE
VIIIe s. av. J.-C.

VIRGILE
Ier s. av. J.-C.

CLAUDIEN
Ve s. ap. J.-C.

Platon

Peut-être est-ce l'éducation qui fait l'homme. En tout cas, c'est bien l'absence d'éducation en l'enfant qui en fait un animal. En réalité, c'est le commencement de raison qui est en lui qui en fait l'animal « le plus difficile à manier ». L'animalité seule est innocence, c'est la raison qui est redoutable. Lorsqu'elle n'est pas entièrement présente à elle-même, ou tournée vers le bien par l'effet de l'éducation, la raison devient simple habileté technique, moyen de triompher, elle devient ruse, justement comme la raison animale, mais plus puissante. Ainsi, par ce début d'intelligence qui est en lui, l'enfant est le plus rusé des animaux.

LES ENFANTS TERRIBLES

Dès que revient la lumière du jour, il faut que les enfants se rendent à l'école. Ni brebis, en effet, ni autre bétail ne sauraient vivre sans berger ; pas davantage les enfants sans pédagogue ou les esclaves sans maître. Mais, de tous les animaux, c'est l'enfant qui est le plus difficile à manier ; par l'excellence même de cette source de raison qui est en lui, non encore disciplinée, c'est une bête rusée, astucieuse, la plus insolente de toutes. Aussi doit-on le lier de multiples brides, pour ainsi dire ; d'abord, quand il quitte nourrices et mamans en l'encadrant de pédagogues qui régentent la puérilité de son bas âge ; puis de maîtres qui l'instruisent en toutes sortes de disciplines et de sciences, comme il convient à un homme libre.

[...]

Le gardien des lois [...] devra avoir un œil lucide, exercer une surveillance extrême sur l'éducation des enfants, et redresser leur nature en les tournant toujours vers le bien que prescrivent les lois.

Lois, VII, 808d-809a

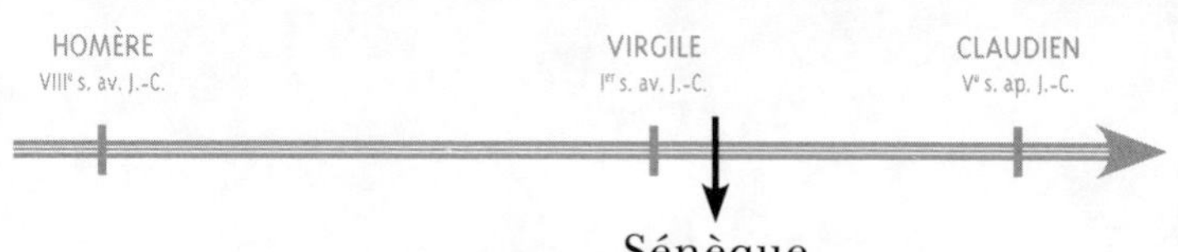

Sénèque

S'il y a une partie bestiale en tout homme, celle-ci est ordinairement tenue à sa place, réprimée par l'éducation. Mais durant le sommeil, ces pulsions animales peuvent reprendre le dessus et faire de nos rêves des cauchemars. Toute la vie de l'homme est au fond l'expérience que ses désirs sont animaux. Les bêtes fauves ne cessent d'accompagner le sage.

APPRIVOISER LES FAUVES

Je sais des dresseurs de bêtes sauvages qui contraignent des animaux extrêmement cruels, dont la rencontre glacerait d'épouvante, à subir l'ascendant de l'homme ; non contents de leur avoir fait dépouiller leur caractère féroce, ils les assouplissent jusqu'à se les rendre familiers. Un dompteur enfonce le bras dans la gueule de ses lions ; le tigre se laisse embrasser de son gardien ; un Éthiopien minuscule fait mettre à genoux et marcher sur la corde un éléphant. L'industrie du sage est d'apprivoiser les maux. Douleur, indigence, ignominie, prison, exil, monstres horribles en tous climats, quand ils l'abordent sont déjà soumis.

Lettres à Lucilius, XI, 85

II

ZOOLOGIE

Litra en argent de Syracuse, sous Denys l'Ancien (vers 405-395 av. J.-C.). Revers représentant un poulpe.

VÉGÉTAL ET ANIMAL

L'animal se distingue du végétal par la sensation et le désir. Le désir met en mouvement l'animal, qui a besoin de se déplacer pour trouver sa nourriture. Il est ainsi capable de locomotion, à la différence des végétaux.

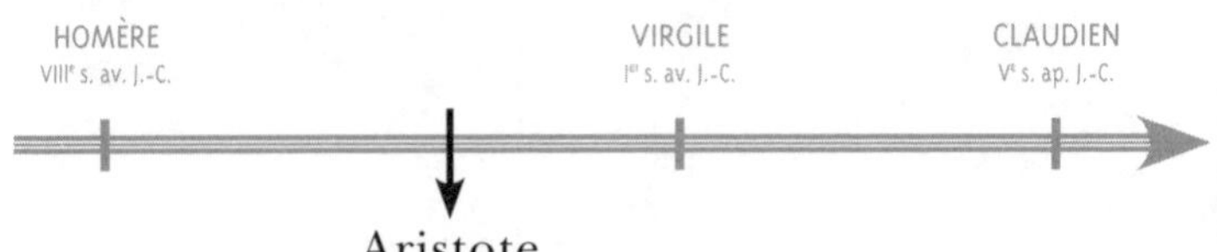

Aristote

L'animal, c'est-à-dire en ce sens aussi bien l'homme que les bêtes, est un vivant doué de sensation, donc capable de plaisir et de douleur. Hommes et bêtes ont cela en commun et, même si l'homme, doué d'intellect, a pour horizon le ciel, il est un être sensible. Il est pris entre plaisir et douleur, et il a à vivre ou accomplir ses fonctions vitales, ce qui veut dire développer ses sensations, être éveillé et présent au monde et pas seulement nourrir son organisme, comme les végétaux.

LE PLAISIR ET LA DOULEUR, L'APPÉTIT

Les plantes n'ont que la faculté nutritive, d'autres vivants possèdent, outre celle-ci, la faculté sensitive. Mais avec la faculté sensitive, ils ont aussi la faculté désirante. En effet, le désir comprend à la fois l'appétit, l'ardeur, la volonté. Or tous les animaux possèdent l'un des sens : le toucher, et celui qui a la sensation ressent par là même le plaisir et la douleur, l'agréable et le douloureux ; les êtres doués de la sorte possèdent aussi l'appétit, puisque celui-ci est le désir de l'agréable. En outre, les animaux ont la connaissance sensible de l'aliment, puisque le toucher est le sens de l'aliment. En effet, ce sont des substances sèches et humides, chaudes et froides, qui constituent la nourriture de tous les êtres vivants, et le sens qui appréhende ces qualités est le toucher (quant aux autres qualités sensibles, elles ne sont connues que par accident. Il n'y a en effet aucun profit à retirer, pour la nourriture, du son, de la couleur ou de l'odeur. Mais la saveur compte au nombre des qualités tangibles). Faim et soif sont des appétits : la faim se porte vers le sec et le chaud, la soif vers le froid et l'humide ; quant à la saveur c'est une sorte d'assaisonnement de ces qualités. Ce point devra être éclairci par la suite ; pour le moment, bornons-nous à dire que ceux des êtres vivants qui sont doués du toucher ont aussi le désir. Quant à savoir s'ils possèdent l'imagination, c'est une question douteuse à examiner ultérieurement. Outre ces facultés, certains êtres jouissent de la locomotion, d'autres enfin possèdent la faculté discursive et l'intellect : tel l'homme et tout autre être, s'il en est, de condition analogue ou supérieure.

De l'âme, II, 3

En traduisant les moments de l'action en termes de syllogisme, Aristote fait apparaître une différence caractéristique du comportement des hommes et des bêtes. Le syllogisme consiste à tirer une conclusion de deux propositions admises. Aristote montre que l'animal va directement à la conclusion « J'ai soif, donc je bois », alors que l'homme peut réfléchir avant d'agir ou non. Le raisonnement intervient comme une médiation entre le désir et son accomplissement.

LE SYLLOGISME PRATIQUE

Lorsqu'on pense que tout homme doit marcher et que l'on est soi-même homme, on marche incontinent ; lorsqu'au contraire on considère que les circonstances exigent qu'aucun homme ne marche, et qu'on est soi-même homme, la conséquence immédiate est qu'on reste sans bouger : et dans les deux cas l'homme agit, à moins que quelque chose ne l'empêche ou ne le contraigne. « Il faut que je fasse quelque chose qui soit bon pour moi ; or une maison est quelque chose de bon » ; et on fait aussitôt une maison. « J'ai besoin de me couvrir ; or un manteau sert à couvrir ; j'ai donc besoin d'un manteau. Ce dont j'ai besoin, il faut que je le fasse ; j'ai besoin d'un manteau ; il faut donc faire un manteau. » Et la conclusion, « il faut faire un manteau », est une action. On agit à partir d'un principe. Si l'on pose qu'il y aura un manteau, il est nécessaire que telle proposition soit admise ; si elle l'est, telle autre ; et ce faisant, on agit aussitôt.

Ainsi donc, il est bien évident que l'action représente la conclusion. Quant aux propositions qui préparent l'action, elles sont de deux ordres, celui du bien et celui du possible. Mais à la manière de certains qui procèdent par interrogations, le raisonnement ne s'arrête pas lui non plus sur la seconde proposition, qui va de soi : il la laisse de côté. Par exemple, si l'on pense que la marche est un bien pour l'homme, la proposition que l'on est soi-même homme, on ne s'y arrête pas. Et voilà pourquoi toutes les actions que nous faisons sans raisonner nous les faisons rapidement. En effet, lorsque l'on agit pour atteindre la fin que propose la sensation, l'imagination ou la raison, on fait immédiatement ce que l'on désire. À l'interrogation ou à la réflexion se substitue l'acte du désir. « Il faut que je boive », dit l'appétition ; « Voici une boisson », dit la sensation ou l'imagination ou la raison ; et l'on boit aussitôt.

Telle est donc la façon dont les animaux sont poussés au mouvement et à l'action, la cause dernière du mouvement étant le désir, et celui-ci se formant sous l'influence de la sensation, de l'imagination ou de la réflexion. Quand on aspire à l'action, c'est tantôt sous l'influence de l'appétit ou de l'impulsion, tantôt sous celle du désir ou de la volonté, que l'on fait ou que l'on agit.

Mouvement des animaux, VI-VII

L'analyse de la marche des animaux est exemplaire en raison de son étonnante abstraction théorique : Aristote propose un schéma explicatif qui rend compte de tous les modes de déplacement des animaux quelles que soient leurs différences apparentes. L'acuité du regard théorique transforme la description extérieure en une figure intelligible.

CAS GÉNÉRAL

Tous les animaux qui changent de lieu se déplacent par un mouvement qui affecte tantôt tout le corps d'un seul coup, comme dans le saut, tantôt des parties du corps, comme chaque fois qu'il y a marche. Mais dans ces deux modes de déplacement, l'être qui se meut change de lieu en s'appuyant toujours sur le support qui est au-dessous de lui. Voilà pourquoi, si ce support disparaît trop tôt pour que l'être dont le mouvement dépend de lui ait pu y prendre appui, ou si cette base n'offre absolument aucune résistance aux êtres qui ont à se mouvoir, aucun de ceux-ci ne peut se mettre en mouvement. Et en effet le sauteur réalise son saut en appuyant la partie supérieure du corps sur lui-même et sur ce qui se trouve sous ses pieds : car les parties qui forment les articulations prennent d'une certaine façon appui les unes sur les autres, et d'une manière générale ce qui presse prend appui sur ce qui est pressé. C'est d'ailleurs la raison pour laquelle les athlètes qui participent au pentathle sautent plus loin quand ils tiennent les haltères que lorsqu'ils n'en ont pas, et que les coureurs vont plus vite quand ils balancent les bras : car il y a une espèce de prise d'appui dans le développement du bras ou du poignet. L'être qui se met en mouvement utilise toujours au minimum deux organes pour opérer son déplacement, l'un qui pour ainsi dire comprime et l'autre qui est comprimé. En effet, la partie qui demeure immobile est comprimée du fait qu'elle supporte le reste, tandis que la partie soulevée est poussée par celle qui porte la charge. Voilà pourquoi un être dépourvu de membres est incapable de se mouvoir de cette façon : car il n'a pas en soi de distribution possible entre ce qui doit pâtir et ce qui doit agir.

Marche des animaux, III

La problématique générale du mouvement produit, avec un membre mobile, à partir d'un point d'appui fixe – premier moteur immobile –, peut s'appliquer aussi aux êtres dépourvus de pattes et rendre compte du mouvement des serpents. Exemple remarquable d'une conceptualisation de la marche des animaux.

SERPENTS, MURÈNES ET AUTRES ANGUILLES

Les animaux dont la constitution est la plus conforme à la nature se meuvent normalement avec deux ou quatre points d'appui, et il en va de même pour tous les sanguins qui sont apodes. Eux aussi se meuvent avec quatre points d'appui grâce auxquels ils se déplacent. Ils utilisent, en effet, pour progresser, deux séries de flexions : la droite et la gauche, le devant et le derrière, se retrouvent sur la largeur des deux parties qu'ils forment par leur flexion ; la portion proche de la tête renferme le point d'appui antérieur, avec droite et gauche ; dans celle qui avoisine la queue se trouvent les points d'appui postérieurs. On dirait qu'ils se meuvent avec deux points d'appui, en prenant contact par l'avant et par l'arrière. La raison en est que le corps de ces animaux est réduit en largeur : chez eux aussi la droite précède le reste et ce mouvement se répercute à l'arrière, comme chez les quadrupèdes. La cause des flexions est la longueur du corps : de même, en effet, que les hommes de haute taille marchent courbés, qu'au moment où leur épaule droite se dirige vers l'avant, la hanche gauche penche plutôt vers l'arrière, et que le milieu de leur corps se creuse et se courbe, de même il faut comprendre que les serpents qui se meuvent sur le sol sont courbés eux aussi. Et voici la preuve qu'ils se meuvent de la même façon que les quadrupèdes : les courbes qu'ils forment sont alternativement concaves et convexes. Lorsque, en effet, la gauche à son tour dirige les parties antérieures, la courbe concave se produit cette fois en sens contraire ; car la droite à son tour se trouve à l'intérieur. Soit A le point d'appui avant droit, B le gauche, C l'arrière-droit et D le gauche. Ainsi se meuvent les serpents parmi les animaux terrestres et, parmi les animaux aquatiques, les anguilles, les congres, les murènes et tous ceux dont la forme se rapproche de celle des serpents. Toutefois certains des animaux aquatiques de ce genre n'ont aucune nageoire, par exemple les murènes, mais se servent de la mer comme les serpents font de la terre et de la mer (car les serpents nagent de la même façon qu'ils se meuvent sur le sol). Quant aux autres, ils n'ont que deux nageoires, par exemple les congres, les anguilles et une variété de mulets qu'on trouve dans le lac de Siphes. Et c'est pour cela que se meuvent avec moins de flexions, dans l'eau comme sur le sol, ceux qui sont habitués à vivre sur la terre ferme, comme le genre des anguilles. Mais les mulets qui ont deux nageoires remplacent dans l'eau les quatre points d'appui par la flexion de leur corps.

Marche des animaux, VII

LA DIVERSITÉ BIOLOGIQUE

L'Antiquité, et à vrai dire surtout l'Antiquité grecque, s'est intéressée aux animaux pour les observer et en produire une connaissance scientifique.

La zoologie doit beaucoup à Aristote qui a non seulement fourni les bases d'une compréhension des fonctions des êtres vivants, en analysant leurs modes d'existence et notamment de déplacement, mais on lui doit aussi un travail, encore aujourd'hui irremplaçable, d'inventaire et de description, un relevé systématique de l'infinité des formes vivantes et une entreprise cohérente de classification. Avec Aristote, la diversité biologique est devenue objet de science.

HOMÈRE
VIIIe s. av. J.-C.

VIRGILE
Ier s. av. J.-C.

CLAUDIEN
Ve s. ap. J.-C.

Aristote

À côté des sciences qui se consacrent aux réalités supérieures, immuables et divines, et tirent leur dignité de leur objet, Aristote montre l'intérêt d'une étude du sensible, et en particulier des êtres vivants, puisque, par opposition aux cieux, c'est la région essentiellement assignée aux animaux, depuis Platon.

Aussi gratifiante soit-elle, la connaissance des êtres supérieurs reste pour nous très imparfaite ; à l'inverse, celle des êtres soumis à la génération et à la mort, comme les animaux, dont l'objet est moins gratifiant, peut être approfondie et accéder à la perfection. Elle est par là source de joies incomparables. De même que le sage aspire à la contemplation du divin, les animaux aussi, à leur façon, peuvent être l'objet d'une contemplation, c'est-à-dire d'un savoir qui émerveille et comble de joie, car, à bien connaître les causes, ils nous font voir la perfection inépuisable de la nature, et cela aussi est divin. En effet, tout ce qui est de l'ordre de la cause est divin.

ICI AUSSI, IL Y A DES DIEUX !

Parmi les êtres naturels, les uns inengendrés et incorruptibles, existent pour toute l'éternité, tandis que les autres participent de la génération et de la corruption.

Or, sur les êtres supérieurs et divins que sont les premiers, nos connaissances se trouvent être très réduites (en effet, l'observation nous fournit infiniment peu de données sensibles qui puissent servir de point de départ à l'étude de ces êtres et des problèmes qui nous passionnent à leur propos). Quand il s'agit, au contraire, des êtres périssables, plantes et animaux, nous nous trouvons bien mieux placés pour les connaître, puisque nous vivons au milieu d'eux. On peut ainsi recueillir beaucoup de faits sur chaque genre, pour peu qu'on veuille s'en donner la peine.

D'ailleurs ces deux domaines ont chacun leur attrait.

La connaissance des êtres supérieurs, si imparfaitement que nous puissions l'atteindre, nous apporte pourtant, en raison de son prix, plus de satisfaction que celle de tout ce qui est à notre portée, de même que la vision fugitive et partielle des objets aimés nous donne plus de joie que l'observation précise de beaucoup d'autres choses, si grandes soient-elles. Mais la connaissance des êtres périssables pénètre davantage ses objets et s'étend sur un plus grand nombre ; aussi procure-t-elle une science plus vaste. De plus le fait que ces êtres sont mieux à notre portée et plus proches de notre nature, rétablit, dans une certaine mesure, l'équilibre avec la science des êtres divins. Et puisque nous avons déjà traité de ces êtres et exposé nos vues à leur sujet, il nous reste à parler de la nature vivante, en veillant autant que possible à ne négliger aucun détail qu'il soit de médiocre ou de grande importance. Car même quand il s'agit d'êtres qui n'offrent pas un aspect agréable, la nature, qui en est l'architecte, réserve à qui les étudie de merveilleuses jouissances, pourvu qu'on soit capable de remonter aux causes et qu'on soit vraiment philosophe. Il serait d'ailleurs illogique et étrange que nous prenions plaisir à contempler les reproductions de ces êtres, parce que nous considérons en même temps le talent de l'artiste, peintre ou sculpteur, et que nous n'éprouvions pas plus de joie à contempler ces êtres eux-mêmes tels que la nature les a organisés, quand du moins nous réussissons à en apercevoir les causes.

Aussi ne faut-il pas se laisser aller à une répugnance puérile pour l'étude des animaux moins nobles. Car dans toutes les œuvres de la nature réside quelque merveille. Il faut retenir le propos que tint, dit-on, Héraclite à des visiteurs étrangers qui au moment d'entrer s'arrêtèrent en le voyant se chauffer devant son fourneau : il les invita, en effet, à entrer sans crainte en leur disant que là aussi il y avait des dieux. On doit, de même, aborder sans dégoût l'examen de chaque animal avec la conviction que chacun réalise sa part de nature et de beauté.

Les Parties des animaux, 644b 21-645a 25

HOMÈRE
VIIIe s. av. J.-C.

VIRGILE
Ier s. av. J.-C.

CLAUDIEN
Ve s. ap. J.-C.

Hérodote

Hérodote n'est pas philosophe, il ne découvre pas les causes, ni ne les recherche. Mais son regard est attentif à la diversité, il décrit et porte avec lui une véritable prise de conscience de ce qu'il y a d'exceptionnel dans le vivant. En ce sens, s'il fournit une irremplaçable ouverture vers le merveilleux, il nous apprend aussi concrètement à appréhender l'infinité des formes animales, serait-ce par le biais de l'exotisme, dans un monde non moins captivant.

UN RÉSERVOIR D'ÉTRANGETÉ

Le reste de la Libye en allant vers le Couchant est beaucoup plus riche en animaux et plus boisé que le pays des nomades ; la partie orientale de la Libye, celle qu'habitent les nomades, est en effet basse et sablonneuse jusqu'au fleuve Triton, tandis qu'à partir de ce fleuve la partie occidentale, celle des cultivateurs, est très montagneuse, boisée et riche en bêtes. C'est chez eux que se trouvent les serpents de très grande taille, les lions, les éléphants, ours, aspics, ânes portant des cornes, et les cynocéphales et les acéphales qui ont leurs yeux dans la poitrine, du moins à ce que disent d'eux les Libyens, et les hommes et femmes sauvages, et quantité d'autres bêtes fabuleuses. Chez les nomades il n'y a rien de cela, mais d'autres animaux tels qu'antilopes « cul-blanc », gazelles, bubales, ânes – non pas ceux qui ont les cornes, mais d'autres « non-buveurs » (c'est un fait qu'ils ne boivent pas) –, oryx, avec les cornes desquels on fait les bras des lyres phéniciennes (cet animal est de la taille d'un bœuf), petits renards, hyènes, porcs-épics, béliers sauvages, dictyes, chacals, panthères, boryes, crocodiles terrestres atteignant une longueur de trois coudées et tout à fait semblables aux lézards, autruches, petits serpents ayant chacun une seule corne. On trouve donc là ces animaux, et ceux qu'on trouve ailleurs, à l'exception du cerf et du sanglier ; car cerf et sanglier n'existent pas du tout en Libye. Il y a dans ce pays trois espèces de rats ; les uns sont appelés dipodes, les autres zégéries (ce nom est un mot libyen, il équivaut au mot de la langue grecque *bounoi* = collines), les autres hérissons. Il y a aussi des belettes qui naissent dans le silphium, toutes pareilles à celles de Tartessos. Tels sont les animaux que possède le pays des Libyens nomades, autant que nos recherches nous ont permis d'en atteindre la connaissance la plus étendue.

Histoires, IV, 192-193

LE CROCODILE

Voici maintenant quelle est la nature du crocodile. Pendant les quatre mois de plein hiver, il ne mange rien du tout. Quadrupède, il vit sur la terre ferme et dans les eaux tranquilles ; il pond et fait éclore ses œufs à terre, passe au sec la plus grande partie de la journée, mais la nuit entière dans le fleuve, dont l'eau est alors plus chaude que l'air et que la rosée. De tous les êtres que nous connaissons en ce monde, c'est lui qui de la plus petite taille parvient à la plus grande ; les œufs qu'il pond ne sont, en effet, guère plus gros que ceux de l'oie, et le petit qui en sort est en rapport avec l'œuf ; mais, en se développant, il arrive à mesurer jusqu'à dix-sept coudées ou davantage encore. Il a des yeux de pourceau, de grandes dents et des dents saillantes proportionnées à son corps. Il est le seul animal qui ne possède pas de langue ; il n'a pas non plus la mâchoire inférieure mobile, mais il est aussi le seul des animaux qui approche la mâchoire supérieure de l'inférieure. Il a de fortes griffes, et une peau couverte d'écailles, impénétrable, sur le dos. Il n'y voit pas dans l'eau, mais à l'air sa vue est très perçante. À cause des séjours qu'il fait dans l'eau, il a l'intérieur de la gueule tout plein de sangsues. Aussi, tandis que les autres oiseaux et animaux le fuient, il vit en paix avec le trochilos, qui le soulage ; en effet, lorsque le crocodile est sorti de l'eau sur la terre et tient la gueule ouverte (il a coutume de le faire, presque toujours, en se tournant du côté du zéphyr), le trochilos pénètre dans sa gueule et dévore les sangsues ; heureux d'être soulagé, le crocodile ne lui fait aucun mal. Pour certains Égyptiens, les crocodiles sont sacrés ; ailleurs ils ne le sont pas, et au contraire on les traite en ennemis. Les habitants de la région de Thèbes et de celle du lac de Moeris les considèrent tout à fait comme sacrés. Dans chacune de ces deux régions, on nourrit un crocodile choisi entre tous ; on l'a dressé, il est apprivoisé ; on met aux oreilles de ces crocodiles des pendants en pierres artificielles ou en or, aux pattes de devant des bracelets ; on leur donne à manger des aliments déterminés et des victimes, on prend soin d'eux le mieux possible tant qu'ils vivent ; quand ils sont morts, on les ensevelit, embaumés, dans des cercueils sacrés. Au contraire, les habitants de la région d'Éléphantine tiennent si peu les crocodiles pour sacrés, qu'ils les mangent. On ne les appelle pas crocodiles, mais *champsai* ; ce sont les Ioniens qui les ont dénommés crocodiles par assimilation de leur aspect à celui des « crocodiles » qui existent chez eux dans les murs de pierres sèches.

Il y a beaucoup de façons diverses de les prendre ; je décris celle qui me paraît le plus digne d'être rapportée. On dispose autour d'un hameçon, comme appât, le dos d'un porc, et on le laisse aller au milieu du fleuve ; on se tient soi-même sur la berge avec un porcelet vivant, que l'on frappe. Le crocodile entend les cris du porcelet, va dans la direction d'où ils partent, rencontre la pièce de porc et l'avale ; on tire. Une fois le crocodile sorti de l'eau et amené sur la terre, la première chose de toutes que fasse le chasseur est de lui enduire les yeux avec de l'argile délayée ; cela fait, il s'en rend maître ensuite très aisément ; sans cela, il ne le pourrait qu'avec peine.

Histoires, II, 68-70

FAUNE FLUVIALE

Les hippopotames sont sacrés dans le nome de Paprémis, mais non pour les autres Égyptiens. Voici quel aspect ils présentent. C'est un quadrupède, à pieds fourchus comme le bœuf, camus, qui possède une crinière de cheval, montre des dents saillantes, a la queue du cheval et son hennissement ; sa taille atteint celle du bœuf de la plus grande taille. Sa peau est assez épaisse pour qu'on en fasse, lorsqu'elle est séchée, des hampes de javelot. Il y a aussi dans le fleuve des loutres, que l'on considère comme sacrées. On tient également pour sacrés, parmi les poissons, celui qu'on appelle l'épidote et l'anguille, qui, dit-on, sont consacrés au Nil ; parmi les oiseaux, les oies-renards.

Histoires, II, 73

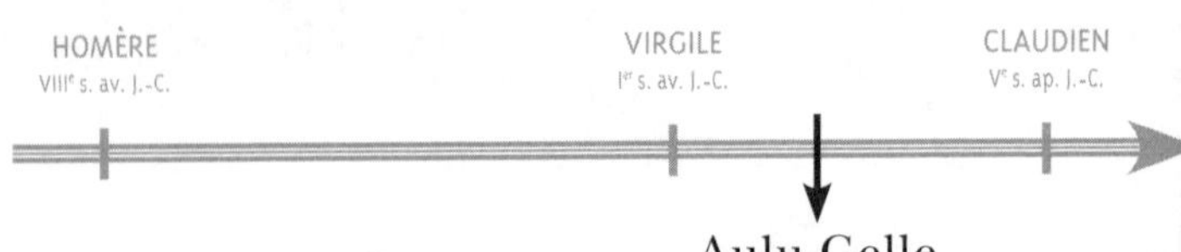

Aulu-Gelle

UN SERPENT MONSTRUEUX

Tubéron écrit, dans ses *Histoires*, que, lors de la première guerre punique, le consul Atilius Regulus, ayant installé son bivouac en Afrique, près du fleuve Bagradas, livra une grande et dure bataille avec un serpent singulier et d'une taille extraordinaire qui avait fait de ce lieu son territoire. Il dut engager toute son armée dans le combat contre ce monstre. Après avoir longuement mené l'assaut en faisant donner balistes et catapultes, une fois la bête tuée, il fit envoyer à Rome sa dépouille, d'une longueur de cent vingt pieds.

Nuits attiques, VII, 3

Plutarque

Sans qu'il faille forcément mettre cela au compte de l'intelligence des animaux, pour les Anciens l'étude des bêtes, plus encore que celle de leur constitution physique, est celle de leur mode de vie, de leur milieu et de leur comportement. C'est toujours une approche globale.

Ce qui caractérise le comportement des animaux c'est que, presque dans tous les cas, il est inattendu : que ce soit en ressemblant au comportement humain, ou au contraire en étant déconcertant. Les bêtes sont une constante occasion de s'étonner, une provocation à la curiosité.

LE DAUPHIN

Mais c'est bien plus probablement son amour pour les hommes qui le rend cher aux dieux. Il est en effet le seul à aimer la compagnie de l'homme simplement parce que c'est l'homme. Parmi les animaux terrestres, les uns n'ont d'attachement pour aucun homme ; les autres, c'est-à-dire les plus apprivoisés, le réservent aux personnes qui les nourrissent, parce qu'ils y trouvent profit, et à celles avec qui ils vivent habituellement, comme le font le chien, le cheval ou l'éléphant. Les hirondelles qui viennent s'installer dans les maisons y trouvent ce dont elles ont besoin : l'ombre et l'indispensable sécurité ; mais elles fuient et craignent l'homme comme une bête féroce. Le dauphin, lui, seul face à toutes les autres bêtes, possède naturellement, au bénéfice de l'homme, ce que recherchent les meilleurs philosophes : l'amitié désintéressée. N'ayant aucun besoin d'aucun homme, il est pour tous un ami dévoué et pour beaucoup un sauveteur.

L'Intelligence des animaux, 36, 984c-d

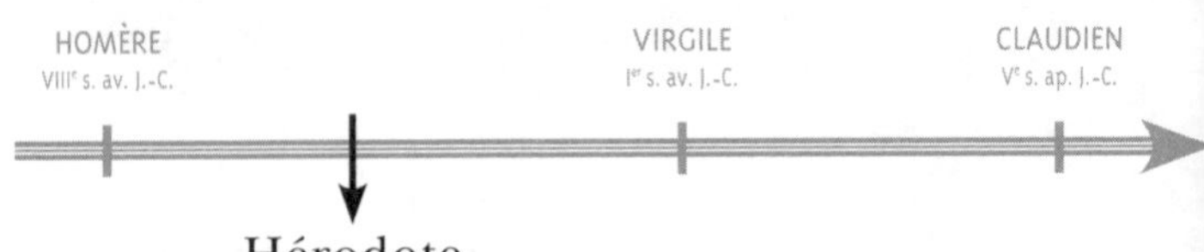

Hérodote

LES SERPENTS AILÉS ET L'IBIS

Il existe aux environs de Thèbes des serpents sacrés qui ne font aucun mal aux hommes ; ils sont de petite taille ; ils ont deux cornes partant du sommet de la tête ; quand ils meurent, on les ensevelit dans le sanctuaire de Zeus ; car ils sont, dit-on, consacrés à ce dieu.

Il est un lieu d'Arabie situé à peu près en face de la ville de Bouto ; je me suis rendu en cet endroit lorsque je m'informais des serpents ailés. Arrivé là, je vis des ossements et des épines dorsales de serpents en telle quantité que je ne saurais dire ; il y avait des monceaux d'épines dorsales, de grands, de moins grands, d'encore plus petits, et ils étaient nombreux. Ce lieu où les épines dorsales jonchent le sol est ainsi disposé : une passe resserrée y débouche des montagnes dans une vaste plaine, laquelle plaine se rattache à la plaine d'Égypte. On raconte qu'avec le printemps les serpents ailés prennent leur vol de l'Arabie vers l'Égypte, que les ibis se portent à leur rencontre au débouché de cette passe et ne laissent pas les serpents entrer dans le pays, mais les tuent. C'est, disent les Arabes, en raison de ce service que l'ibis est entouré de grands honneurs par les Égyptiens ; et les Égyptiens eux-mêmes reconnaissent d'accord avec eux que c'est bien pour cela qu'ils honorent cette espèce d'oiseau. Voici quel est l'aspect de l'ibis : il est tout entier d'un noir foncé ; il a les pattes de la grue, le bec nettement recourbé ; sa taille est celle du râle d'eau. Telle est l'apparence des ibis noirs, de ceux qui combattent les serpents. Et voici quelle est celle des ibis qui circulent de préférence sur le passage des hommes (car il y a des ibis de deux sortes) : l'animal a la tête et toute la gorge dénudées ; il a un plumage blanc, excepté à la tête, au cou, au bout des ailes, à l'extrémité de la queue (toutes les parties que je viens d'énumérer sont d'un noir foncé) ; pour les pattes et le bec, il ressemble au précédent. Quant au serpent, sa forme est pareille à celle des serpents d'eau ; les ailes qu'il a sont sans plumes, à peu près identiques aux ailes de la chauve-souris.

Histoires, II, 74-76

HOMÈRE
VIIIe s. av. J.-C.

VIRGILE
Ier s. av. J.-C.

CLAUDIEN
Ve s. ap. J.-C.

Pline l'Ancien

POURQUOI LES ÉLÉPHANTS SONT-ILS SI SOUVENT AVEUGLES ?

Chaque animal a son adresse particulière, qui est merveilleuse, et dont voici pour ces deux un exemple. Le serpent a de la peine à se hausser jusqu'à l'éléphant : aussi épie-t-il la route que se frayent les éléphants pour aller paître, et il se jette sur l'un d'eux du haut d'un arbre. L'autre sait qu'il ne peut livrer qu'une lutte inégale contre cette étreinte ; aussi cherche-t-il à broyer son adversaire contre des arbres ou des rochers. Le dragon s'en méfie, et il commence par entraver avec sa queue la marche de l'éléphant. Celui-ci défait les nœuds avec sa trompe. Mais le dragon lui enfonce sa tête dans les narines, et du même coup lui ferme la respiration, et le blesse dans ses parties les plus vulnérables. Quand il se trouve surpris en chemin, le serpent se dresse contre son adversaire et vise surtout les yeux : de là vient qu'on trouve souvent des éléphants aveugles, consumés par la faim et par le chagrin. On raconte encore autrement ce combat. L'éléphant, a, dit-on, le sang très froid ; aussi est-ce principalement au plus fort des chaleurs que les serpents le convoitent. En conséquence, plongés dans les rivières, ils guettent l'éléphant en train de boire, et s'enroulant autour de sa trompe qu'ils immobilisent, ils le mordent à l'oreille, car c'est le seul endroit qu'il ne puisse défendre avec sa trompe. Ces dragons sont si grands qu'ils peuvent absorber tout le sang de l'éléphant ; ainsi vidé et mis à sec par eux, celui-ci tombe, en écrasant le dragon enivré de sang, qui meurt avec sa victime.

Histoire naturelle, VIII, 11-12

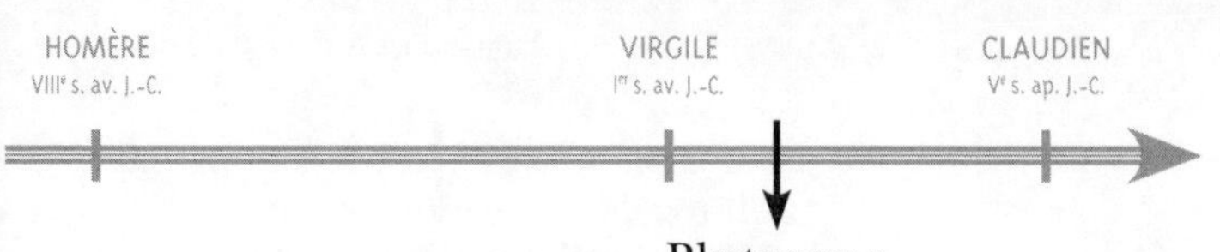

LA SOLIDARITÉ DES ÉLÉPHANTS

D'après ce que dit Juba, les éléphants montrent un grand sens de la solidarité, qui s'ajoute à leur intelligence. En effet, pour les attraper, les chasseurs creusent sous leurs pas des fosses qu'ils recouvrent de minces broussailles et d'une légère couche de détritus. Quand dans un troupeau en marche une bête vient à tomber au fond, les autres apportent du bois et des pierres qu'ils jettent dans le trou, comblant la cavité de la fosse de manière à faciliter l'évasion.

L'Intelligence des animaux, 17, 972b

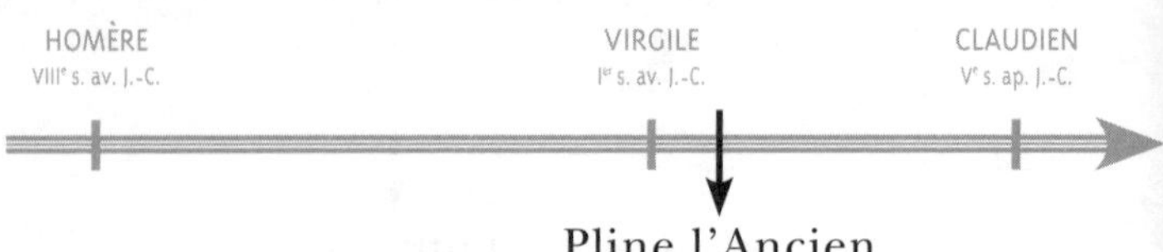

Pline l'Ancien

LES PERDRIX PROTÈGENT LEURS ŒUFS

Les perdrix fortifient leur abri avec des épines et des broussailles, capables de les défendre suffisamment contre toute bête. Elles accumulent pour y déposer leurs œufs, une moelleuse couche de poussière ; mais elles ne les couvent pas à l'endroit où elles les ont pondus : de peur qu'un séjour prolongé n'éveille les soupçons, elles les transportent ailleurs. Elles se cachent même de leurs mâles, parce que ceux-ci, dans leur lubricité, brisent leurs œufs, pour que l'incubation ne les retienne pas. Alors les mâles, privés de femelles, se battent entre eux ; on dit que le vainqueur assouvit sa passion sur le vaincu.

Histoire naturelle, X, 33

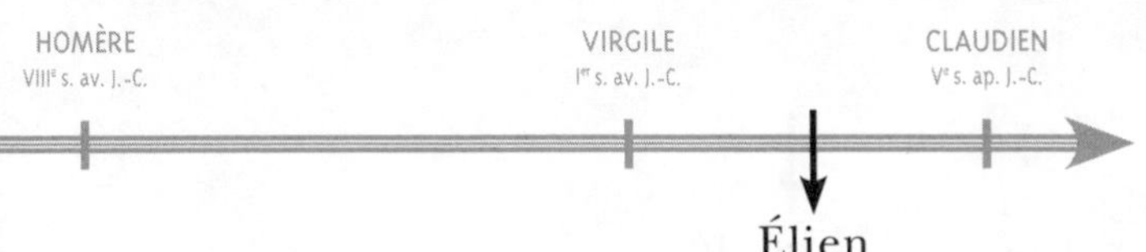

SAINTE HORREUR DES ANIMAUX POUR LES CADAVRES

Lorsque des chasseurs sont étendus face contre terre et qu'ils retiennent leur respiration, les ours, après les avoir reniflés, les laissent tranquilles, s'imaginant qu'ils sont morts, et il semble que cet animal ait une sainte horreur des cadavres. Les souris, elles aussi, détestent qu'il y ait des souris mortes à l'intérieur de leurs foyers et de leurs repaires, sans parler de l'hirondelle qui expulse du nid les cadavres d'hirondelles. Quant aux fourmis, la nature, dans son infinie sagesse, leur a également donné le souci de porter leurs morts à l'extérieur et de nettoyer leur fourmilière, car c'est là encore une caractéristique des bêtes brutes de mettre au plus vite hors de vue les membres de leur famille et de leur espèce qui sont décédés. Des récits égyptiens disent que si un éléphant voit le cadavre d'un autre éléphant, il ne saurait passer à côté de lui sans ramasser de la terre et la jeter sur le mort avec sa trompe, comme s'il accomplissait un mystérieux rite sacré, au nom de leur communauté de nature. Il lui suffit même de jeter sur le corps une branche avant de s'éloigner, plein de respect pour ce qui est la fin commune de toute chose. [...] Lorsque les éléphants meurent, de blessures reçues à la guerre ou de coups reçus à la chasse, ils ramassent la première herbe qu'ils trouvent ou bien de la poussière à leurs pieds, puis, le regard tourné vers le ciel, ils lancent la chose en question en proférant dans leur langage des plaintes et des invocations, comme s'ils prenaient les dieux à témoin des souffrances injustes et monstrueuses qu'ils endurent.

La Personnalité des animaux, V, 49

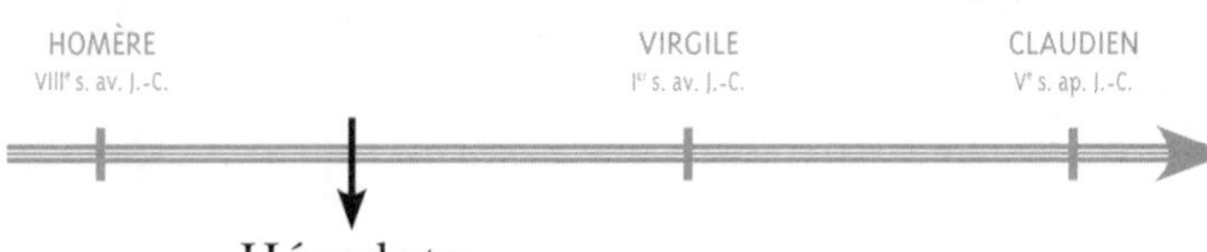

FOURMIS GÉANTES

Or donc, dans cette région déserte et dans ces sables, il y a des fourmis, de moins grande taille que des chiens, mais plus grandes que des renards ; on en peut voir en effet à la résidence du roi des Perses, qui viennent de cette région où on les a prises à la chasse. Ces fourmis, en creusant leurs demeures sous terre, rejettent en haut du sable, comme le font les fourmis de Grèce, auxquelles d'ailleurs elles ressemblent tout à fait par l'apparence ; et le sable qu'elles rejettent est mêlé d'or. C'est pour chercher ce sable que les Indiens vont en expédition dans le désert ; chacun attelle trois chameaux, à droite et à gauche un mâle attaché au moyen d'une longe, qu'il tire par le côté, au milieu une femelle ; et lui-même monte sur celle-ci, ayant pris soin de l'arracher, pour l'atteler, à des petits aussi jeunes que possible ; car les chameaux des Indiens ne sont pas inférieurs aux chevaux pour la rapidité et, indépendamment de cela, sont beaucoup plus capables de porter des fardeaux. Quel est l'aspect du chameau, les Grecs le savent, je ne leur en fais pas la description ; mais je dirai ce qu'ils en peuvent ignorer : le chameau a à chaque jambe de derrière deux cuisses et deux genoux, et le membre du mâle, entre les jambes de derrière, est tourné vers la queue. Donc, dans un tel équipage et avec un tel attelage, les Indiens partent à la conquête de l'or, ayant fait leurs calculs pour être en train de l'enlever à l'heure où les chaleurs sont les plus fortes ; car, par la grande chaleur, les fourmis disparaissent sous terre. Chez ces peuples, le soleil est le plus ardent pendant la matinée, non pas à midi comme chez les autres peuples, mais depuis le moment où il paraît au-dessus de l'horizon jusqu'à l'heure où finit le marché ; pendant ce temps, il brûle bien plus qu'en Grèce à midi, à tel point que les gens se tiennent alors, dit-on, plongés dans l'eau ; au milieu du jour, il brûle à peu près également les Indiens et les autres hommes ; pendant le déclin de l'après-midi, le soleil devient pour les Indiens ce qu'il est ailleurs pendant la matinée ; et, à mesure que dès lors il s'éloigne, il permet de plus en plus de fraîcheur, jusqu'à ce que, à l'heure de son coucher, il fasse tout à fait frais. Lors donc qu'ils sont arrivés sur les lieux avec des sacs, les Indiens emplissent ces sacs de sable, et prennent en toute hâte le chemin de retour ; car les fourmis, averties, disent les Perses, par l'odorat, les poursuivent. Elles vont, dit-on, avec une vitesse que n'égale aucun autre animal, si bien que, si les Indiens ne prenaient de l'avance pendant que les fourmis se rassemblent, aucun d'eux ne serait sauvé. Alors, les chameaux mâles étant moins rapides à la course que les femelles, on les détache quand ils se font traîner, pas tous les deux en même temps ; quant aux femelles, se souvenant des petits qu'elles ont laissés, elles ne manifestent aucune mollesse. Voilà comment les Indiens, à ce que les Perses racontent, se procurent la plus grande quantité de leur or ; ils en ont d'autre, en moindre quantité, qu'ils extraient des mines de leur pays.

Histoires, III, 103-105

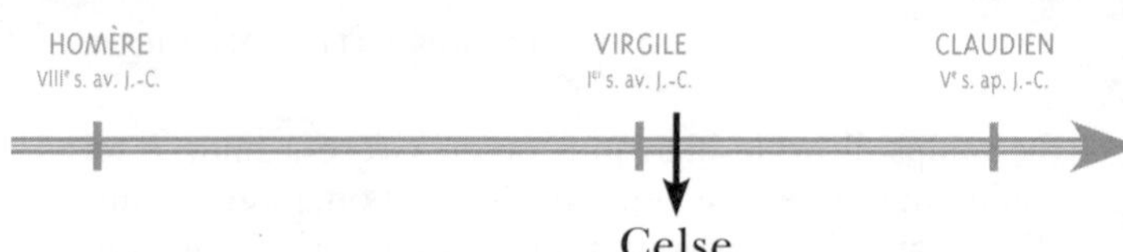

LES FOURMIS ONT LE SENS DE L'ORIENTATION

Les fourmis prennent les fardeaux les unes aux autres lorsqu'elles en voient une fatiguée.

[...]

Les fourmis enlèvent les pousses des grains mis en réserve pour qu'ils ne germent pas mais subsistent pendant l'année pour leur nourriture.

[...]

Aux fourmis qui meurent les vivantes choisissent un endroit particulier qui soit pour elles un tombeau de famille.

[...]

Et naturellement aussi, lorsqu'elles se rencontrent, elles s'entretiennent ensemble, et de là vient qu'elles ne se trompent pas de chemin ; il y a donc chez elles plénitude de raison, notions communes de certaines réalités universelles, son signifiant, événements, sens signifiés.

« Discours véritable »
[Cité par Origène, *Contre Celse*, IV, 83-84]

ET LA CIGOGNE FAIT PREUVE DE SENTIMENTS FAMILIAUX

La cigogne a plus de piété filiale que les hommes ; elle témoigne sa reconnaissance et apporte de la nourriture à ses parents.

« Discours véritable »
[Cité par Origène, *Contre Celse*, IV, 94]

HOMÈRE
VIIIe s. av. J.-C.

VIRGILE
Ier s. av. J.-C.

CLAUDIEN
Ve s. ap. J.-C.

Élien

LES PLUMES DU PAON

Le paon sait qu'il est le plus beau des oiseaux et sait aussi en quoi réside sa beauté ; cette beauté fait sa fierté et son orgueil, et il s'en remet entièrement à son plumage qui embellit tout son corps, tient à distance les étrangers qu'il plonge dans la crainte, et lui procure pendant la période estivale un abri fait maison qui le dispense d'en chercher un ailleurs. S'il veut faire peur à quelqu'un, il dresse les plumes de sa queue et les agite en poussant un cri, et les personnes présentes sont épouvantées comme si le fracas des armes d'un hoplite leur glaçait le sang. Il dresse la tête et la hoche avec une extrême arrogance comme s'il agitait un casque à triple aigrette. Quand il a besoin d'un peu de fraîcheur, il dresse ses plumes et, les inclinant vers l'avant, il se fait une ombre naturelle de son propre corps, qui le protège de l'ardeur des rayons du soleil. S'il y a du vent qui souffle de l'arrière, il écarte légèrement ses plumes, et le vent qui passe au travers permet à l'oiseau de se rafraîchir en soufflant sur lui une brise douce et délicieusement agréable. Quand on fait son éloge, il s'en rend compte et, tout comme un bel enfant ou une femme gracieuse mettent en valeur la partie la plus avantageuse de leur corps, le paon dresse ses plumes d'une façon harmonieuse les unes à côté des autres et prend l'apparence d'une prairie fleurie ou d'un tableau auquel la diversité de teinte des pigments confère une agréable variété ; et les peintres qui veulent représenter le trait caractéristique de sa nature doivent s'attendre à suer. Il fait d'ailleurs bien voir avec quelle générosité il s'exhibe. Il laisse en effet les gens présents se repaître du spectacle, se tournant et se retournant pour étaler, sans ménager sa peine, la diversité de son plumage, et montre avec une extrême majesté que son costume surpasse l'habit des Mèdes et les broderies des Perses. On dit qu'il fut importé en Grèce de pays barbares. Après avoir été, pendant longtemps, une rareté, il fut l'objet d'exhibitions payantes devant les gens raffinés ; à Athènes en particulier, lors de la nouvelle lune, des gens accueillaient des hommes et des femmes venus pour les étudier, et gagnaient de l'argent à les montrer. On estimait le mâle et la femelle à dix mille drachmes, d'après ce que dit Antiphon dans son discours *Contre Érasistrate*. Leur élevage nécessite une maison double ainsi qu'un personnel chargé de leur surveillance et de leur entretien. Hortensius de Rome est considéré comme le premier à avoir sacrifié un paon pour un dîner. Quant à Alexandre de Macédoine, il fut en Inde fasciné par le spectacle de ces oiseaux et tellement ébloui par leur beauté qu'il menaça des peines les plus sévères quiconque sacrifierait un paon.

La Personnalité des animaux, V, 21

HOMÈRE
VIIIe s. av. J.-C.

VIRGILE
Ier s. av. J.-C.

CLAUDIEN
Ve s. ap. J.-C.

Aristote

Le singe est un cas un peu spécial dans l'Antiquité. Cet animal est l'objet de la dérision générale, il est mal vu. Si l'on ne conteste pas son intelligence, celle-ci n'est appréciée qu'à travers son aptitude – du reste critiquée – à l'imitation. Plutôt que rusé, il est moqueur, et cela déplaît. Selon la formule de Galien, il fait imparfaitement tout ce que l'homme accomplit parfaitement. C'est un animal qui ne sert à rien.

Tout cela, en dépit de sa ressemblance avec l'homme. En effet, dans l'Antiquité, celle-ci n'est aucunement comprise comme une proximité biologique : on y voit seulement un double caricatural.

LE SINGE

Certains animaux ont une nature intermédiaire entre celle de l'homme et celle des quadrupèdes, par exemple les singes, les cèbes, les cynocéphales. Le cèbe est un singe qui a une queue. Et les cynocéphales ont la même forme que les singes, sauf qu'ils sont plus grands, plus forts, et que leur face ressemble plutôt au museau du chien ; ils sont, d'autre part, de mœurs plus sauvages et leurs dents ressemblent davantage à celles du chien et sont plus puissantes. Les singes ont le dos couvert de poils, puisque ce sont des quadrupèdes, mais le devant l'est également, puisqu'ils ont une forme humaine (car, sur ce point, il y a opposition entre l'homme et les quadrupèdes).

Histoire des animaux, II, 8

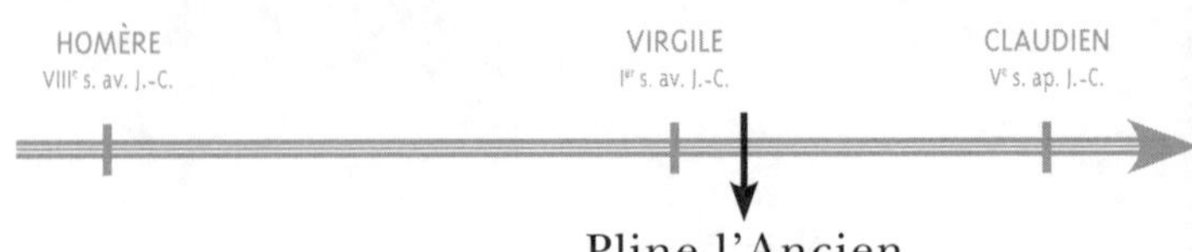

Pline l'Ancien

LES ANIMAUX LES PLUS PROCHES DE L'HOMME

Il y a aussi plusieurs espèces de singes. Ce sont les animaux les plus proches de l'homme ; entre eux, c'est par la queue qu'ils se distinguent. Leur adresse est merveilleuse. On dit que pour imiter les chasseurs, ils s'enduisent de glu, et mettent des chaussures avec des lacets. Mucianus dit qu'il en a vu jouer aux latroncules, qu'ils savent d'un coup d'œil reconnaître les noix faites en cire ; on assure que les singes à queue sont tristes au décours de la lune, et qu'ils l'adorent en bondissant de joie lorsqu'elle est nouvelle. Quant aux éclipses, tous les quadrupèdes en ont peur. Les singes ont une affection toute particulière pour leur progéniture. Les guenons apprivoisées, qui mettent bas dans nos demeures, portent leurs petits dans leurs bras, les montrent à tout le monde, sont joyeuses qu'on les caresse, et semblent comprendre les compliments qu'on leur en fait ; aussi leur arrive-t-il souvent de les étouffer à force de les serrer contre elles. Les cynocéphales, comme les satyres, sont d'un naturel plus farouche que les autres. Les callitriches ont un aspect presque entièrement différent ; ils ont de la barbe au visage, une queue largement étalée à sa naissance. On dit que cet animal ne vit pas sous un autre climat que celui de sa patrie, l'Éthiopie.

Histoire naturelle, VIII, 80

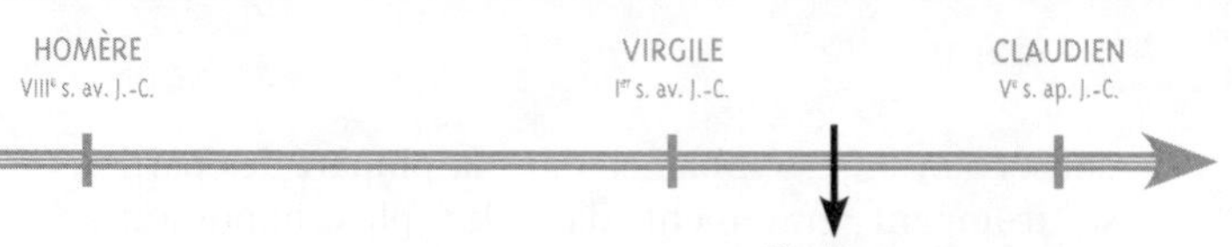

Galien

Le singe n'a pas de mains, car il n'est pas assez intelligent pour savoir s'en servir : il ne sait rien faire de ses dix doigts !

UNE IMITATION RISIBLE

Eh bien, fameux sophistes, habiles contempteurs de la nature, avez-vous donc jamais vu chez les singes ce doigt que généralement on appelle *anti-main*, et qu'Hippocrate nommait le *grand doigt* ? Si vous ne l'avez pas vu, comment osez-vous dire que le singe ressemble en tout à l'homme ? Si vous l'avez vu, il vous a paru court, grêle, estropié et tout à fait risible, comme du reste l'animal tout entier. « Le singe est toujours beau pour les enfants », nous dit un Ancien, nous avertissant en cela que cet animal est un joujou risible pour les enfants qui s'amusent, car il cherche à imiter toutes les actions des hommes : mais il se trompe toujours et prête à rire. N'avez-vous jamais vu un singe s'évertuant à jouer de la flûte, à danser et à écrire ; en un mot, à faire tout ce que l'homme accomplit parfaitement ? Eh bien, que vous en semble ? Réussit-il entièrement comme nous, ou bien n'est-il qu'un imitateur ridicule ? Peut-être rougiriez-vous de dire qu'il en est autrement. Toutefois, ô très sages accusateurs ! la nature vous répondrait qu'il fallait donner à un animal risible par l'essence de son âme un corps d'une structure risible : or, la suite de ce discours montrera comment tout le corps du singe est une imitation risible de celui de l'homme. Mais voyez maintenant combien sa main est ridicule, en songeant avec moi que si un peintre ou un modeleur imitant la main de l'homme se trompait dans sa représentation d'une manière risible, sa bévue n'aurait pas un autre résultat que de produire une main de singe ; car nous trouvons surtout plaisantes les imitations qui, tout en conservant la ressemblance dans la plupart des parties, se trompent gravement dans les plus importantes. Quelle utilité retirera-t-on donc des quatre autres doigts bien conformés, si le pouce est si mal construit qu'il ne peut plus recevoir l'épithète de *grand* ? Telle est sa disposition chez le singe ; de plus, il est tout à fait ridicule et s'éloigne peu de l'index.

Aussi, dans cette circonstance, la nature s'est montrée juste, comme Hippocrate a coutume de l'appeler souvent, en enveloppant une âme ridicule dans un corps ridicule. C'est donc avec raison qu'Aristote déclare tous les animaux d'une structure aussi belle et aussi bien ordonnée que possible, et qu'il cherche à démontrer l'art qui a formé chacun d'eux ; mais ils sont dans la mauvaise voie, ceux qui ne comprennent pas l'ordre qui a présidé à la création des animaux – et particulièrement de celui qui est le mieux construit de tous – mais qui livrent un grand combat, et qui craignent qu'on ne leur démontre qu'ils ont une âme plus sage que les animaux sans raison, ou un corps construit comme il convient à un animal doué de sagesse. Mais laissons ces gens-là !

De l'utilité des parties du corps humain, I, 22

L'homme, lors même qu'il le voudrait, ne pourrait pas marcher sur les quatre membres, les articulations de l'omoplate étant très éloignées du thorax. Le singe, qui pour tout le reste est une imitation risible de l'homme, ainsi que je l'ai dit plus haut, devait naturellement l'être aussi par ses membres. J'ai dit, dans le livre consacré spécialement aux membres abdominaux [III, XVI – cf. *Manuel des dissections*], combien la structure des jambes du singe s'éloigne de celle des jambes de l'homme, et j'ai établi que cette différence existait aussi pour les mains. C'est surtout par les omoplates et par les clavicules que le singe se rapproche de l'homme, bien qu'il ne doive pas lui être assimilé eu ce point, eu égard à la rapidité de la marche. Sous ce rapport, il s'éloigne, en effet, des deux genres d'animaux, n'étant complètement ni bipède ni quadrupède. Comme bipède, il cloche, ne pouvant pas se tenir très bien debout ; comme quadrupède, il est en quelque sorte estropié et lent dans sa marche [...].

De l'utilité des parties du corps humain, XIII, 11

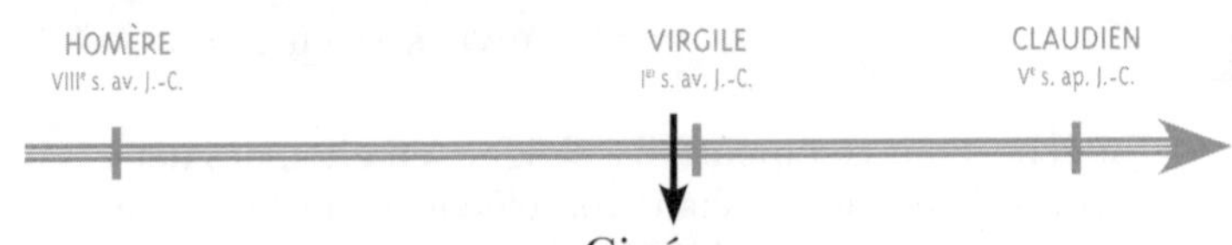

Cicéron

*Du point de vue de la vie animale et des équilibres naturels, les parasites peuvent souvent être une curiosité : on s'attarde à les observer et à les étudier. Ils contribuent à la diversité biologique et aux singularités de la nature. Homère observe que le chien d'Ulysse, Argos, était rongé par les tiques (*Odyssée*, XVII, 300), mais il y a des exemples de parasitismes utiles, comme celui de la collaboration de la pinne et de la squille !*

LA PINNE ET LA SQUILLE

La pinne (c'est ainsi qu'on l'appelle en grec), largement ouverte avec ses deux grandes oreilles, s'associe, pour ainsi dire, avec une petite squille pour se procurer de la nourriture ; c'est ainsi que, quand de petits poissons pénètrent en nageant dans la coquille béante, la pinne, avertie par un pincement de la squille, referme ses coquilles ; ainsi des bêtes si différentes cherchent en commun leur nourriture.

La Nature des dieux, II, 48

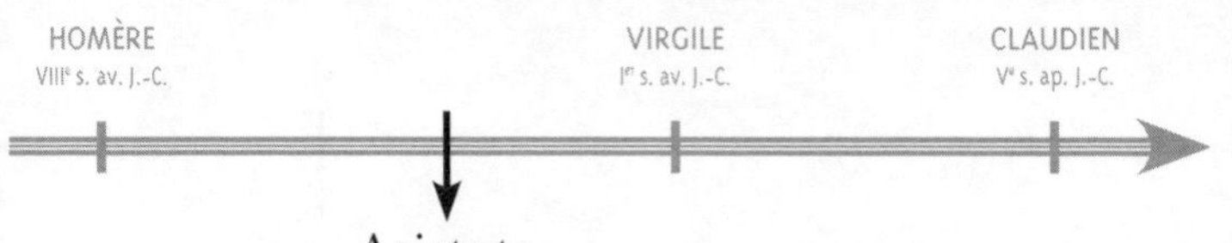

Aristote

POUX

Alors qu'il était en chemin pour Io, Homère s'était assis sur les pierres. Il considéra des pêcheurs qui naviguaient en s'avançant vers lui, auprès desquels il s'enquit de savoir si la pêche avait été bonne. Ceux-ci, en l'absence de poisson, ne s'occupaient pas à pêcher mais à s'épouiller, et ils lui répondirent : « Ceux que nous avons attrapés, nous ne les avons plus, ceux que nous n'avons pas attrapés, nous les avons. »

Par cette énigme, ils signifiaient qu'ils étaient débarrassés de ceux des poux qu'ils avaient pris et tués, mais qu'ils avaient toujours sur leurs vêtements ceux qu'ils n'avaient pas pris. N'ayant pas pu résoudre cette énigme, il en mourut de dépit.

Sur les poètes, Fragment 8

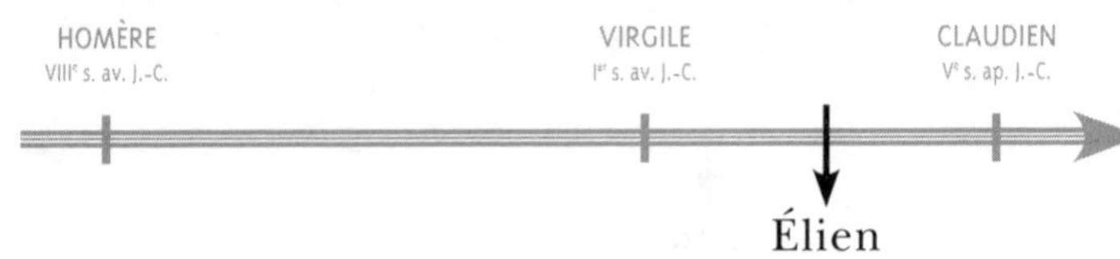

RÉMORA

Il s'agit d'un poisson qui a reçu en partage la haute mer, qui est de couleur noire, de la taille d'une anguille moyenne, et qui tire son nom de ce qu'il fait quand, après s'être attaché avec une force destructrice à un navire qui file porté par une bonne brise, et après avoir planté ses dents à l'extrémité de la proue, il retient l'élan du navire, l'entrave et le bloque, à l'instar d'un homme qui tire violemment en arrière, par un coup sec sur les rênes, un cheval farouche qui refuse le mors. En vain on donne toute la voile, les vents soufflent sans aucun effet, et les passagers sont démoralisés. Les marins, eux, comprennent et savent bien ce qui arrive à leur navire. C'est de là que le poisson a tiré son nom : les experts l'appellent en effet le « bloque-navire ».

La Personnalité des animaux, II, 17

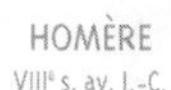

CLAUDIEN
Ve s. ap. J.-C.

Pline l'Ancien

Même si beaucoup d'animaux sont fort utiles aux hommes et témoignent d'une finalité affirmée par quelques philosophes, ceux qu'on déclare indésirables *(car ils n'ont en fait rien à voir avec les animaux dangereux ou redoutables), et qui sont des sortes de parasites, ne manquent pas. Ils sont l'objet d'une lutte acharnée de la part des agriculteurs, d'autant plus que bien souvent, il s'agit d'espèces particulièrement prolifiques. Il n'est pas interdit d'y voir de véritables calamités naturelles. Dans les sauterelles, par exemple, dont l'apparition et la disparition brusques défient toute prévoyance, on n'hésitera pas à voir un effet de la colère des dieux. Il ne faudra pas oublier les serpents.*

LE FLÉAU DES SAUTERELLES

Ces dernières pondent, en enfonçant dans la terre la pointe de leur queue, des œufs en grappes serrées, ceci en automne. Les œufs passent l'hiver ainsi : l'année suivante, à la fin du printemps, il en sort des sauterelles petites, noirâtres, sans pattes, et rampant à l'aide de leurs ailes. Aussi les pluies du printemps font-elles périr leurs œufs, et les naissances sont-elles plus abondantes par un printemps sec. Des auteurs prétendent qu'il y a chez les sauterelles double ponte, et double mort dans l'année : qu'elles pondent au lever des Pléiades, puis qu'elles meurent au lever de la Canicule, et que d'autres renaissent ; suivant d'autres savants, c'est au coucher d'Arcturus que se fait cette renaissance. Il est certain que les mères meurent après avoir pondu : il leur naît aussitôt autour de la gorge un petit ver qui les étrangle. Les mâles meurent dans le même temps. Et cet insecte qui meurt pour une si petite cause, tue quand il lui plaît, à lui tout seul, un serpent en le mordant à la gorge. Les sauterelles ne naissent que dans des terrains crevassés. On raconte que dans l'Inde les sauterelles ont trois pieds de long ; leurs pattes de devant et de derrière servent de scies, une fois desséchées. Elles périssent aussi d'une autre manière : soulevées en troupes par le vent, elles tombent dans la mer ou dans les étangs. C'est là un accident dû au hasard, et non point, comme l'ont cru les anciens, au fait que leurs ailes ont été détrempées par l'humidité de la nuit. Les mêmes auteurs ont raconté qu'elles ne volaient pas non plus la nuit à cause du froid ; ils ignoraient qu'elles traversaient même des mers lointaines, supportant pendant plusieurs jours – et c'est la chose la plus étonnante – la faim, qui leur a appris à gagner des pâturages étrangers à la patrie. On les regarde comme un fléau envoyé par la colère des dieux. En effet elles apparaissent plus grandes, et font en volant un bruit d'ailes tellement strident, qu'on croirait des oiseaux ; elles obscurcissent le soleil, tandis que les peuples les suivent de l'œil, appréhendant qu'elles ne recouvrent leurs terres. Elles ont en effet des forces de rechange ; et, comme s'il ne leur suffisait pas d'avoir franchi les mers, elles parcourent d'immenses contrées, et les couvrent d'un nuage funeste aux moissons, brûlant par leur contact beaucoup de choses, et rongeant et dévorant tout, jusqu'aux portes de nos demeures.

C'est surtout de l'Afrique qu'elles se lèvent pour venir infester l'Italie ; et souvent elles forcèrent le peuple romain à recourir aux livres sibyllins, par crainte de la famine. Dans la Cyrénaïque, une loi même ordonne de leur faire la guerre trois fois par an, en écrasant d'abord les œufs, puis les jeunes, enfin les adultes ; celui qui s'y dérobe est puni comme un déserteur. Dans l'île de Lemnos également, on a fixé une certaine mesure que chaque habitant doit rapporter aux magistrats pleine de sauterelles tuées. Pour cette raison encore on y respecte le choucas, car il vole à leur rencontre pour les détruire. En Syrie, les troupes sont employées à les tuer. Tant il y a de contrées sur la terre où ce fléau se répand.

Histoire naturelle, XI, 35

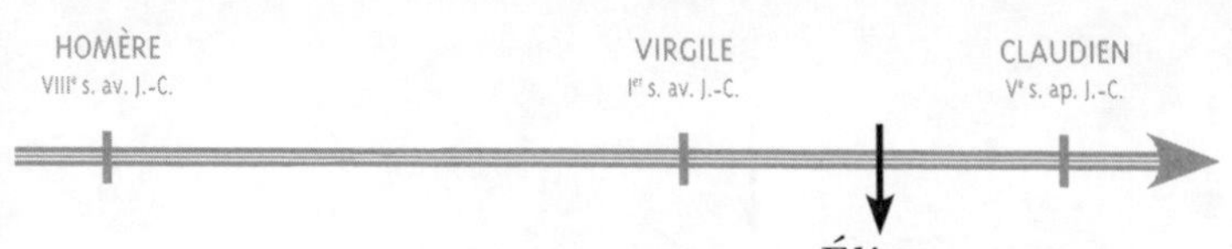

Élien

CHOUCAS CONTRE CRIQUETS

Les Thessaliens, les Illyriens et les Lemniens considèrent les choucas comme leurs bienfaiteurs, et ils ont même décidé par vote de les nourrir aux frais de l'État, car les choucas suppriment les œufs et détruisent les petits des criquets qui endommagent les récoltes des peuples mentionnés. Et effectivement les nuées de criquets sont considérablement réduites, et les moissons des peuples susdits sont préservées de tout dommage.

La Personnalité des animaux, III, 12

HOMÈRE
VIIIe s. av. J.-C.

VIRGILE
Ier s. av. J.-C.

CLAUDIEN
Ve s. ap. J.-C.

Aristote

Le problème des rongeurs – souris et rats –, c'est leur prolifération insensée, qui rend presque vains les efforts déployés pour les détruire !

SUS AUX SOURIS

La propagation des souris à la surface des champs et leur disparition posent également un problème : en effet, en beaucoup d'endroits, se forme habituellement un nombre incalculable de mulots, si bien qu'il reste peu de chose de toute la récolte. Et ils pullulent si rapidement que certains cultivateurs qui n'ont pas de grandes exploitations, voyant un jour que c'est le moment de moissonner, quand ils amènent le lendemain matin les moissonneurs, trouvent tout dévoré. Quant à leur disparition, elle survient sans raison : en effet, dans l'espace de quelques jours on n'en voit plus du tout ; et pourtant dans la période qui précède, on n'en vient pas à bout en les enfumant et en fouillant le sol, ou encore en leur faisant la chasse et en lâchant les truies : car les truies fouillent les trous de souris. Les renards leur donnent également la chasse et les furets les font très bien disparaître quand ils tombent sur elles ; mais ils n'ont aucun pouvoir sur leur fécondité et la rapidité de leur reproduction.

Histoire des animaux, VI, 37

HOMÈRE
VIIIe s. av. J.-C.

VIRGILE
Ier s. av. J.-C.

CLAUDIEN
Ve s. ap. J.-C.

Pline l'Ancien

RATS

La multiplication des rats dépasse celle de tous les animaux ; je ne dois pas en parler sans hésitation, bien que j'aie pour garants Aristote et les soldats d'Alexandre le Grand. On dit que ces animaux se reproduisent en se léchant, et non en s'accouplant. On a cité le cas d'une seule femelle qui engendra cent vingt petits, et celui de femelles que, chez les Perses, on a trouvées déjà pleines dans le ventre de leur mère. On croit aussi que les femelles deviennent pleines en goûtant du sel. Il n'est donc plus étonnant qu'une si grande abondance de mulots dévaste les moissons. Un autre fait reste encore mystérieux : comment cette multitude disparaît-elle tout à coup ? En effet on ne trouve point leurs cadavres et il n'est personne qui ait déterré un mulot en fouillant son champ pendant l'hiver. Il en vient des multitudes en Troade, et ils en ont même une fois chassé les habitants. Ils pullulent pendant les sécheresses. On dit aussi que, vers la fin de leur vie, un petit ver se forme dans leur tête. Les rats d'Égypte ont le poil dur comme les hérissons. Ils marchent sur deux pattes comme les rats des Alpes.

Histoire naturelle, X, 63

HOMÈRE
VIIIe s. av. J.-C.
VIRGILE
Ier s. av. J.-C.
CLAUDIEN
Ve s. ap. J.-C.

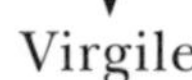

Virgile

Le serpent est évidemment l'ennemi de l'agriculteur. C'est un danger sérieux pour lui-même et son bétail. Il reste que le serpent débarrasse aussi de beaucoup d'animaux nuisibles. Même, dans la Rome impériale, non sans quelque snobisme, il pourra devenir un animal familier ; il sera en tout cas très présent dans les maisons, malgré quelques accidents. Cléopâtre en sait quelque chose.

INSIDIEUX SERPENTS

Apprends aussi à brûler dans tes étables le cèdre odoriférant et à en chasser par les vapeurs du galbanum les chélydres malfaisants. Souvent, sous la litière qui n'a pas été remuée, se cache la vipère, mauvaise quand on la touche ; elle y cherche un refuge contre le jour qu'elle redoute ; ou bien la couleuvre, cruel fléau des bœufs, accoutumée à se glisser dans un abri plein d'ombre et à répandre son venin sur le bétail, se tient blottie sur le sol. Prends dans ta main des pierres, prends un gourdin, berger, et, tandis qu'elle dresse ses menaces et enfle son cou en sifflant, abats-la ; déjà elle a fui et cache profondément sa tête apeurée, mais les nœuds du milieu de son corps et les chaînons du bout de sa queue sont brisés : une dernière ondulation traîne ses anneaux alanguis. Il y a dans les halliers de Calabre un autre serpent malfaisant : la poitrine dressée, il déroule son dos écailleux et son long ventre marqué de grandes taches ; tant que des cours d'eau jaillissent de leurs sources, tant que les terres sont détrempées par l'humidité printanière et les autans pluvieux, il habite les étangs et, fixé sur leurs rives, il assouvit son affreuse voracité en s'acharnant sur les poissons et les grenouilles bavardes. Quand le marais est desséché et que la chaleur fendille la terre, il s'élance en lieu sec et, roulant des yeux enflammés, il se déchaîne dans la campagne, exaspéré par la soif et affolé par la canicule. Que l'envie alors ne me prenne pas de goûter en plein air le doux sommeil ni de m'étendre dans l'herbe sur une croupe boisée, lorsqu'ayant fait peau neuve et brillant de jeunesse il s'avance en ondulant, ou que, laissant dans son abri ses petits ou ses œufs, il se dresse au soleil et fait vibrer dans sa gueule sa langue trifurquée !

Géorgiques, III, 414-439

HOMÈRE
VIIIe s. av. J.-C.

VIRGILE
Ier s. av. J.-C.

CLAUDIEN
Ve s. ap. J.-C.

Lucain

*La Libye est la terre des serpents : une infinité d'espèces, et tous venimeux à des titres divers. L'espace manque pour donner la suite du poème de Lucain : on y apprend, dans le détail, comment chaque serpent mord sa victime, et dans quelles horribles souffrances agonisent les soldats de Pompée, ainsi mordus. La description de Lucain est d'une puissance prodigieuse, proprement dantesque, et précisément, Dante ne manquera pas de s'en inspirer (*Enfer, *Chant XXIV, vers 82-90).*

REDOUTABLES SERPENTS : LE RIVAGE DES SYRTES

Alors cette fange laissa sortir d'abord, levant la tête de la poussière, l'aspic somnifère au cou gonflé. Un sang plus abondant, une goutte de poison plus épaisse tomba pour le former : nul serpent n'en recueillit en lui davantage. Avide de chaleur, ce n'est pas de lui-même qu'il passe dans les régions froides ; il parcourt les sables jusqu'au Nil. Mais quand rougirons-nous de notre mercantilisme ? Nous allons là-bas pour en rapporter chez nous des instruments de mort libyens, et nous avons fait de l'aspic une marchandise. Un autre serpent, qui ne laissera pas aux malheureux une seule goutte de leur sang, l'immense hémorrhoïs, déroule ses anneaux écailleux ; puis c'est le chersydre, l'hôte destiné aux plaines mi-sable mi-eau des Syrtes, ce sont les chélydres qui rampent en laissant une traînée de fumée, et le cenchris qui doit toujours glisser droit devant lui ; ce reptile a le ventre moucheté de plus de nuances diverses qu'on ne voit de petites taches bigarrer l'ophite thébain. C'est l'hammodyte dont la couleur ressemble, jusqu'à s'y confondre, à celle du sable brûlé ; ce sont les cérastes que leur épine dorsale fait rouler çà et là ; le scytale qui seul, lors des frimas encore épars, rejettera sa dépouille ; la brûlante dipsade ; le pesant amphisbène qui tend en arrière et en avant sa double tête ; le natrix qui souille les eaux, le jaculus ailé ; le paréas qui se borne à sillonner sa route avec sa queue ; l'avide prester qui ouvre béante une gueule fumante ; le seps putréfiant qui dissout les os avec les chairs ; et celui dont les sifflements frappent d'épouvante tous ces monstres, qui tue avant d'empoisonner, qui fait fuir au loin toute la foule, le basilic, roi dans la solitude des sables. Vous aussi, qui, dans toutes nos campagnes, rampez en dieux inoffensifs, dragons étincelants des reflets de l'or, l'ardente Afrique vous rend mortels ; vous y fendez avec des ailes les hautes régions de l'air, vous suivez des troupeaux entiers, vous étouffez les puissants taureaux dans l'étreinte de vos replis ; l'éléphant lui-même n'est pas garanti par sa grosseur : vous donnez à tout la mort, et vous n'avez pas besoin, pour tuer, de poison.

La Pharsale, IX, 700-733

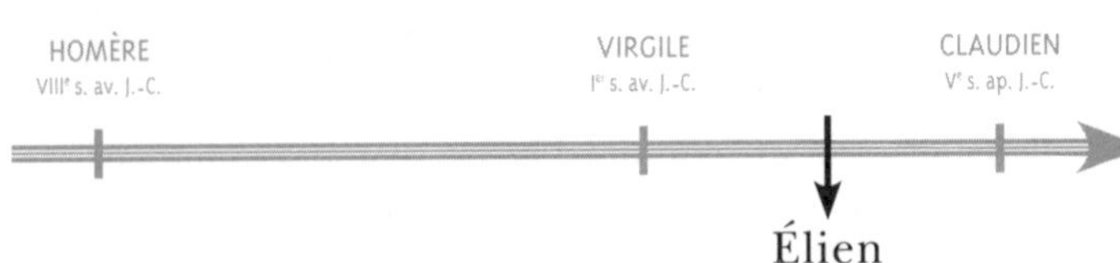

SUR LA MORSURE DU COBRA ET LA MORT DE CLÉOPÂTRE

On dit que les traces et les marques laissées par les morsures de cobra ne sont pas du tout évidentes ni faciles à repérer. Je me suis laissé dire que la raison en était la suivante : le venin émis par le cobra est extrêmement vif et se répand très rapidement ; ainsi, lorsque le serpent s'agrippe, le poison ne reste pas en surface mais file dans les canaux internes du corps, disparaît de la partie externe et visible de la peau et s'enfonce à l'intérieur. C'est pourquoi les compagnons d'Auguste eurent de grandes difficultés à déterminer comment était morte Cléopâtre, et ils ne le firent que tardivement, quand on distingua deux piqûres très difficiles à apercevoir et à détecter, grâce auxquelles le mystère de sa mort fut élucidé. Le cobra avait d'ailleurs laissé derrière lui des traces visibles de sa reptation, et celles-ci étaient évidentes aux yeux de ceux qui connaissaient la façon de se déplacer de ces animaux.

DÉMONSTRATION MALHEUREUSE D'UN CHARMEUR DE SERPENTS

Quand Pompeius Rufus était édile à Rome, aux Panathénées, un apprenti médecin, de ceux qui élèvent des serpents pour des exhibitions, posa un cobra sur son bras en présence d'un grand nombre d'autres membres de sa profession, pour faire la preuve de sa science – et il fut mordu. Il suça alors le venin avec la bouche, mais il n'avala pas d'eau par-dessus car il n'en avait pas à sa disposition, bien qu'il en eût préparé, le récipient ayant été renversé par malveillance ; et étant donné qu'il ne s'était pas débarrassé du poison en se lavant et en se rinçant la bouche, il perdit la vie, le surlendemain, je crois, sans aucune souffrance, quoique le poison eût fait peu à peu pourrir ses gencives et sa bouche.

La Personnalité des animaux, IX, 61-62

HOMÈRE
VIIIe s. av. J.-C.

VIRGILE
Ier s. av. J.-C.

CLAUDIEN
Ve s. ap. J.-C.

Aristote

Incapables d'établir des lois, incapables de justice, les animaux sont en guerre les uns avec les autres. Mais Aristote n'en reste pas à cette mythologie. Il propose une explication de l'inimitié des bêtes entre elles fondée sur une analyse précise des conditions vitales de chacune. Selon ce dont elle se nourrit, selon son milieu naturel, chaque espèce est naturellement prédatrice pour telle ou telle autre. Le problème n'est donc pas de nature morale ou juridique, c'est simplement une question de survie dans un milieu – on peut bien dire un écosystème *– où les ressources sont parfois comptées. Dans cette lutte, il semble aussi que certains animaux ne sont pas taillés pour vivre.*

LA LOI DE LA JUNGLE

Les animaux sont en guerre les uns avec les autres quand ils occupent les mêmes lieux et qu'ils usent pour vivre des mêmes ressources. En effet, si la nourriture est rare, même les animaux de même espèce se combattent entre eux, puisqu'aussi bien les phoques se battent, dit-on, quand ils sont au même endroit, mâle contre mâle et femelle contre femelle, jusqu'à ce que l'un d'eux ait tué ou chassé son adversaire : et tous les petits en font autant. D'autre part, tous les animaux sans exception sont en guerre avec les carnassiers, et ceux-ci avec les autres, car leur nourriture est faite d'animaux.

[…]

Il est probable que s'il y avait abondance de nourriture, les animaux que l'on redoute aujourd'hui et qui sont sauvages vivraient dans la familiarité des hommes et s'apprivoiseraient de la même façon les uns à l'égard des autres.

[…]

L'aigle et le dragon sont ennemis, car l'aigle se nourrit de serpents. De même l'ichneumon et la tarentule, car l'ichneumon fait la chasse aux tarentules. De même encore, parmi les oiseaux, l'oiseau tacheté, l'alouette, le pic et oiseau jaune, parce qu'ils se mangent mutuellement leurs œufs ; la corneille et la chouette : la première, en plein midi, profite de ce que la chouette ne voit pas bien le jour, pour lui enlever ses œufs et les manger, et la chouette dévore la nuit ceux de la corneille ; l'une a l'avantage le jour, l'autre la nuit.

[...]

Sont ennemis encore, la tourterelle et l'oiseau rouge feu, l'endroit où ils trouvent leur nourriture et leur mode de vie étant les mêmes. Même chose pour le pivert et le libyen, le milan et le corbeau : en effet, le milan enlève au corbeau toutes ses proies grâce à la supériorité de ses serres et de son vol, en sorte que c'est là encore la nourriture qui rend ces animaux ennemis.

[...]

Le loup est l'ennemi de l'âne, du taureau et du renard, car étant carnivore il attaque les bovins, les ânes et le renard. Le renard et l'épervier sont ennemis pour la même raison, car l'épervier, qui a des serres recourbées et qui est carnivore, attaque le renard et le blesse par ses coups. Le corbeau est aussi l'ennemi du taureau et de l'âne, du fait qu'il vole sur eux, les frappe et leur donne des coups de bec dans les yeux.

[...]

Le lion et le chacal sont ennemis l'un de l'autre, car étant carnassiers ils vivent des mêmes proies. Quant aux éléphants, ils vont jusqu'à se livrer entre eux de violents combats et ils se frappent avec leurs défenses.

Histoire des animaux, IX, 1

Le héron est un animal malheureux qui sera poursuivi à travers les siècles par une réputation de malchance (voir Belon, Buffon et La Fontaine). Il donne l'impression d'être inutile, triste et maladroit. Quant à l'éphémère, sa vie ne dépasse pas quelques heures.

LE HÉRON

Il existe trois variétés de hérons : le cendré, le blanc et celui qu'on appelle étoile. Le héron cendré a du mal à s'accoupler et à saillir : il pousse, en effet, des cris, et du sang, dit-on, lui jaillit des yeux pendant la saillie ; et sa ponte est de mauvaise qualité et douloureuse. Le héron fait la guerre aux animaux qui lui nuisent, à l'aigle (qui l'enlève), au renard (qui l'égorge la nuit), à l'alouette (qui lui vole ses œufs).

Histoire des animaux, IX, 1

L'ÉPHÉMÈRE

Sur les eaux de l'Hypanis, le fleuve de la région du Bosphore cimmérien, on voit au moment du solstice d'été, emportés au fil du courant, des espèces de sachets plus gros que des grains de raisin d'où sort, quand ils se déchirent, un animal ailé à quatre pattes. Il vit et il vole jusqu'au soir, mais à mesure que le soleil décline, il s'affaiblit, et il meurt quand le soleil se couche, après n'avoir vécu qu'une seule journée, d'où son nom d'éphémère[1].

Histoire des animaux, V, 19

1. Voir Cicéron, *Tusculanes*, I, 39.

CLASSER LES ANIMAUX, QUESTIONS DE MÉTHODE

Le monde animal se manifeste avant tout comme une diversité. Connaître une multiplicité diverse consiste d'abord, depuis l'Antiquité, à la décrire – c'est ce que fait Hérodote –, et ce regard n'est pas dépourvu d'intérêt ; ensuite, l'approche scientifique, c'est d'en proposer une classification qui permette de tracer le cheminement de l'Un dans le multiple, autrement dit de comprendre quelque chose à ce divers. Ainsi on établit des classes qui regroupent les espèces à l'intérieur des genres en fonction de différences qui déterminent l'essence de chaque espèce, ainsi articule-t-on les classes entre elles.

HOMÈRE VIIIe s. av. J.-C. — VIRGILE Ier s. av. J.-C. — CLAUDIEN Ve s. ap. J.-C.

Platon

Platon est l'inventeur de la méthode dite dichotomique, qui consiste à diviser la multiplicité en deux parties égales, et de même, par après, chaque division. Si cette méthode traduit assez bien le cheminement de l'unité, elle présente néanmoins un certain nombre d'inconvénients logiques que relèvera Aristote. En fait, chaque genre doit être divisé en plusieurs espèces.

LA MÉTHODE DICHOTOMIQUE

L'Étranger. — N'allons pas mettre à part, toute seule, une petite portion en face de plusieurs grandes, et sans tenir compte de l'espèce : veillons, au contraire, à ce que la partie porte avec soi l'espèce. Sans doute il est très beau de séparer tout de suite du reste l'objet que l'on cherche, mais il faut tomber juste. Ainsi toi, tout à l'heure, tu as cru tenir ta division, et tu as brusqué le raisonnement dès que tu as vu qu'il menait aux hommes. Mais, en réalité, mon ami, les petites coupures ne vont point sans danger ; il est plus sûr de procéder en divisant par moitiés, et c'est ainsi qu'on a plus de chances de rencontrer les caractères spécifiques. Or, c'est là ce qui importe par-dessus tout à nos recherches.

Socrate le Jeune. — Que veux-tu dire par là, Étranger ?

L'Étranger. — Essayons de parler plus clairement encore, par égard pour une nature comme la tienne, Socrate. Nous ne saurions, il est vrai, pour l'instant, prétendre ne rien laisser dans l'ombre ; mais il faut essayer de pousser encore un peu plus de l'avant pour mettre la question dans un meilleur jour.

Socrate le Jeune. — Quelle faute dis-tu donc que nous aurions faite en divisant tout à l'heure ?

L'Étranger. — La même que, si, voulant diviser en deux le genre humain, on faisait le partage comme le font la plupart des gens par ici, lorsque, prenant d'abord à part le genre hellène comme une unité distincte de tout le reste, ils mettent en bloc toutes les autres races, alors qu'elles sont une infinité, qui ne se mêlent ni ne s'entendent entre elles, et, parce qu'ils les qualifient du nom unique de Barbares, s'imaginent que, à les appeler ainsi d'un seul nom, ils en ont fait un seul genre ! Ou encore c'est comme si l'on croyait que, pour diviser les nombres en deux, on n'avait qu'à détacher le chiffre « dix mille » de tous les autres, à le placer à part comme constituant une seule espèce, et à mettre sur tout le reste un nom unique, s'imaginant, cette fois encore, que cette simple appellation suffit pour créer un second genre en face du premier. La division serait mieux faite, je crois ; elle suivrait mieux les formes spécifiques et serait plus dichotomique, si, partageant les nombres en pairs et impairs, on partageait de même le genre humain en mâles et femelles, et si l'on ne se décidait à détacher et dresser en face de tout le reste les Lydiens, les Phrygiens, ou autres unités, que lorsqu'il ne serait plus possible d'obtenir une division dont chaque terme fût à la fois genre et partie.

Socrate le Jeune. — Tu as grandement raison, mais cela même, Étranger, comment le voir plus clairement, que le genre et la partie ne sont pas la même chose, mais deux choses différentes ? [...]

L'Étranger. — Toutefois, prends bien garde encore et ne va pas croire que je t'aie donné l'explication parfaite.

Socrate le Jeune. — De quoi ?

L'Étranger. – De la distinction entre espèce et partie.

Socrate le Jeune. — Alors ?

L'Étranger. — Là où il y a espèce, elle est inévitablement partie de ce dont elle est dite espèce, mais il n'est pas du tout inévitable que la partie soit en même temps espèce. Voilà, Socrate, des deux explications, celle que tu devras toujours donner comme mienne.

Le Politique, 262b-263c

Aristote

On doit à Aristote une critique pertinente de la méthode dichotomique de Platon.

En effet, le procédé qui consisterait à saisir et à ranger l'animal particulier dans une classe en divisant le genre en deux différences spécifiques est tantôt difficile à utiliser, tantôt impraticable : dans certains cas n'est en jeu qu'une seule différence spécifique et le reste est superflu. Ainsi, par exemple, quand on définit un être comme pourvu de pieds, puis de deux pieds, et enfin de pieds fendus, seule la dernière différence spécifique importe. Il est alors nécessaire de répéter plusieurs fois la même chose. Ajoutons aussi qu'il convient de ne pas dissocier chaque genre, de ne pas placer les oiseaux, par exemple, tantôt dans une division, tantôt dans une autre, comme le font certains tableaux où il arrive qu'on trouve des oiseaux rangés parmi les animaux aquatiques, et d'autres dans un genre différent. On se fonde sur telle ressemblance pour appliquer à l'animal le nom d'oiseau, sur une autre pour lui donner celui de poisson.

Toutes ces incohérences montrent, aux yeux d'Aristote, la nécessité d'une autre méthode, dont la science zoologique s'inspirera pendant des siècles. On ne dira jamais assez que c'est à Aristote que nous devons les grandes lignes de la classification des êtres vivants.

IL FAUT DIVISER PAR SPÉCIFICATION

Il faut, au contraire, qu'existent des espèces de la différence spécifique générale : sinon en quoi serait-ce une différence générale et non une différence particulière ? Or, il y a des différences spécifiques qui sont générales et qui comportent des espèces, par exemple le fait d'être ailé : en effet l'aile est tantôt non fendue et tantôt fendue. Il en est de même pour le fait d'avoir des pieds : ceux-ci sont tantôt à fentes multiples, tantôt à fente unique (comme chez les animaux à pieds fourchus), tantôt sans fente ni division (comme chez les solipèdes). Il est d'ailleurs déjà difficile, même dans le cas de ces différences spécifiques qui comportent des espèces, de faire des divisions telles que n'importe quel animal y ait sa place, et que le même animal ne soit pas classé dans plusieurs, ne soit pas, par exemple, ailé et non ailé (en effet le même animal peut être les deux à la fois, comme la fourmi, le ver luisant et quelques autres). Mais la division est particulièrement difficile ou même impossible, si l'on utilise les différences opposées. [...] Mais s'il est possible qu'une différence ne soit pas [...] commune, mais soit indivisible, il est évident que, dans le cas du moins où la différence est commune, certains animaux se trouvent placés dans le même groupe tout en étant d'espèce différente. Il s'ensuit nécessairement que si les différences sous lesquelles se rangent toutes les catégories d'individus sans exception sont spéciales à chacune d'elles, aucune de ces différences n'est commune. Sinon, des animaux différents viendraient se ranger sous la même différence spécifique. Or, il ne faut pas que ce qui est identique et indivisible passe d'une différence à une autre au cours des divisions, ni que des animaux différents soient classés ensemble, et il faut que tous les animaux se rangent dans ces divisions.

Il est donc clair qu'il n'est pas possible d'atteindre les espèces indivisibles avec la méthode de ceux qui pratiquent les classifications dichotomiques des animaux ou de tout autre genre d'objets. Et, en effet, à leur avis même, il est nécessaire que les différences dernières soient en nombre égal à celui de tous les animaux qui constituent un groupe spécifiquement indivisible.

[...]

CHAQUE GENRE EST DÉFINI PAR PLUSIEURS DIFFÉRENCES SPÉCIFIQUES

Voilà, en gros, les conséquences auxquelles on aboutit nécessairement quand on divise n'importe quoi d'après une différence unique. Il faut essayer, au contraire, de prendre les animaux genre par genre, en suivant l'exemple du vulgaire qui distingue le genre oiseau et le genre poisson. Mais chaque genre est défini par plusieurs différences spécifiques, sans recours à la dichotomie. Avec cette méthode, en effet, ou bien il est absolument impossible d'établir un classement (car le même être se trouve rangé dans plusieurs divisions, tandis que des êtres opposés se rencontrent dans la même classe), ou bien il n'y aura qu'une seule différence et celle-ci, qu'elle soit simple ou complexe, constituera l'espèce dernière. Mais si l'on n'obtient pas la différence d'une différence, il est nécessaire d'assurer l'enchaînement des séries de la division en procédant comme dans le discours dont l'unité est faite au moyen de conjonctions. Je fais allusion à ce qui arrive à ceux qui divisent les animaux en non ailés et en ailés, et les ailés en domestiques et en sauvages, ou en blancs et en noirs : en effet, la qualité de domestique, pas plus que la blancheur, ne sont des différences spécifiques de l'être ailé, mais elles sont à l'origine d'une autre différence et ne se trouvent là que par accident. Voilà pourquoi il faut, comme nous le disons, diviser l'unité tout de suite selon plusieurs différences. Et en effet, si l'on procède ainsi, les privations fourniront une différence, alors que dans la dichotomie elles ne le font pas.

[...]

LA BONNE MÉTHODE

Ainsi, donc, la bonne méthode consiste sans doute à énoncer les caractères communs à chaque genre, en reprenant tout ce qu'il y a d'exact dans les classifications traditionnelles, et à étudier tout ce qui possède une seule et même nature et dont les espèces ne sont pas trop éloignées [...].

Voilà donc comment il faut procéder pour étudier la nature et de quelle façon l'examen des problèmes qu'elle pose pourrait être conduit méthodiquement et sans difficulté ; nous avons parlé aussi de la division, dit de quelle façon on peut la pratiquer avec profit et pourquoi la dichotomie est tantôt impossible, tantôt inefficace.

Les Parties des animaux, 642b 5-644b 23

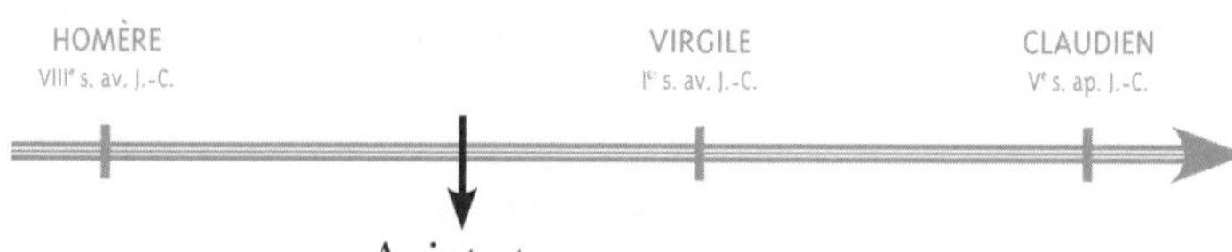

Aristote

Affirmer que l'homme est la fin de la nature relève assurément d'un anthropocentrisme. Mais cet anthropocentrisme est moins naïf qu'il ne semble : Aristote s'appuie sur une analyse fine des genres de vie des divers animaux et des rapports vitaux entre eux qui en résultent. C'est donc la description précise du fait de l'exploitation des animaux par l'homme qui fait apparaître une cohérence : ainsi, le fait que le genre de vie soit déterminé par l'alimentation, qui est une nécessité du vivant, conduit à dégager une sorte de réseau qui met en effet l'homme en position de but final, compte tenu du fait que les divers êtres de la nature sont nourriture les uns pour les autres.

L'HOMME, FIN DE LA NATURE

En vérité, il y a bien des genres de nourriture et par conséquent aussi bien des genres de vie différents chez les animaux comme chez les hommes. Il est impossible de vivre sans aliments et ce sont précisément les différences d'alimentation qui ont créé dans le monde animal des genres de vie différents. Parmi les animaux, les uns vivent en troupeaux, les autres dispersés selon qu'il convient à leur genre d'alimentation : certains d'entre eux, en effet, sont carnivores, d'autres frugivores, d'autres enfin omnivores ; la nature a ainsi distingué leurs genres d'existence pour leur faciliter la vie et la prise des aliments ; et comme les mêmes aliments ne plaisent pas naturellement à tous, mais les uns à ceux-ci, les autres à ceux-là, même entre carnivores et entre frugivores les genres de vie diffèrent selon les espèces.

Il en va de même des hommes : il y a en effet grande diversité dans leur genre de vie ; les moins actifs sont nomades ; la nourriture qu'ils tirent des animaux domestiques leur vient sans peine et tout à loisir, mais comme leurs troupeaux sont contraints de se déplacer pour leur pâture, eux aussi sont forcés de les accompagner comme s'ils cultivaient un champ vivant. D'autres vivent de la chasse, et ces chasses varient selon les peuples : les uns, par exemple, vivent de rapine ; d'autres, de pêche – ceux qui habitent au bord de lacs, de marais, de rivières ou d'une mer poissonneuse – ; d'autres vivent d'oiseaux ou de bêtes sauvages ; mais la plupart des hommes vivent de la terre et des fruits de la culture.

Voici donc approximativement le nombre des genres de vie, ceux du moins où les hommes ont une activité directement productrice et, sans échange ni commerce, se procurent leur nourriture : vies de nomades, d'agriculteurs, de pillards, de pêcheurs, de chasseurs ; d'autres hommes en combinant ces divers genres vivent dans l'aisance ; ils compensent par un autre les insuffisances du leur, dans la mesure où il ne leur permet pas de se suffire à eux-mêmes : les uns mènent à la fois une vie de nomades et de pillards, d'autres d'agriculteurs et de chasseurs ; et ainsi des autres : ils mènent le genre de vie auquel le besoin les contraint.

Une telle faculté d'acquisition est évidemment donnée par la nature elle-même à tous les êtres vivants tout aussi bien dès le moment de leur naissance que lorsqu'ils ont atteint leur plein développement. En effet, certains animaux produisent, au moment même de la naissance de leurs petits, autant de nourriture qu'il en faut jusqu'à ce qu'ils puissent s'en procurer par eux-mêmes ; c'est le cas des vermipares et ovipares ; quant aux vivipares, ils ont en eux-mêmes pendant un certain temps un aliment pour leurs nouveau-nés : cette substance naturelle qu'on appelle le lait. Dès lors il faut évidemment croire que la nature subvient de même aux adultes et que les plantes sont faites pour les animaux et les animaux pour l'homme : les animaux domestiques servent à son usage et à sa nourriture ; les animaux sauvages, sinon tous, du moins la plupart, servent à sa nourriture et à ses autres besoins, pour qu'il en tire soit son habillement, soit divers instruments. Si donc la nature ne fait rien sans but ni en vain, il faut admettre que c'est pour l'homme que la nature a fait tout ceci.

Il suit de là que l'art de la guerre est, en un sens, un mode naturel d'acquisition (l'art de la chasse en est une partie) et doit se pratiquer à la fois contre les bêtes sauvages et contre les hommes, qui, nés pour obéir, s'y refusent, car cette guerre-là est par nature conforme au droit.

Politique, I, 1256a 4-1256b 12

HOMÈRE
VIIIe s. av. J.-C.

VIRGILE
Ier s. av. J.-C.

CLAUDIEN
Ve s. ap. J.-C.

Cicéron

Les faits de convenance des animaux et des productions de la nature à l'égard des hommes conduisent à affirmer une destination et des fins de la nature. L'utilisation des animaux atteste leur utilité, et celle-ci définit et norme leur usage.

LES ANIMAUX SONT FAITS POUR L'HOMME

Ce n'est pas pour les rats et les fourmis que les hommes engrangent le blé, mais pour leurs femmes, leurs enfants et leurs serviteurs. C'est pourquoi les bêtes, comme je l'ai dit, n'en jouissent qu'à la dérobée tandis que les maîtres le font ouvertement et librement. Il faut donc admettre que cette abondance de biens est destinée à l'homme. À moins peut-être que la profusion et la variété des fruits, à moins que l'agrément qu'on trouve non seulement à les goûter mais même à les sentir et à les voir, ne fassent douter que la nature ait réservé ces présents aux hommes ! Les bêtes, loin d'être les destinataires de ces présents, ont été elles-mêmes créées pour les hommes, nous le voyons : à quoi servent en effet les brebis sinon à vêtir les hommes de leur laine, une fois qu'on l'a travaillée et tissée ? À vrai dire, elles auraient été incapables de se nourrir, de se sustenter ni de produire quoi que ce soit sans les soins apportés par les hommes à leur entretien. Et les chiens ? Leur garde si fidèle, leurs caresses si aimantes pour leurs maîtres, leur haine si vive des étrangers, leur flair incroyable quand ils suivent une piste, leur ardeur à la chasse, que signifie tout cela, sinon qu'ils ont été créés dans l'intérêt des hommes ? Dois-je mentionner les bœufs ? Leur dos même témoigne qu'il n'a pas été conçu pour recevoir une charge, mais leur cou les destine au joug et la vigueur de leurs larges épaules à tirer la charrue.

La Nature des dieux, II, 62

HOMÈRE
VIIIe s. av. J.-C.

VIRGILE
Ier s. av. J.-C.

CLAUDIEN
Ve s. ap. J.-C.

Épictète

Le fait que les animaux n'aient pas de besoins tels qu'ils exigeraient notre assistance et donc que nous n'avons pas à nous occuper d'eux fournit au fond la preuve qu'ils sont eux-mêmes dédiés à la satisfaction de nos propres besoins.

LES ANIMAUX SONT FAITS POUR SERVIR

Ne soyez pas surpris que les animaux trouvent tout prêt dans la nature ce qui est nécessaire au corps, non seulement leur nourriture et leur boisson, mais encore leur couche, et qu'ils n'aient besoin ni de chaussures, ni de couvertures, ni d'habits, tandis que nous, nous avons besoin de tout cela. C'est que les animaux n'existent pas pour eux-mêmes, mais pour servir, et cela n'eût point été avantageux de les créer ainsi dépendants d'autres êtres. Pense un peu, quel ennui pour nous, si nous eussions dû veiller non seulement sur nous-mêmes, mais encore sur nos brebis et nos ânes, nous préoccuper de leurs vêtements et de leurs chaussures, de leur nourriture et de leur boisson ! Mais il en est ici comme des soldats : ceux-ci se présentent devant leur général tout prêts, chaussés, vêtus, armés (si le chiliarque devait courir çà et là pour chausser ou habiller ses mille hommes, ce serait intolérable !). La nature, de même, a fait les animaux, qui sont nés pour servir, ainsi prêts et équipés qu'ils n'ont plus besoin qu'on leur vienne en aide. De la sorte, un petit enfant armé d'un bâton suffit à conduire tout le troupeau. Nous pourtant, au lieu de rendre grâces pour cet ordre de choses, pour n'avoir pas à veiller sur les animaux comme sur nous-mêmes, nous nous plaignons à Dieu de notre propre sort ; alors que, par Zeus et par tous les dieux, un seul de ces faits suffirait à rendre sensible la Providence, du moins à un homme respectueux et reconnaissant. Et je n'invoque pas pour l'instant les grands phénomènes de la nature ; mais la simple transformation de l'herbe en lait et du lait en fromage et de la peau en laine, qui en est l'auteur, et qui a pu l'imaginer ? « Personne, dit-on. Oh, la sottise énorme ! Oh, l'impudence ! »

Entretiens, I, 16

HOMÈRE VIIIe s. av. J.-C. — VIRGILE Ier s. av. J.-C. — CLAUDIEN Ve s. ap. J.-C.

Platon

Le problème de l'argumentation en faveur d'une caractérisation de l'homme comme fin de la nature est que cette argumentation peut se retourner aisément : c'est bien pourquoi on parle d'anthropocentrisme. En effet, si l'on change de point de vue, si on déplace le centre, c'est toute la perspective qui se renverse. On fait apparaître un autre paysage.

LE POINT DE VUE DE LA GRUE

Au moment où je te demandais comment diviser l'art de nourrir les troupeaux, et où tu m'as déclaré avec tant d'empressement qu'il y a deux genres de vivants : le genre humain, d'abord, et, d'autre part, tout le reste des bêtes en un seul bloc. [...] J'ai bien vu alors que, détachant une partie, tu t'imaginais que les autres, ainsi laissées de côté, ne formaient en tout qu'un seul genre, du moment que tu avais un nom pour les dénommer toutes, celui de bêtes. [...] Or, cela, homme intrépide, c'est ce que ferait, peut-être, tout autre animal que nous pouvons nous figurer doué de raison, comme la grue, par exemple, ou quelque autre : elle aussi distribuerait les noms comme tu fais, isolerait d'abord le genre grues pour l'opposer à tous les autres animaux et se glorifier ainsi elle-même, et rejetterait le reste, hommes compris, en un même tas, pour lequel elle ne trouverait, probablement, d'autre nom que celui de bêtes.

Le Politique, 263c-e

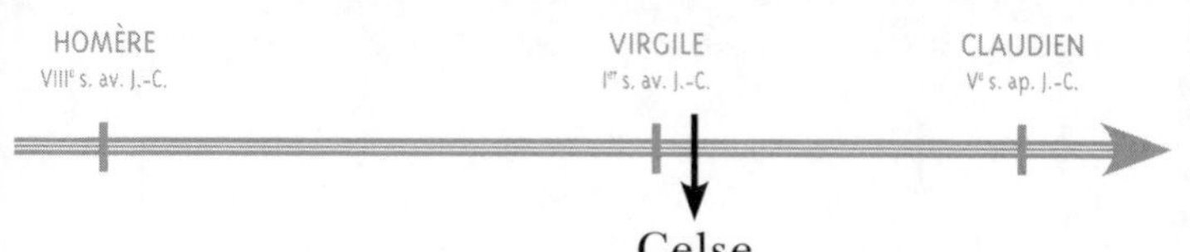

LE CHASSEUR CHASSÉ

À l'affirmation que nous sommes les rois des êtres sans raison parce que nous prenons les animaux sans raison à la chasse et en faisons nos repas, nous répondrons : pourquoi n'est-ce pas plutôt nous qui sommes faits pour eux, puisqu'ils nous chassent et nous dévorent ? De plus, il nous faut des filets, des armes, le secours de beaucoup d'hommes et de chiens contre les bêtes que nous chassons. À elles, la nature a fourni des armes aussitôt à leur usage pour nous soumettre sans peine à leur empire.

« Discours véritable »
[Cité par Origène, *Contre Celse*, IV, 78]

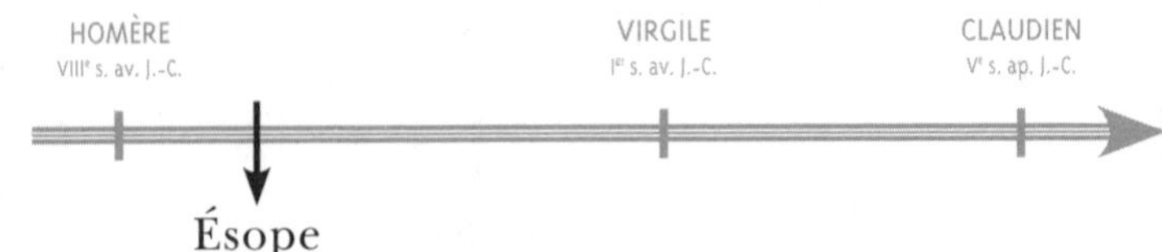

LE LION SCULPTEUR

Un lion voyageait un jour avec un homme. Ils se vantaient à qui mieux mieux, lorsque sur le chemin ils rencontrèrent une stèle de pierre qui représentait un homme étranglant un lion. Et l'homme la montrant au lion dit : « Tu vois comme nous sommes plus forts que vous. » Le lion répondit en souriant : « Si les lions savaient sculpter, tu verrais beaucoup d'hommes sous la patte du lion. »

« L'homme et le lion
voyageant de compagnie »,
Fables, 59

III

LES ANIMAUX AU SERVICE DE L'HOMME

Denier octavien, vers 30 av. J.-C.
Revers représentant un araire
tiré par une paire de bœufs,
avec l'inscription IMP CAESAR.

LES ANIMAUX SONT-ILS NOS ESCLAVES ?

Ce serait une discussion interminable : est-ce la nécessité de vivre qui justifie la façon dont nous traitons les animaux et en faisons nos ennemis ? ou bien allons-nous largement au-delà de cette nécessité ?

HOMÈRE
VIIIe s. av. J.-C.

VIRGILE
Ier s. av. J.-C.

CLAUDIEN
Ve s. ap. J.-C.

Porphyre

Porphyre porte sur l'animal un regard qui, en faisant apparaître une bonté spécifiquement animale, fait ressortir la brutalité injuste du comportement humain à son égard.

UNE GUERRE JUSTE, SELON L'OPINION COMMUNE...

Nous menons contre les animaux une guerre à la fois naturelle et juste. En effet les animaux s'attaquent aux hommes, tantôt délibérément, comme les loups et les lions, tantôt sans l'avoir cherché, comme les vipères qui mordent parfois quand on leur marche dessus. Ou bien ils s'attaquent aux hommes, ou bien ils détruisent les récoltes. Pour toutes ces raisons nous leur donnons la chasse ; nous tuons les bêtes, qu'elles prennent ou non l'initiative des hostilités, pour n'avoir rien à souffrir de leur part. Tout homme qui aperçoit un serpent le tue s'il le peut afin que ni lui, ni en fait personne d'autre ne soit mordu. Car à la haine contre les bêtes que l'on tue s'ajoute l'amour de l'homme pour l'homme.

De l'abstinence, I, 14

... MAIS POURTANT UNE INJUSTICE CRIANTE

De même que chez les hommes, si l'on détruit la société, c'en est fait de la vie, de même chez les animaux. Ainsi les oiseaux, les chiens, de nombreux quadrupèdes, comme la chèvre, le cheval, le mouton, l'âne, le mulet, loin de la société des hommes périssent. Et la nature qui les a créés les a établis dans le besoin des hommes et les hommes dans le besoin des animaux, inscrivant dans leur nature leur devoir de justice envers l'homme, et dans la nature de l'homme son devoir de justice envers eux. Et s'il en est qui s'attaquent à l'homme, rien d'étonnant à cela : car il est vrai, selon le mot d'Aristote, que, si la nourriture était offerte à tous les animaux à profusion, ils ne seraient féroces ni entre eux ni avec nous, leurs haines et leurs amitiés n'étant que pour s'assurer la nourriture, encore que limitée au strict nécessaire, et l'espace vital. Et les hommes ? S'ils s'étaient trouvés ainsi réduits à la dernière extrémité comme le sont les animaux, combien ne seraient-ils pas devenus plus féroces encore que ceux qu'ils jugent féroces ? On l'a bien vu dans les guerres et les famines, quand ils n'évitaient pas même de se manger entre eux. Et sans qu'il soit besoin de guerre et de famine, ne mangent-ils pas les animaux doux et familiers ?

Les animaux sont raisonnables, dira-t-on peut-être, mais ils n'ont pas de relation à nous. Et en vérité c'est parce que les animaux sont dénués de raison qu'ils supprimaient notre relation à eux ; et ces philosophes en faisaient des êtres dénués de raison, parce qu'ils étaient de ceux qui font dépendre notre société avec eux du besoin et non de la raison. Mais notre propos était de montrer qu'ils sont raisonnables, non s'ils ont passé avec nous une convention : en effet, tous les hommes n'ont pas passé de convention avec nous, et cependant nul ne dira qu'un homme qui n'a pas passé de convention est dénué de raison. Au demeurant les animaux sont pour la plupart des esclaves de l'homme et en même temps, comme quelqu'un l'a justement dit, réduits en esclavage par l'ignorance des hommes ; cependant, à force de sagesse et de justice, ils ont fait de leurs maîtres des serviteurs pleins de sollicitude ; et puis leurs vices sont évidents, et c'est par là que se manifeste le mieux leur raison : ils connaissent les jalousies et les rivalités au sujet des femelles et de même les femelles au sujet des mâles. Mais un seul vice leur est inconnu, la malveillance pour qui leur témoigne de l'amitié : ils y répondent chaque fois par une totale amitié. Et si grande est leur confiance envers l'homme bienveillant qu'ils le suivent où qu'il les conduise, fût-ce au sacrifice ou à un danger manifeste ; et, bien que ce ne soit pas pour eux mais pour soi qu'on les nourrit, ils ont de l'amitié pour leur maître. Il n'est personne, au contraire, contre qui les hommes ourdissent autant de complots que contre celui qui les nourrit, personne dont ils souhaitent autant la mort. Ils mettent tant de raison dans leurs actes que, s'ils se laissent entraîner par l'intempérance et la faim à s'approcher d'un appât, ils ne laissent pas de flairer le piège : tel n'approche qu'en biaisant, tel autre hésite à plusieurs reprises et tente la possibilité d'enlever la nourriture sans se faire prendre, et bien souvent, la raison venant à dominer le penchant, ils renoncent ; quelques-uns vont jusqu'à insulter le piège dressé par l'homme en le compissant. D'autres enfin par gourmandise, tout en sachant qu'ils seront pris, choisissent de manger, comme le firent les compagnons d'Ulysse, quitte à risquer la mort.

De l'abstinence, III, 12-13

LA CHASSE

Les « grandes chasses » sont un héritage de l'Antiquité la plus lointaine, voire des époques préhistoriques. Elles sont peut-être, du moins à l'origine, la forme prise par la guerre contre les animaux. Mais il s'agit bien alors d'une guerre, tant par les moyens mis en œuvre que parce que l'homme s'y trouve en danger, face à un adversaire éventuellement plus fort que lui.

Dans les temps historiques, les techniques de chasse apparaissent et se différencient selon les bêtes qu'il faut capturer, en particulier à Rome, car l'Italie est un territoire remarquablement giboyeux. Les réserves de chasse, ou parcs, se multiplient déjà dans la Rome républicaine, avant que les *villae* elles-mêmes n'intègrent aussi des parcs à leur exploitation, sous forme d'élevages, comme on le verra plus loin.

Avec la Rome impériale, notamment sous Hadrien, les grandes chasses sont des chasses coloniales, capturant ou détruisant des animaux exotiques. À Rome même, les empereurs organisent sur un mode ludique d'autres parcs de chasse ou « paradis » – sur le modèle des jardins des souverains orientaux –, pour la distraction du peuple.

HOMÈRE
VIIIe s. av. J.-C.

VIRGILE
Ier s. av. J.-C.

CLAUDIEN
Ve s. ap. J.-C.

Xénophon

La capture des grands fauves – la « grande chasse » – ne requiert pas seulement de la force et du nombre. Ce combat avec l'animal nécessite une adaptation précise à chaque situation, il est l'occasion de faire preuve d'invention et d'habileté. On doit ainsi sans doute à ce genre de chasse l'invention du piège, *dispositif qui exige une connaissance parfaite des conduites de l'animal et concrétise alors la supériorité de l'homme.*

LA GUERRE CONTRE LES FAUVES

Les lions, les léopards, lynx, guépards, ours et tous les autres fauves du même genre, on les capture en des pays étrangers, dans les parages du mont Pangée et du Cittos d'outre-Macédoine, [...] et près des autres montagnes de taille et de nature à nourrir de tels fauves.

On en capture certains, dans les montagnes, à cause de la difficulté du terrain, par un poison, l'aconit. Les hommes qui les chassent le leur donnent à manger en le mêlant et l'assimilant aux aliments préférés de chacun, dans les parages des points d'eau et en tout lieu qu'ils approchent.

Certains, ceux qui descendent la nuit en plaine, on les capture encerclés avec chevaux et armes, non sans mettre l'homme en danger lors de la prise.

Pour d'autres, on fait de grandes fosses rondes, profondes, en laissant au milieu une colonne de terre. Sur elle, pour la nuit, on place ordinairement une chèvre attachée, et l'on entoure la fosse d'une clôture circulaire de bois coupé impénétrable aux regards, sans y laisser d'entrée. Les fauves, entendant le bêlement pendant la nuit, galopent en cercle autour de la clôture ; et comme ils ne découvrent pas de passage, ils font un bond par-dessus, et se trouvent capturés.

L'Art de la chasse, XI, 1-4

Élien

Ce qui convient pour les lions, les léopards et autres fauves ne vaut pas pour toutes les bêtes : ainsi l'éléphant sait déjouer les pièges de l'homme. Il faut alors user d'autres moyens – « insidieux » – pour réduire sa résistance : comme la plupart des animaux, l'éléphant est accessible à la peur, on prendra donc le risque de l'effrayer.

LA CHASSE À L'ÉLÉPHANT

Les éléphants ne sauraient se laisser facilement abuser par un piège. En effet, lorsqu'ils sont à proximité d'une de ces fosses que les chasseurs d'éléphants ont coutume de creuser, mus par quelque intuition naturelle ou par une faculté de divination vraiment extraordinaire ils se retiennent d'aller plus avant et, après avoir fait demi-tour, ils font face, comme à la guerre, avec la plus grande pugnacité ; et ils essaient de renverser les chasseurs et de trouver leur salut dans la fuite en forçant le passage au milieu d'eux, après avoir pris le dessus sur leurs adversaires. Il s'ensuit alors un combat acharné, et c'est un carnage de part et d'autre. La façon dont se déroule ce combat est la suivante. Les hommes visent les bêtes avec des javelots robustes qu'ils lancent sur elles tandis que les éléphants saisissent les gens qui passent près d'eux, les écrasent contre terre, les piétinent, les frappent de leurs défenses et leur infligent la fin la plus pitoyable et la plus affreuse qui soit. Les bêtes attaquent en éployant comme des voiles leurs oreilles sous le coup de la fureur, à la façon des autruches qui fuient ou attaquent les ailes largement déployées. Et les éléphants, arquant aussi leur trompe qu'ils replient à l'abri de leurs défenses, comme l'éperon d'un navire qui se précipite dans un bouillonnement d'écume, se ruent avec une fougue extrême et renversent un grand nombre d'hommes en poussant des barrissements sonores et stridents comme le bruit d'une trompette. Ceux qui se sont fait prendre sont piétinés et écrasés sous les genoux des bêtes, dans un craquement énorme d'os broyés qui se fait entendre même à une grande distance, et les visages aux yeux écrabouillés, au nez défoncé et au front fendu perdent la netteté de leurs traits et deviennent bien souvent méconnaissables, y compris pour leurs plus proches parents. D'autres trouvent leur salut, contre toute attente, de la manière suivante : un chasseur est à deux doigts d'être pris, mais la bête, emportée par son élan, le dépasse, vient buter des genoux sur le sol, fiche ses défenses dans un arbuste, une racine ou quelque chose du genre, et reste coincée, éprouvant de grandes difficultés pour se retirer et se dégager. Entretemps, le chasseur se faufile et s'échappe. Toujours est-il que, dans un tel combat, si les éléphants l'emportent souvent, souvent aussi ils sont vaincus par les hommes qui ont recours à toutes sortes de moyens insidieux pour les effrayer et leur faire peur. En effet, ils font résonner des trompettes, émettent un bruit sonore et retentissant en frappant leurs javelots contre leurs boucliers, et font également des feux, certains qu'ils allument par terre, d'autres qu'ils promènent dans les airs, d'autres encore qu'ils projettent sur les éléphants, en tirant des tisons ardents et en agitant violemment de longues torches enflammées à la face des bêtes. Comme ces animaux en ont peur et ne supportent pas leur vue, ils sont refoulés, et il arrive même qu'ils soient acculés à tomber dans la fosse qu'ils avaient jusque-là évitée.

La Personnalité des animaux, VIII, 10

HOMÈRE
VIIIe s. av. J.-C.

VIRGILE
Ier s. av. J.-C.

CLAUDIEN
Ve s. ap. J.-C.

Xénophon

Pour le lièvre, insurpassable à la course, expert en terriers, on utilise l'animal contre l'animal, on lâche les chiens et la meute s'en occupe. Ici, le chasseur, tel un général avec son armée, donne des ordres à une meute disciplinée et conduit une bataille, qui nécessite parfois plusieurs assauts.

LA CHASSE AU LIÈVRE

Quand le chien prend la voie en droite ligne, hors des voies entremêlées, il faut détacher un second chien ; si la voie continue il faut, sans longs intervalles, lâcher aussi les autres un par un et les suivre sans les presser, en les interpellant chacun par son nom, sans excès pour qu'ils ne s'excitent pas avant l'heure. Et eux, sous l'effet de l'allégresse et de leur force ardente, avancent en démêlant la nature double, triple, des voies, en longeant ou emportant les mêmes dans leur progression, voies entremêlées, circulaires, droites, courbes, serrées, non compactes, claires, obscures ; ils se dépassent en courant, fouaillent frénétiquement de la queue, couchent les oreilles et lancent des éclairs des yeux.

Quand ils seront près du lièvre, ils l'indiqueront clairement au chasseur en secouant, avec leur queue, le corps tout entier, en attaquant comme au combat, en dépassant à l'envi, en s'unissant avec ardeur à l'effort dans une même course, en s'agglomérant à toute vitesse et en se séparant, puis en attaquant de nouveau : finalement ils arriveront contre le gîte du lièvre et se jetteront sur lui.

Lui, se levant d'un bond, s'attirera dans sa fuite le clabaudage des chiens et leurs cris. On criera après l'animal pourchassé : « Taïaut, les chiens, taïaut, le méchant, bravo, les chiens ! » Et l'on courra avec la meute, en enroulant son vêtement autour de la main et en levant son bâton sur lui, sans lui faire front, car cela ne donne rien. Le lièvre file, échappe à la vue, regagne par un circuit des lieux d'où on le déniche en général. Quand on le fait débouler, il faut crier après lui : « Qu'il frappe, le garçon ; frappe, allons, frappe ! » ; et il devra faire savoir si le lièvre est attrapé ou non.

S'il est attrapé dans la première course, il faut rappeler les chiens et en chercher un autre ; sinon il faut courir avec la meute à toute vitesse et sans relâche, et aller de l'avant avec le goût de l'effort. Si les chiens, en le pourchassant, le retrouvent, il faut crier : « Ça va, les chiens, ça va, mes beaux, après, les chiens. » Si les chiens ont pris beaucoup d'avance et que, sans pouvoir courir avec la meute ou la suivre, on se trouve entièrement hors de course, ou qu'on ne puisse les voir, alors qu'ils sont dans les parages à aller et venir, à poursuivre, ou à se coller aux voies, sans cesser d'accompagner la course de quiconque en approche, on leur demandera en criant : « Ohé ! les as-tu vus, les chiens ? » Une fois informé, s'ils sont sur la voie, il faut les rejoindre et les encourager en appelant à tour de rôle chaque chien par son nom, et en donnant à sa voix tous les tons possibles, aigu, grave, bref, long ; outre les autres exhortations, si la poursuite se fait en montagne, il faut donner cet encouragement : « Ça va, les chiens, ça va, les chiens ! »

Mais si, au lieu de tenir les voies, ils les ont dépassées, il faut les rappeler : « Allons, arrière, en arrière, les chiens ! » Quand ils se trouvent en avant des voies, on les remettra sur elles en décrivant de nombreux cercles rapprochés ; mais quand la voie pour eux est indistincte, on placera pour soi un piquet comme repère et à partir de ce point on les maintiendra groupés en les encourageant et en les flattant jusqu'à ce qu'ils la reconnaissent indubitablement. Et les chiens, dès lors que la voie est éclatante, se jettent sur elle, bondissent sur ses bords, la mettent en commun, l'interprètent, échangent des signes, se fixent des limites reconnaissables dans la poursuite du lièvre ; et quand ils bondissent ainsi, serrés, en emportant la voie, il faut courir avec la meute de toutes ses forces pour empêcher que l'émulation ne la lui fasse dépasser.

Une fois qu'ils sont proches du lièvre et le montrent clairement au chasseur, il faut faire attention que la terreur que l'animal a des chiens ne le fasse débouler en avant ; les chiens remuent la queue en désordre, se bousculent, bondissent les uns sur les autres et clatissent, dressent la tête, fixent leurs regards sur le chasseur, manifestent que c'est le moment de vérité et feront par eux-mêmes lever le lièvre et l'attaqueront en donnant de la voix. Si le lièvre se fait prendre dans les filets, ou s'il passe au-delà soit par-dedans soit par-dehors, que dans chacun de ces cas le garde-filets pousse un cri. S'il est attrapé, on en cherchera un second ; sinon l'on le poursuivra en répétant les mêmes encouragements.

L'Art de la chasse, VI, 14-24

LA PÊCHE

C'est un thème classique de discussion de savoir lesquels sont les plus intelligents, des animaux terrestres ou des animaux aquatiques. C'est le sujet même du livre de Plutarque sur l'intelligence des animaux.

En tout cas, les animaux aquatiques sont très difficiles à capturer. Ils font preuve d'une méfiance qui exige de cette chasse, la pêche, une très grande technicité, une connaissance parfaite du poisson et de ses ruses.

La pêche est donc, à côté de la chasse qui a affaire aux animaux terrestres ou ailés, le mode spécifique de capture des animaux aquatiques.

L'halieutique codifie cette technicité que rapportera Élien : en témoignent le poème d'Ovide et le traité d'Oppien (IIe siècle).

Un dialogue de Platon, le *Sophiste*, propose même un exercice de définition qui prend pour objet le pêcheur à la ligne, adepte de l'haspalieutique.

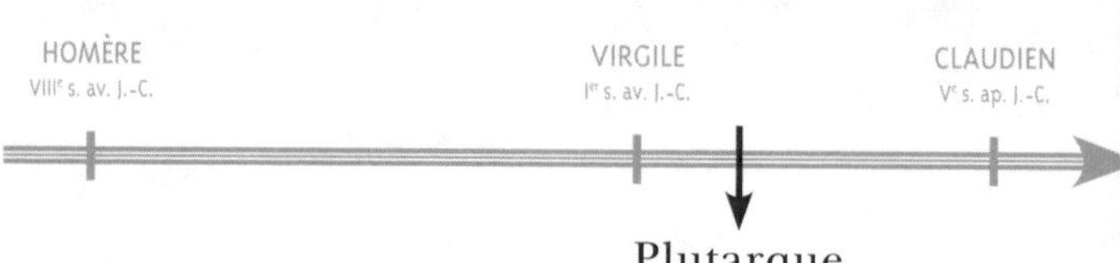

MALIN COMME UN POISSON !

Aucun des êtres qui se meuvent dans l'eau – j'entends de ceux qui ne font pas que s'accrocher et adhérer aux rochers – n'est pour l'homme facile à attraper, et l'on ne peut en faire sa proie sans employer des artifices, chose dont n'ont pas besoin les loups avec les ânes, les guêpiers avec les abeilles, les hirondelles avec les cigales, les cerfs avec les serpents qui se laissent facilement attirer par eux (c'est d'ailleurs de là que vient leur nom, *elaphos*, qui dérive non pas de *l'elaphrotês* exprimant la légèreté, mais de *l'helxis tou opheôs*, l'action d'attirer les serpents). Le mouton invite le loup à le rejoindre par ses traces de pas, et la panthère voit venir à elle la plupart de ses victimes qui apprécient fort son odeur : c'est notamment le cas du singe, à ce que l'on dit. Au contraire, chez la quasi-totalité des animaux marins, la présence d'un pressentiment méfiant, grâce auquel leur intelligence les tient en garde contre les agressions, ne rend pas la tâche simple ni triviale pour qui veut les capturer, mais la rend tributaire d'instruments de toute sorte qui nécessitent eux-mêmes des trésors d'ingéniosité et de ruse. C'est là une évidence qui apparaît dans les réalités les plus immédiates. Ainsi, par exemple, on renonce à donner à la canne à pêche une certaine épaisseur, malgré toute la rigidité dont on a besoin face aux convulsions des proies capturées : on donne plutôt la préférence à la canne mince, afin d'éviter qu'une ombre portée trop large inquiète le naturel méfiant de ces animaux. Quant à la ligne, on évite en la tressant de multiplier le nombre des brins et de lui donner une structure rugueuse, car ce serait là encore pour les poissons un indice révélant le piège. En outre on s'arrange pour donner à la partie des crins qui touche à l'hameçon l'aspect le plus clair possible ; ainsi, en effet, ils passent davantage inaperçus dans la mer grâce à la similitude des tons.

L'Intelligence des animaux, 24, 976c-976f

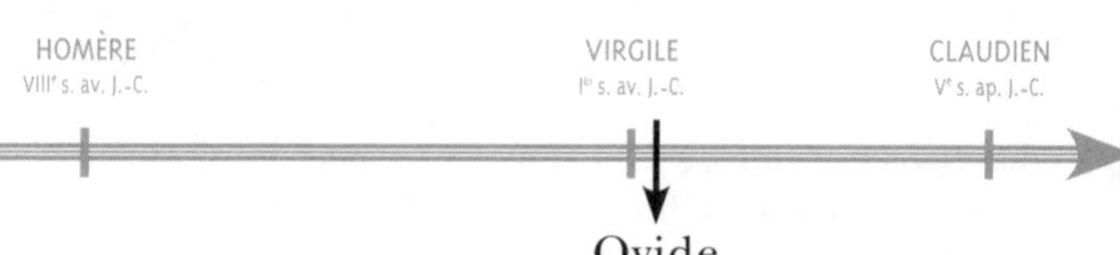

Les profondeurs des mers ouvrent un champ presque infini à la diversité des animaux marins. Le bon pêcheur connaît leurs mœurs et leurs lieux préférés, comme le chasseur pour les animaux terrestres.

DIVERSITÉ AQUATIQUE

La nature a varié la disposition des étendues sous-marines, et elle n'a pas voulu confiner tous les poissons au même endroit.

C'est ainsi que les uns aiment la haute mer comme les maquereaux, les bœufs, les hippures rapides, les milans au dos noir, le précieux hélops inconnu dans nos eaux, l'espadon cruel qui frappe aussi dur qu'une épée, les thons peureux qui fuient en troupe nombreuse, la petite échénéis – capable pourtant, ô merveille ! d'imposer aux navires un retard considérable –, et toi, pompile, compagnon des vaisseaux, qui suis toujours le sillage d'écume brillante qu'ils tracent à travers les plaines liquides, le cercyre farouche qui se tient en bordure des rochers, le canthare désagréable au goût, et puis le mérou qui est de même couleur et l'érythin écarlate dans l'onde bleue, le sargue marqué de taches, la girelle tachetée, le sparaillon dont la nuque dorée resplendit, le pagre vermeil, les fauves synodons, le serran qui se féconde lui-même grâce à sa double fonction génératrice, et puis le saxatile aux écailles vertes, à la bouche petite, la dorée poisson rare, les mormes bigarrées, la daurade qui imite l'éclat de l'or, et puis les ombrines au corps sombre, les loups rapides, les perches, les mendoles, et encore l'oblade remarquable par l'éclat de sa queue, la murène illuminée de taches dorées, les merles verdâtres, le congre qui blesse cruellement ses congénères, le scorpion capable de faire du mal par un rude coup de sa tête, et le bleu qui ne se montre jamais lors de la canicule.

Au contraire des poissons aiment le sable couvert d'herbes, comme le scare, qui seul rumine les seiches qu'il a dévorées, les mendoles prolifiques, le lamire, le picard, l'immonde chromis, la saupe justement méprisée, le poisson qui construit sous les eaux des nids douillets ressemblant à ceux des oiseaux, le surmulet dont les écailles sont légèrement teintées de sang, les soles éclatantes de blancheur, la plie qui est de même couleur, le turbot qu'on peut admirer sur la côte de l'Adriatique, et puis les larges épodes, et puis les baudroies au dos mou.

Halieutiques, 92-126

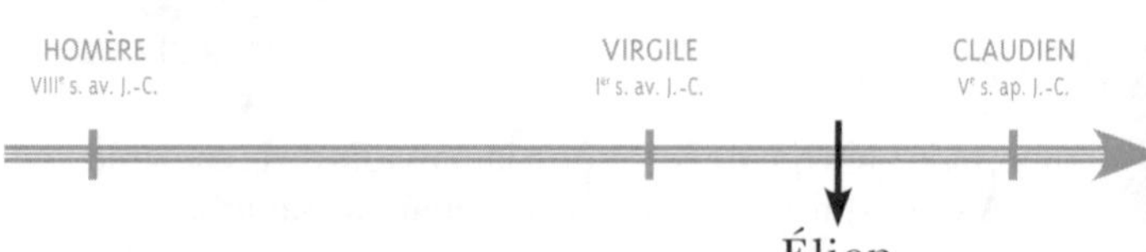

L'HALIEUTIQUE

Des récits originaires d'Eubée et parvenus jusqu'à nous racontent que les pêcheurs de là-bas partagent équitablement le produit de leur chasse avec les dauphins de l'endroit. J'ai appris que la chasse se déroulait de la façon suivante. Il faut d'abord que la mer soit calme, et si cette condition est remplie ils attachent à la proue des barques des sortes de braseros concaves dans lesquels brille un feu ardent. Ces braseros sont ajourés de façon à protéger le feu sans cacher la lumière. Ils les appellent des « lanternes ». Il se trouve que les poissons ont peur de la lumière et sont déconcertés par ce qui brille. Ignorant le sens de ce qu'ils voient, les poissons s'approchent, désireux de comprendre l'origine de cet objet qui les effraie. Du coup, fascinés par la lumière, ils s'immobilisent près d'un rocher, en groupe et tremblants de peur, ou encore se précipitent et s'échouent sur la grève où ils donnent l'impression d'avoir été foudroyés. Bien sûr, dans l'état d'inertie dans lequel ils se trouvent, il est alors très facile de les achever au harpon. Or donc, dès que les dauphins voient que les pêcheurs ont allumé leur feu, ils se préparent à intervenir. Et tandis que les hommes rament avec précaution, les dauphins fondent sur les poissons qui se trouvent sur les côtés en les effrayant, et les rabattent pour les empêcher de fuir. Moyennant quoi, pressés de toutes parts et en quelque sorte encerclés, les poissons comprennent qu'entre les barques des uns et les rondes des autres il n'y a pas moyen de s'échapper : ils s'arrêtent, et l'on en prend tant et plus. Les dauphins s'approchent alors, comme pour réclamer du butin le fruit qui leur revient pour leur collaboration, et les pêcheurs, de leur côté, avec loyauté et reconnaissance, cèdent à leurs partenaires de chasse leur juste part, s'ils veulent que les dauphins continuent de leur porter spontanément et diligemment assistance. Les travailleurs de la mer, dans cette région, sont convaincus que, s'ils ne respectent pas l'accord, leurs amis d'hier deviendront leurs ennemis.

La Personnalité des animaux, II, 8

L'ANIMAL EXPLOITÉ

En dehors de la chasse, qui, à Rome, est déjà une survivance sous la forme d'un loisir, l'animal est surtout, pour les Grecs cultivés, un objet de connaissance et de réflexion. En Grèce, l'exploitation de la ressource animale reste, si l'on peut dire, artisanale. Il n'en est pas de même chez les Romains où elle prend une forme quasi industrielle, avec la *villa.* Si les Grecs nous ont donné des descriptions littéraires ou des traités de zoologie, leurs traités d'agriculture – qui ne se limitaient pas aux quelques conseils de sagesse paysanne qu'on trouve dans les poèmes d'Hésiode – ne nous sont pas parvenus. En revanche, nous avons reçu des Romains des manuels d'agriculture et d'élevage, voire des livres de cuisine.

Avec le développement de l'élevage, qui consiste littéralement à produire les animaux, ceux-ci apparaissent comme le centre de la vie économique, le centre de la richesse antique. Ce n'est pas pour rien que, dans l'Antiquité méditerranéenne, la richesse s'évalue presque toujours en bêtes et en troupeaux.

Autre aspect – transversal – de l'exploitation agricole type : il faut recueillir les produits de l'exploitation, les préparer, les transformer. Il y a là encore du travail, du savoir, des techniques, de l'habileté.

Il y a là aussi, on le notera, la traduction d'une véritable prospérité : tous ces produits se diversifient, se vendent et rapportent au paysan, mais ils procurent aussi du plaisir, contribuent au développement, à la satisfaction et au raffinement de toutes sortes de désirs. Toutes choses qui définissent une civilisation.

Varron

La villa, *ou ferme, est ainsi une vaste unité de production agricole, elle produit et engraisse des animaux, à grande échelle et de façon diversifiée : on ne s'en tient plus à l'élevage traditionnel des bovins, ovins, caprins et volailles, à côté des étables, porcheries, bergeries et poulaillers, on installe des « parcs » au confort incertain, mais qui permettent une surveillance attentive d'autres bêtes, comme les loirs ou les lièvres, et leur protection contre les agressions extérieures. Il y aura donc aussi des volières pour les oiseaux et des viviers pour les poissons. Toutes bêtes dont les Romains sont de très gros consommateurs.*

VOLIÈRES, PARCS À LIÈVRES, VIVIERS

J'entends par « volières [*ornithones*] » les lieux où l'on enferme tous les oiseaux que l'on a l'habitude d'élever dans l'enceinte d'une *villa.* Sous le nom de « parcs à gibier [*leporaria*] » je veux que tu comprennes, non pas comme nos arrière-arrière-grands-pères, les lieux réservés aux seuls lièvres, mais tous les enclos ajoutés à la *villa*, où l'on enferme les animaux à élever. De même j'appelle « viviers [*piscinae*] » toute réserve de poissons, d'eau douce ou salée, dépendant d'une *villa.* Chacune de ces réalités peut être divisée en au moins deux parties : dans la première se trouvent les espèces auxquelles la terre suffit, comme les paons, les tourterelles, les grives ; dans une autre catégorie sont celles qui ne se contentent pas de la terre, mais réclament aussi de l'eau, comme les oies, les sarcelles, les canards. Ainsi la deuxième catégorie, celle de la chasse, comprend deux espèces différentes, l'une avec le sanglier, le chevreuil, le lièvre, l'autre, pareillement, avec les animaux qui sont hors de la *villa*, tels qu'abeilles, escargots, loirs. Il y a pareillement deux divisions dans la troisième classe, l'aquatique, parce qu'on élève les poissons tantôt dans l'eau douce, tantôt dans l'eau salée. Quant à ces six parties, pour leurs trois genres il faut se procurer pareillement trois sortes de spécialistes : oiseleurs, chasseurs, pêcheurs. Ou, du moins, ils doivent acheter les animaux que tu devras surveiller, avec l'aide attentive de tes esclaves, pendant la gestation jusqu'à la mise bas ; et, une fois nés, tu devras les nourrir et les engraisser jusqu'à ce qu'ils parviennent au marché. Et il y a aussi des espèces que l'on peut ramener à la *villa* sans les filets de l'oiseleur, du chasseur ou du pêcheur, comme les loirs, les escargots et les poules. L'élevage de ces dernières fut le premier à être institué à l'intérieur de la *villa*.

Économie rurale, III, 3

ÉLEVAGE DES GRIVES

On construit donc un pavillon en forme de dôme, comme un péristyle couvert de tuiles ou d'un filet, un grand pavillon dans lequel on peut faire entrer quelques milliers de grives ou de merles ; bien que certains y ajoutent aussi d'autres oiseaux qui, une fois engraissés, se vendent cher, comme les ortolans et les cailles. L'eau doit arriver dans cette construction au moyen d'un conduit et, mieux encore, serpenter dans des canaux étroits, faciles à nettoyer (si, en effet, l'eau y est largement répandue, elle se salit plus facilement et se boit plus inutilement), et l'eau en excédent qui déborde des canaux doit sortir par un conduit, de manière à ce que les oiseaux n'aient pas à souffrir de la boue. La porte doit être basse et étroite, et plutôt du genre qu'on appelle « escargot », comme il y en a d'habitude dans l'amphithéâtre où combattent les taureaux. Les fenêtres seront rares et disposées de telle sorte qu'on ne puisse voir au-dehors ni arbres ni oiseaux, car leur vue et le désir qu'elle éveille font dépérir les oiseaux prisonniers. On laissera pénétrer juste assez de jour pour que les oiseaux puissent voir où se trouvent le perchoir, la nourriture et l'eau. On doit passer un enduit lisse autour des portes et des fenêtres, afin que ni rat ni aucune autre bête ne puissent entrer. Autour des murs de cet édifice, à l'intérieur, on installera de nombreux piquets où les oiseaux puissent se percher, avec, en plus, des perches inclinées du sol jusqu'au mur et, fixées sur elles, d'autres perches en transversale, formant une gradation à petits intervalles, à la manière de balustrades de scène et d'un théâtre. En bas, on mettra sur la terre de l'eau qu'ils puissent boire et, pour la nourriture, on déposera des boulettes. Celles-ci sont pétries essentiellement à partir d'un mélange de figues et d'épeautre. Vingt jours avant le moment où l'on veut retirer les grives, on leur donne une alimentation plus abondante, en déposant plus de nourriture et en commençant à les alimenter avec de l'épeautre plus fin. Dans cette construction doivent se trouver des renfoncements équipés d'étagères, comme un supplément aux perches. En face de cette volière, on a l'habitude de conserver au même endroit les oiseaux qui y sont morts, afin d'en indiquer le nombre au maître. Lorsqu'ils sont bons pour être déclarés aptes à être retirés de cette volière, qu'on les fasse passer dans une volière plus petite, reliée par une porte à la plus grande, mieux éclairée, que l'on appelle *seclusorium* [cage d'isolement]. Lorsqu'on a fait sortir le nombre que l'on désire prendre, on les tue tous. La raison pour laquelle on les tue à l'écart, en cachette ? C'est pour éviter que les autres, s'ils les voyaient, ne perdent le moral et ne meurent à un moment désavantageux pour le vendeur. Les grives ne font pas leurs petits comme des oiseaux migrateurs, les cigognes dans les champs, les hirondelles dans les toitures ; elles les font ici ou là [...]. De plus, les oiseaux étant partagés entre migrateurs, comme les hirondelles et les grues, et sédentaires, comme les poules et les pigeons, les grives appartiennent à la première catégorie.

Économie rurale, III, 5

PIGEONS

Il y a en effet deux espèces dans un pigeonnier. Les uns sauvages ou, comme disent certains, « pigeons de roche », se tiennent sur les tours et dans les combles [*columina*] de la villa, d'où leur nom de *colombae* ; à cause de leur naturel craintif, ils recherchent les endroits les plus élevés sur les toits. Il s'ensuit que les pigeons sauvages recherchent spécialement les tours, vers lesquelles ils viennent et reviennent tout naturellement en s'envolant depuis les champs. L'autre espèce de pigeons est plus sociable ; se contentant de la nourriture de la maison, elle se nourrit habituellement à l'intérieur du seuil de la porte. Cette espèce est généralement de couleur blanche, l'autre, la sauvage, n'a pas de blanc, elle est bigarrée. De ces deux races on fait une troisième espèce, hybride, en vue du profit, qui vit dans un lieu unique, que les uns appellent *peristeron*, d'autres *peristerotrophion*, et souvent un seul de ces édifices en contient jusqu'à cinq mille. Le *peristeron* se présente comme un grand pavillon, couvert d'une voûte, avec une seule porte étroite, des fenêtres à la carthaginoise ou plus larges grillagées des deux côtés, de manière à ce que tout le local soit éclairé et que ni serpent ni aucun animal nuisible ne puissent entrer. À l'intérieur, tous les murs ainsi que les voûtes sont recouverts d'un enduit le plus lisse possible fait de poussière de marbre, et à l'extérieur le pourtour des fenêtres, pour éviter que rat ou lézard ne puissent ramper jusqu'aux boulins. Car rien n'est plus craintif que le pigeon.

Économie rurale, III, 7

HOMÈRE VIIIe s. av. J.-C. — VIRGILE Ier s. av. J.-C. — CLAUDIEN Ve s. ap. J.-C.

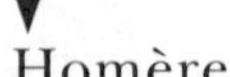

Homère

Le cyclope Polyphème est un berger remarquable : il élève de superbes troupeaux et en exploite les produits avec art. Sa bergerie est un exemple de propreté et de prospérité.

BERGERIE MODÈLE

Rapidement, nous arrivons à la caverne : il [Polyphème] n'était pas chez lui ; il était au pacage avec ses gras moutons. Nous entrons dans la grotte et faisons la revue : claies chargées de fromages ; agnelets et chevreaux dans les enclos bondés – chaque âge avait ses stalles, les aînés par ici et les cadets par là, plus loin les nouveau-nés – ; des vases en métal, tous regorgeant de lait, les terrines, les seaux, qui lui servaient à traire. [...] Il fait alors entrer dans cette vaste salle tout le troupeau dodu des femelles à traire ; mais il laisse au-dehors, dans le creux de la cour, les boucs et les béliers. [...] il s'assied et se met à traire d'affilée tout son troupeau bêlant de brebis et de chèvres ; puis, lâchant le petit sous le pis de chacune, il fait de son lait blanc cailler une moitié, qu'il égoutte et dépose en ses paniers de jonc ; mais il avait gardé le reste en ses terrines pour le boire à son heure ou pendant son souper.

Odyssée, IX, 216-249

HOMÈRE
VIIIe s. av. J.-C.

VIRGILE
Ier s. av. J.-C.

CLAUDIEN
Ve s. ap. J.-C.

Virgile

À une époque où il est important pour Rome de développer son agriculture et de retrouver les valeurs de la terre, Virgile rassemble toutes sortes de conseils et chante dans ses vers le charme de la vie paysanne.

Il montre comment le berger attentif ne fait qu'accompagner par des gestes heureux le développement de ses bêtes et comment la nature dispense généreusement ses dons. Le poète réussit à exprimer à la fois un vrai sentiment cosmique et une tendresse presque intimiste : les bêtes des troupeaux du pâtre virgilien sont des bêtes qui boivent quand elles ont soif, qui se rafraîchissent quand elles ont chaud, qui apprécient l'ombre et le chant des oiseaux et qui nous dispensent leurs richesses dans une nature en paix.

BREBIS ET CHÈVRES

Pour commencer, je prescris de laisser les brebis brouter leur herbe dans des bergeries confortables, jusqu'au retour de l'été feuillu, d'étendre sur le sol rude une abondante couche de paille et des brassées de fougères, pour préserver le bétail délicat de la froidure et du gel, de la gale et de la goutte déformante. Ensuite, passant aux chèvres, j'ordonne de leur procurer des feuilles d'arbousier, et de leur offrir des eaux courantes, toutes fraîches : de placer leurs étables à l'abri des vents, face au soleil d'hiver, tournées vers le midi, à l'époque où le Verseau glacé commence à décliner et arrose de ses pluies l'année finissante. L'élevage des chèvres ne mérite pas moins notre attention que celui des brebis, et leur utilité n'est pas moindre, si cher que se vendent les toisons de Milet, après avoir bouilli dans les bains de pourpre tyrienne. La chèvre a une progéniture plus nombreuse, elle donne du lait en abondance. Plus le vase à traire écumera sous son pis épuisé, plus généreux sera le flot coulant de ses mamelles pressées. Sans compter que l'on coupe, pour l'usage des camps et l'habillement des pauvres marins, la barbe qui blanchit le menton du bouc de Cinyps et ses poils ébouriffés. Les chèvres paissent dans les bois et sur les sommets du Lycée les ronces épineuses et les broussailles qui aiment les escarpements ; en outre, ayant de la mémoire elles rentrent d'elles-mêmes au bercail avec leurs petits, et les mamelles si pesantes qu'elles ont peine à franchir le seuil. Aussi tu mettras tout ton zèle à écarter d'elles le gel et les bourrasques de neige, d'autant qu'elles ont moins besoin par ailleurs des soins de l'homme ; tu leur porteras en abondance du fourrage et des brindilles flexibles et de tout l'hiver tu ne leur fermeras pas tes fenils. Mais quand, à l'appel des zéphyrs, l'été riant enverra l'un et l'autre troupeau dans les clairières et les pâturages, parcourons les fraîches campagnes aux premières lueurs de Lucifer, tandis que le matin vient de naître, que les prés sont blancs, et que la rosée, dont le bétail est friand, attendrit l'herbe. Ensuite, quand la quatrième heure du jour aura ranimé la soif, et que les cigales plaintives étourdiront de leur chant les vergers, je te prescrirai de mener tes troupeaux aux puits ou aux étangs profonds boire l'eau qui court dans des canaux d'yeuse. Mais au plus fort de la chaleur, cherche une vallée ombreuse, soit que le grand chêne de Jupiter au tronc antique y étende ses branches immenses, soit qu'un sombre bosquet y projette l'ombre sacrée de ses yeuses fournies. Puis donne-leur de nouveau de minces filets d'eau et de nouveau fais-les paître au coucher du soleil, quand la fraîcheur du soir tempère l'air, quand la lune en versant la rose ranime les clairières, quand l'alcyon fait résonner les rivages, et le chardonneret les buissons.

Géorgiques, III, 295-338

La ferme demande aussi un gros travail pour l'élevage et le soin des bovins. Tout cela représente de la richesse et exige une organisation sans failles, de la production des subsistances au dressage et aux soins du bétail, en passant par le marquage, qui vaut acte de propriété. Virgile vante les pratiques modernes, la recherche de la qualité : les petits seront élevés sous la mère ! Le retour à la terre est aussi tout un programme d'agriculture.

VEAUX ET VACHES

Après la mise bas, tous les soins passent aux petits et, sans tarder, on les marque au fer chaud pour indiquer leur origine et distinguer ceux qu'on choisit pour perpétuer le cheptel, ceux qu'on réserve aux autels pour les sacrifier, et ceux qui devront fendre la terre et retourner la plaine inculte en brisant les mottes. On met toutes les bêtes à la pâture parmi les herbages verts, sauf les veaux que tu dresseras à l'entretien et aux besoins des champs ; entraîne-les dès leur jeune âge, et engage-toi dans la voie du dressage, tandis que leur humeur est malléable et leur âge souple. Et d'abord attache-leur au cou des cercles d'osier mince qui ne les serrent pas ; ensuite, quand leurs cous, de libres qu'ils étaient, se seront accoutumés à la servitude, passe à ces bouvillons de véritables colliers, attelle-les deux par deux et force-les à marcher du même pas ; souvent déjà fais-leur tirer des chariots vides, en ne laissant de traces qu'à la surface de la poussière ; plus tard, que l'essieu de hêtre grince en peinant sous une charge pesante, et que le timon de bronze haie son train de roues. En attendant, tu cueilleras pour cette jeunesse, tant qu'elle n'est pas dressée, non seulement les fourrages, les maigres feuilles des saules et l'ulve des marais, mais aussi du blé en herbe. Quant aux vaches qui auront mis bas, elles ne rempliront pas, comme au temps de nos pères, tes vases à traire de lait neigeux, mais elles laisseront leurs chers petits épuiser tout le contenu de leurs mamelles.

Géorgiques, III, 157

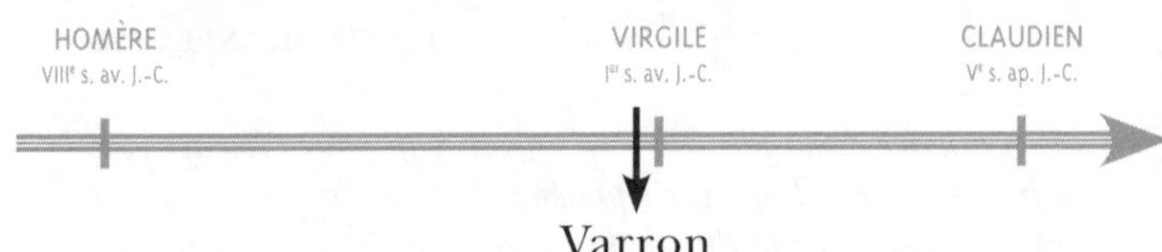

Varron

La production de la laine exige, depuis le début, toutes sortes d'attentions. Ce genre de production trouve sa place dans une société raffinée qui exige des tissus de qualité et de belle apparence.

LA TONTE DES MOUTONS

La période de la tonte est comprise entre l'équinoxe de printemps et le solstice, lorsque les moutons ont commencé à transpirer, et c'est de cette sueur [*sudor*] que la laine fraîchement tondue a reçu le nom de « laine à suint ». Les brebis fraîchement tondues sont frottées le jour même de vin et d'huile, à quoi certains mélangent de la cire blanche et du saindoux ; et si l'on a coutume de couvrir la bête d'une peau, celle-ci est enduite intérieurement de la même substance et l'on couvre la bête à nouveau. Si l'on en blesse une au cours de la tonte, on applique sur la plaie un emplâtre de poix liquide. On tond les brebis à grosse laine vers l'époque où l'on moissonne l'orge, dans d'autres contrées, c'est avant la fenaison. Certains les tondent deux fois par an, par exemple en Espagne citérieure, et font des tontes semestrielles ; ils s'imposent double tâche, pensant recueillir ainsi plus de laine, de même que certains fauchent deux fois les prés. Les gens soigneux ont coutume d'étendre de petites nattes sous les moutons qu'ils tondent, pour qu'aucun flocon ne se perde. On choisit pour l'opération un temps serein et, ces jours-là, on travaille environ de la quatrième à la dixième heure : une brebis tondue quand le soleil est bien chaud donne une laine que la sueur rend plus moelleuse, plus lourde et de meilleure couleur.

Économie rurale, II, 11

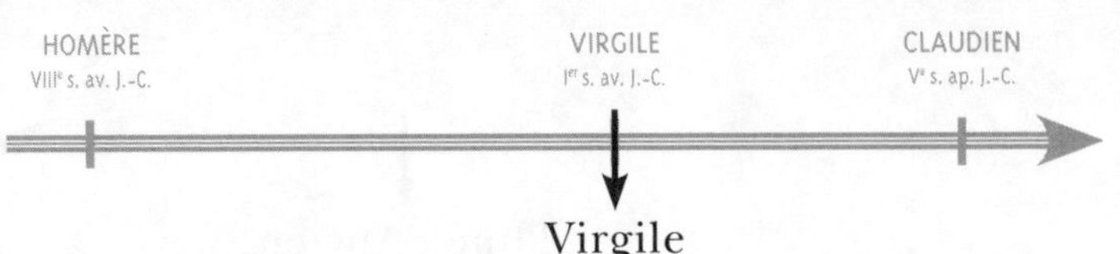

Virgile

Le bon agriculteur se soucie de produire un lait de qualité, très demandé à la ville.

LE LAIT

Mais si l'on aime le laitage, il faut porter soi-même dans les crèches force cytise et mélilot ainsi que des herbes qu'on a salées. Ainsi les bêtes désirent davantage s'abreuver d'eaux courantes ; elles ont des mamelles plus gonflées, et elles gardent dans leur lait un arrière-goût de sel. Beaucoup interdisent aux chevreaux, dès qu'ils les ont sevrés, l'approche de leur mère et leur fixent à l'extrémité de la bouche une muselière ferrée. Le lait qu'on a trait au lever du jour ou durant la journée, on le fait cailler pendant la nuit ; celui qu'on a trait quand l'obscurité vient et que le soleil se couche, on l'emporte au point du jour dans des jarres (le berger va les porter à la ville), ou bien on le saupoudre d'un peu de sel et on le met de côté pour l'hiver.

Géorgiques, III, 394-404

HOMÈRE
VIIIe s. av. J.-C.

VIRGILE
Ier s. av. J.-C.

CLAUDIEN
Ve s. ap. J.-C.

Pline l'Ancien

Ensuite de quoi, le bon agriculteur met tout son savoir et toute son application dans l'élaboration des produits dérivés, principalement la préparation de toutes sortes de fromages variés, pour satisfaire une clientèle exigeante (à Rome, on n'apprécie guère le beurre – tenu pour à peine comestible et utilisé en général comme un onguent).

LES FROMAGES

On ne fait pas de fromage avec le lait des animaux qui ont des dents aux deux mâchoires, parce que ce lait ne caille pas. Le lait le plus léger est celui des chamelles ; puis celui des juments ; le plus épais est le lait d'ânesse, il l'est au point qu'on l'emploie comme présure. Le lait passe pour communiquer une part de sa blancheur à la peau des femmes ; aussi Poppée, femme de Domitius Néron, emmenait partout à sa suite cinq cents ânesses laitières et se plongeait tout entière dans un bain de ce lait, croyant qu'il assouplissait aussi la peau. Tout lait s'épaissit au feu et se transforme en sérum à l'humidité. Le lait de vache donne plus de fromage que celui de chèvre : à mesure égale, il en fournit presque le double. Celui des animaux ayant plus de quatre mamelles est inutilisable pour la préparation du fromage, le meilleur est le lait de ceux qui n'en ont que deux.

On vante la présure du faon, celles du lièvre et du chevreau dasypode, qui a en outre la propriété de guérir le cours de ventre ; cet animal, de tous ceux munis de dents aux deux mâchoires, est le seul dont la présure ait ce pouvoir. Il est surprenant que les nations barbares, qui vivent de lait, ignorent ou dédaignent depuis tant de siècles la valeur du fromage, bien qu'elles sachent épaissir le lait en une matière d'une agréable acidité, et en beurre gras. Le beurre, plus épais et plus visqueux que ce qu'on nomme sérum, est l'écume du lait. N'omettons pas qu'il a les propriétés de l'huile, et que tous les Barbares et nous-mêmes en oignons les enfants.

Le fromage le plus estimé à Rome, où l'on compare sur place les produits de tous les pays, est parmi ceux des provinces, celui provenant de la région de Nîmes, de la Lozère, et des villages du Gévaudan, mais sa qualité dure peu et il doit être consommé frais. Les pâturages des Alpes se recommandent par deux espèces : les Alpes dalmates envoient le docléate, les Ceutroniennes le vatusique. L'Apennin est plus fertile en fromages : il envoie de Ligurie le fromage de Céba, fait surtout avec du lait de brebis, le sassinate qui vient d'Ombrie ; de la frontière d'Étrurie et de Ligurie, le fromage de Luna, remarquable par sa grosseur, chacun pesant jusqu'à mille livres ; des environs de Rome vient le vestin, dont le plus estimé se prépare dans la campagne de Caedicius. Les chèvres donnent aussi un fromage apprécié dont on augmente beaucoup la saveur en le fumant quand il est frais : c'est ainsi qu'on le prépare à Rome où on le préfère à tous les autres ; car le fromage des Gaules a souvent un goût de médicament. Au-delà des mers, celui de Bithynie atteint presque la gloire. Ce qui démontre le mieux qu'il y a du sel dans les pâturages, c'est que même sans en donner au bétail, tout fromage en a le goût quand il vieillit, comme il est certain que ceux que l'on fait macérer dans le vinaigre et le thym retrouvent leur saveur de l'état frais.

Histoire naturelle, XI, 96

HOMÈRE
VIIIe s. av. J.-C.

VIRGILE
Ier s. av. J.-C.

CLAUDIEN
Ve s. ap. J.-C.

Virgile

Les philosophes font volontiers du miel le symbole du souverain bien (voir Cicéron, Des termes extrêmes des biens et des maux, *III, 34). L'Antiquité apprécie plus que tout cette substance tenue pour sublime, sinon miraculeuse. D'où l'importance et le soin mis à sa préparation. Comme pour la laine et le lait dont la production commençait avec le soin mis à avoir d'excellents agneaux et de parfaites vaches, tout commence ici avec les soins donnés aux abeilles, afin d'obtenir les parfums les plus délicats. D'une manière générale, le secret pour obtenir de bons produits tient à la manière dont on s'occupe des animaux. Les abeilles demandent des soins particulièrement attentifs.*

LES RUCHES ET LE MIEL

Seules elles élèvent en commun une progéniture, seules elles possèdent en commun les abris d'une cité et passent leur vie sous des lois imposantes ; seules elles connaissent une patrie et des pénates fixes ; pensant à la venue de l'hiver, elles se livrent l'été au travail et mettent en réserve pour la communauté ce qu'elles ont butiné. Les unes veillent à la subsistance et, suivant le pacte établi, s'activent dans la campagne ; les autres enfermées dans l'enceinte de leurs demeures emploient les larmes du narcisse et la gomme visqueuse provenant de l'écorce pour poser les premières assises des rayons ; puis elles y fixent de haut en bas la cire tenace ; d'autres font sortir les adultes, espoir de la nation ; d'autres accumulent un miel très pur et bourrent les alvéoles d'un nectar limpide. Il en est à qui la garde des portes est échue par le sort : à tour de rôle, elles observent les eaux et les nuées du ciel ; ou bien elles reçoivent les fardeaux de celles qui rentrent, ou bien elles se forment en colonne pour écarter de la ruche les bourdons, troupe paresseuse. C'est un bouillonnement de travail, et le miel embaumé exhale une odeur de thym. Ainsi quand les cyclones se hâtent de forger les foudres avec des blocs de métal amollis, les uns, avec leurs soufflets en peau de taureau, aspirent l'air et le refoulent, les autres trempent dans un bassin le bronze qui siffle ; leur caverne gémit sous les coups frappant les enclumes ; rivalisant de force ils lèvent leurs bras en cadence, et tournent et retournent le fer avec la tenaille mordante ; de même, s'il est permis de comparer les petites choses aux grandes, les abeilles de Cécrops sont poussées par un désir inné d'amasser, chacune dans son emploi. Les plus âgées ont soin de la place, de construire les rayons et de façonner les logis artistement ouvragés. Quant aux jeunes, elles rentrent fatiguées, en pleine nuit, les pattes chargées de thym : elles butinent ici et là sur les arbousiers, les saules glauques, le daphné, le safran rougeoyant, le tilleul onctueux et les sombres hyacinthes. Toutes se reposent de leurs travaux en même temps ; elles besognent toutes en même temps : le matin elles se précipitent hors des portes ; point de retardataire nulle part ; puis, quand Vesper les a invitées à cesser de butiner et à quitter les plaines, alors elles regagnent leurs logis, alors elles réparent leurs forces ; un bruit se fait entendre, elles bourdonnent autour des bords et du seuil de la ruche. Puis, quand elles ont pris place dans leurs chambres, le silence croît avec la nuit, et le sommeil qui leur est dû s'empare de leurs membres fatigués. Quand la pluie menace, elles ne s'éloignent pas trop du bercail, et elles se méfient du ciel à l'approche des Eurus, mais sous la protection des remparts de leur ville elles font aux alentours la provision d'eau et risquent de brèves excursions ; souvent elles emportent de petits cailloux, comme les barques instables prennent du lest contre le ballottement de la vague ; ce qui leur permet de se maintenir en équilibre dans les nuées inconsistantes.

Géorgiques, IV, 153-195

HOMÈRE
VIIIe s. av. J.-C.

VIRGILE
Ier s. av. J.-C.

CLAUDIEN
Ve s. ap. J.-C.

Pline l'Ancien

Après le raffinement propre aux centaines de fromages ou aux délicates senteurs des miels, on évoquera des marchandises moins utiles, qui évoquent l'air des contrées lointaines, qui ne se mangent point, qui font resplendir le luxe, mais qui sont issues néanmoins de l'exploitation d'animaux.

LA SOIE

Les régions adjacentes [à la Scythie] sont des solitudes désolées, où vit une multitude de bêtes sauvages qui s'attaquent à des hommes non moins féroces qu'elles. Puis à nouveau des Scythes, et à nouveau des déserts peuplés de bêtes, jusqu'à une montagne appelée Tabis, qui s'avance dans la mer. Ce n'est guère avant la moitié de la longueur de cette côte orientée vers le nord-est que la région est habitée. Les premiers hommes qu'on y connaisse sont les Sères, célèbres par la laine de leurs forêts. Ils détachent le duvet blanc des feuilles en l'arrosant d'eau, et ainsi nos femmes accomplissent la double tâche de dévider les fils et de les retisser : c'est par un travail si compliqué qu'on obtient d'une contrée si lointaine ce qui permet à une dame de paraître en public en robe transparente. Les Sères sont policés, mais, semblables eux-mêmes aussi tout à fait aux animaux sauvages, ils fuient la société des autres hommes et attendent que le commerce vienne à eux.

Histoire naturelle, VI, 20

LA POURPRE

Les pourpres vivent généralement sept ans. Ils restent cachés, comme les murex, pendant trente jours, vers le lever de la Canicule ; ils s'assemblent au printemps, et, se frottant les uns contre les autres, ils sécrètent une espèce de cire visqueuse. Les murex font de même, mais les pourpres ont, au milieu du gosier, la fleur fameuse, recherchée pour la teinture des étoffes. Là se trouve une veine blanche contenant une gouttelette ; c'est de là qu'on extrait le précieux liquide, teinté de rose foncé ; le reste du corps n'en produit pas. On s'efforce de prendre les pourpres vivants, parce qu'ils évacuent ce suc en expirant. On l'extrait des plus grands, après avoir ôté la coquille ; on écrase les plus petits, vivants, avec leur coquille ; il faut cela pour qu'ils dégorgent leur suc. La pourpre la plus estimée est, en Asie, celle de Tyr ; en Afrique, celle de Méninx et de la côte gétule de l'Océan ; en Europe, celle de Laconie.

Le pourpre a une langue d'un doigt de longueur, qui lui permet de se nourrir en perforant les autres coquillages, si dure est sa pointe. Il périt dans l'eau douce, ainsi qu'à l'embouchure des fleuves ; autrement les pourpres, après avoir été pêchés, vivent jusqu'à cinquante jours dans leur eau. Tous les coquillages croissent très vite, en particulier les pourpres ; en un an ils atteignent leur plein développement

Histoire naturelle, IX, 36

LE TRAVAIL À LA FERME

Si le but de la *villa* romaine est la production et la reproduction d'un certain nombre d'animaux, destinés à la consommation alimentaire, et de produits dérivés, l'activité de la ferme fait indirectement concourir toutes sortes de travaux. Dans l'Antiquité, la force de travail, ce sont encore les bêtes qui la fournissent. Il faut donc les choisir, les entretenir, les soigner, et cela ne s'improvise pas.

HOMÈRE
VIIIe s. av. J.-C.

VIRGILE
Ier s. av. J.-C.

CLAUDIEN
Ve s. ap. J.-C.

Varron

Ceux des animaux de la ferme qui travaillent doivent apprendre ce travail. Le paysan doit donc user de pédagogie et dresser ses bêtes de manière à les adapter à leur fonction. Ainsi, il ne va pas de soi, pour un bœuf, de supporter le joug, et cela s'apprend, comme la plupart des autres travaux des champs

DRESSER UN BŒUF AU TRAVAIL

Cela dit, parmi tous les quadrupèdes, un examen s'impose d'abord sur les aptitudes des bœufs qu'on achète en vue du labour. Si on les prend novices, qu'ils n'aient pas moins de trois ans ni plus de quatre ; qu'ils soient robustes et bien appariés, pour que dans le travail le plus fort n'épuise pas le plus faible ; qu'ils aient vaste encolure, et plutôt noire qu'autrement, large front, naseaux camus, large poitrail, cuisses épaisses. De bœufs dressés au travail, n'en achetez pas en terrain de plaine pour labourer en pays âpre et montagneux, et si l'inverse se présente, qu'on l'évite. Les bouvillons que vous aurez achetés, vous les apprivoiserez en peu de jours et les préparerez au dressage en leur engageant le cou entre des fourches plantées en terre et en leur donnant à manger. Puis on les enjouguera, de façon qu'ils en prennent peu à peu l'habitude, et en ayant soin d'atteler un conscrit avec un vétéran – l'exemple aidera au dressage –, d'abord en terrain égal et sans charrue, ensuite avec une charrue légère et au début dans le sable ou une terre bien friable. Ceux que l'on destine au trait, il faut pareillement leur apprendre à tirer d'abord des chariots à vide, et, si c'est possible, dans un village ou dans un bourg : les bruits nombreux et la variété des objets, par l'accoutumance à la foule, les amènent à pouvoir servir utilement. Qu'on ne s'obstine pas, si l'on en a mis un à droite, à vouloir l'y maintenir, car lorsqu'à son tour il est placé à gauche, il se repose en travaillant d'un côté ou de l'autre. Quand la terre est légère, par exemple en Campanie, comme on y laboure non avec des bœufs pesants, mais avec des vaches ou des ânes, ils peuvent d'autant plus facilement être attachés à une charrue légère, aux meules ou aux charges qu'il peut y avoir à traîner dans le domaine. En cela les uns utilisent de petits ânes, les autres des vaches et des mulets, selon les ressources en fourrage. Car il est plus facile de nourrir un âne qu'une vache, mais celle-ci rapporte davantage. À cet égard l'agriculteur doit considérer quelle est, dans son domaine, la pente du terrain. Car dans un sol rocailleux et difficile il faut s'en procurer de plus vigoureux et de préférence des bêtes qui puissent rapporter par elles-mêmes, tout en accomplissant le même travail.

Économie rurale, I, 20

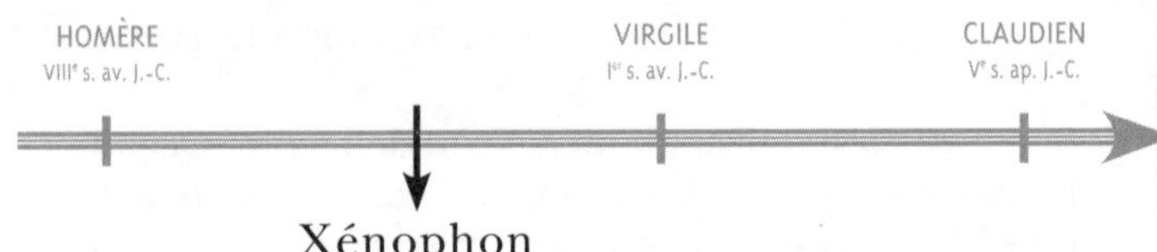

Xénophon

IMPORTANCE DE BIEN FORMER SON CHEVAL

Lorsqu'on achète un cheval qui a séduit et qu'on l'emmène chez soi, il est indiqué que son écurie soit dans un endroit de la maison tel qu'il se trouve constamment sous les yeux du maître ; il est bon encore que la stalle soit disposée de telle sorte qu'il n'y ait pas davantage moyen de dérober la nourriture du cheval dans sa mangeoire que celle du maître dans son cellier. Quiconque néglige cette précaution se néglige soi-même, à mon sens ; car il est évident que dans les dangers le maître confie son propre corps à son cheval.

[…]

Comme il faut s'occuper de la nourriture du cheval et de ses exercices d'assouplissement de manière que son corps prenne de la puissance, il faut de même lui former les pieds. Les écuries gâtent les sabots même bien conformés si elles sont humides et lisses ; pour éviter l'humidité, elles doivent avoir un écoulement et, pour éviter le sol lisse, un lit de pierres posées l'une contre l'autre, d'une grosseur à peu près analogue à celle des sabots. Car de telles écuries offrent encore l'avantage de fortifier les pieds des chevaux même arrêtés.

Ensuite, le palefrenier doit faire sortir le cheval à l'endroit du pansage, et le détacher de la mangeoire après le repas de midi, pour qu'il aille plus volontiers à celui du soir.

Pour avoir, d'autre part, les meilleurs abords de l'écurie, qui durcissent les pieds, il faudra verser à terre, pêle-mêle, quatre ou cinq charretées de pierres arrondies, d'une largeur de main, du poids d'une mine à peu près, et les entourer d'un rebord de fer pour éviter leur dispersion. Arrêté, sur ce sol, il pourrait marcher régulièrement une partie du jour comme sur une route empierrée ; il est forcé qu'au pansage et quand il chasse les mouches il se serve de ses sabots comme lorsqu'il marche. La fourchette elle aussi est durcie par les pierres ainsi répandues.

De même qu'on prendra soin de rendre durs les sabots, il faut également prendre soin de rendre tendre la région de la bouche. Les moyens qui adoucissent la chair de l'homme sont les mêmes pour la bouche du cheval.

De l'art équestre, IV, 1-5

HOMÈRE
VIIIe s. av. J.-C.

VIRGILE
Ier s. av. J.-C.

CLAUDIEN
Ve s. ap. J.-C.

Columelle

*À côté du bœuf, de l'âne, du cheval, il y a le chien, dont aucune ferme ne peut se passer. Animal d'autant plus remarquable qu'en raison de son intelligence on l'utilise, sauf le chien de chasse, pour gérer les autres animaux : rassembler et garder les troupeaux, surveiller et protéger l'exploitation. Il est véritablement au service du maître, qu'il réveille à l'occasion, comme le rappelle Homère (*Iliade*, X, 180* sq.*) : « On voit ainsi, dans un parc, les chiens s'inquiéter soudain pour les brebis : ils viennent d'entendre le fauve au cœur brutal qui va, par la forêt, à travers les montagnes. Un grand tumulte alors s'élève, d'hommes et de chiens ; pour tous, c'en est fait du sommeil. »*

LE CHIEN DE BERGER, LE CHIEN DE CHASSE, LE CHIEN DE GARDE

Peu importe que les chiens de métairie soient lourds de corps et peu légers à la course, parce que leur ministère s'exerce plutôt de près et dans le lieu même qu'ils occupent, que de loin et dans un champ spacieux. En effet, ils doivent toujours rester autour de l'enclos et dans le bâtiment même sans s'en écarter jamais à trop de distance. Il suffit, pour bien remplir leurs fonctions, de flairer avec sagacité ceux qui viennent dans de mauvais desseins, de les épouvanter par leurs aboiements, et de ne s'en pas laisser trop approcher, ou de se jeter sur eux avec fureur, au cas qu'ils s'obstinent à avancer ; d'autant que le premier devoir d'un chien est de ne point se laisser attaquer, et le second de se venger avec courage et persévérance lorsqu'on l'agace. Voilà pour ce qui est des chiens qui gardent la maison : voici ce qui concerne ceux des pâtres. Le chien destiné à garder le bétail ne doit être ni aussi efflanqué ni aussi léger que celui qui est destiné à courir après les daims, les cerfs et les animaux les plus légers, comme il ne doit pas non plus être aussi gras ni aussi lourd que celui qui est destiné à garder la métairie et les greniers. Il faut néanmoins qu'il soit robuste, et même prompt et dispos jusqu'à un certain point, parce qu'on le prend autant pour attaquer et pour se battre que pour courir, puisque sa destination est de repousser les embûches dressées par les loups, de suivre ces animaux lorsqu'ils s'enfuient avec leur proie, et de la leur faire lâcher pour la rapporter.

De l'agriculture, VII, 12

*Les « gardiens muets du bétail (*De mutis custodibus*) » : par cette belle expression, Columelle ne veut nullement dire que le chien de berger ne serait pas un animal aboyant, mais il ne veut pas seulement dire, non plus, que le chien est lui-même un animal, qui n'accède pas à la parole et fait son travail sans protester… Non, Columelle veut conférer au chien une très haute dignité : comme ces grands personnages qui comptent sur des gardes du corps muets pour ne pas ébruiter leurs frasques, les moutons peuvent compter sur la discrétion de leurs protecteurs canins !*

SONS ET COULEURS !

Il faut choisir pour garde de la métairie un chien d'une corpulence très ample, et dont l'aboiement soit étendu et sonore, tant afin qu'il puisse épouvanter les malfaiteurs, d'abord par le bruit de ses hurlements et ensuite même par son aspect, qu'afin qu'il puisse mettre en fuite ceux qui s'aviseraient de tendre des embûches, quelquefois même avant d'en être aperçu, et par la seule frayeur qu'inspireront ses hurlements. Il faut qu'il soit d'une seule couleur : on préférera la couleur blanche dans le chien du pâtre, et la noire dans celui de la métairie ; quant aux couleurs bigarrées on ne les approuve ni dans l'un ni dans l'autre de ces animaux. Le pâtre donne la préférence à la couleur blanche, parce qu'elle ne peut pas être confondue avec celle des bêtes féroces. En effet, il est quelquefois très essentiel, lorsqu'il s'agit de repousser des loups pendant l'obscurité du matin ou du soir, qu'il y ait une différence bien marquée entre la couleur du chien et celle de ces bêtes, de peur que si la blancheur du chien ne le faisait pas reconnaître, le pâtre ne vînt à le frapper, croyant frapper un loup. Pour le chien de la métairie, que l'on oppose aux attaques des hommes, il doit être noir, parce que si le voleur vient en plein jour, l'aspect de cet animal lui paraîtra d'autant plus terrible ; et que s'il vient de nuit, l'affinité de cette couleur avec les ténèbres l'empêchera même de l'apercevoir ; de sorte que l'animal, favorisé par l'obscurité, pourra s'approcher avec plus de sûreté de ceux qui se tiendraient en embuscade.

De l'agriculture, VII, 12

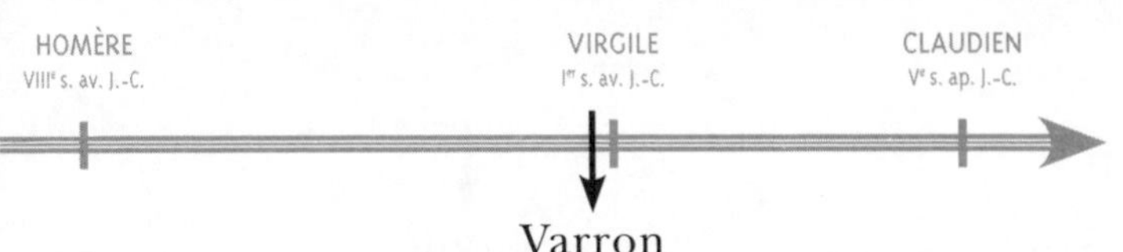

Varron

LA VOIX DE SON MAÎTRE

Il vaut mieux acheter à des bergers une chienne habituée à suivre les moutons ou qui n'ait encore subi aucun dressage. Le chien en effet est assez facile à dresser et il s'attache plus solidement aux bergers qu'aux troupeaux. P. Aufidius Pontianus d'Amiternum avait acheté des troupeaux de moutons au fond de l'Ombrie et, dans l'achat de ces troupeaux étaient compris les chiens, mais non les bergers, et il était stipulé que les bergers devaient les conduire jusqu'aux pacages de Métaponte et à la foire d'Héraclée ; quand ceux qui les avaient conduits à destination furent rentrés chez eux, les chiens, par regret des hommes, peu de jours après et de leur propre mouvement, bien qu'il y eût un trajet de plusieurs jours, s'étant procuré de la nourriture dans les champs, revinrent en Ombrie auprès des bergers.

Économie rurale, II, 9

LE LOUP ET LE CHIEN

Pour qu'ils ne soient pas blessés par les bêtes sauvages, on leur met un collier qu'on appelle *mellum*, c'est-à-dire un bandeau autour du cou fait de cuir solide avec des clous à tête ; et à l'intérieur, sur les têtes de clous, on coud une peau douce, afin que la dureté du fer n'abîme pas le cou. Et si un loup ou quelque autre bête ont été blessés par ces clous, ils laissent tranquilles les autres chiennes, qui n'en sont pas pourvues.

Économie rurale, II, 9

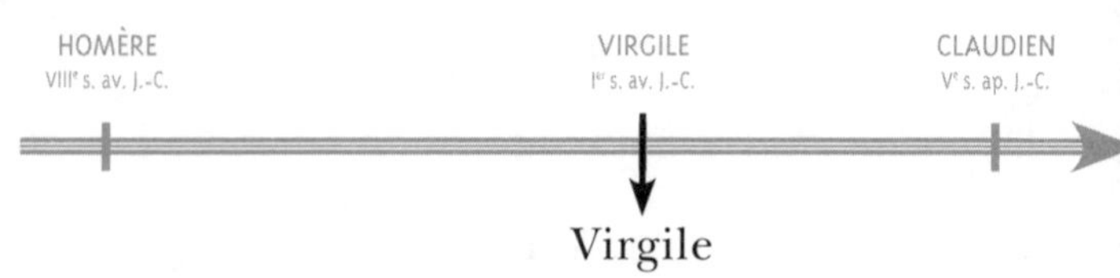

Virgile

CAVE CANEM !

Les chiens ne seront pas le dernier objet de tes soins, mais nourris à la fois de petit-lait gras les rapides lévriers de Sparte et l'impétueux molosse ; jamais, avec de tels gardiens, tu ne redouteras pour tes bergeries le voleur nocturne, ni les incursions des loups, ni l'attaque par-derrière des Ibères indomptés. Souvent aussi tu chasseras à courre les onagres craintifs ; avec les chiens tu courras le lièvre, avec les chiens les daims ; souvent avec ta meute aboyante tu relanceras les sangliers débusqués de leurs bauges, dans les forêts, et, dans les hautes montagnes, tu rabattras sur tes filets un grand cerf aux abois.

Géorgiques, III, 404-413

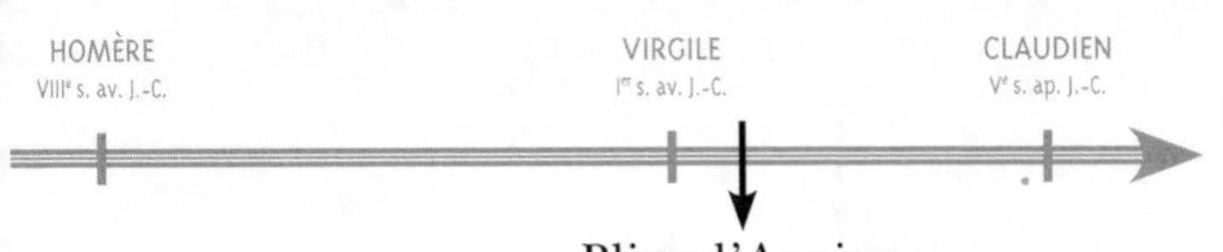

Pline l'Ancien

Il y a des volières et des pigeonniers dans toutes les fermes. On sait depuis longtemps, dans l'Antiquité, que les pigeons sont attachés à leur pigeonnier et capables d'y revenir. On peut donc en faire d'efficaces messagers.

LE PIGEON VOYAGEUR

Les pigeons ont même servi de messagers dans des opérations importantes ; pendant le siège de Modène, Decimus Brutus fit parvenir dans le camp des consuls des lettres attachées aux pattes des pigeons. À quoi servirent à Antoine son retranchement, la vigilance des assiégeants et même les filets barrant le fleuve puisque le courrier passait dans le ciel ?

Histoire naturelle, X, 37

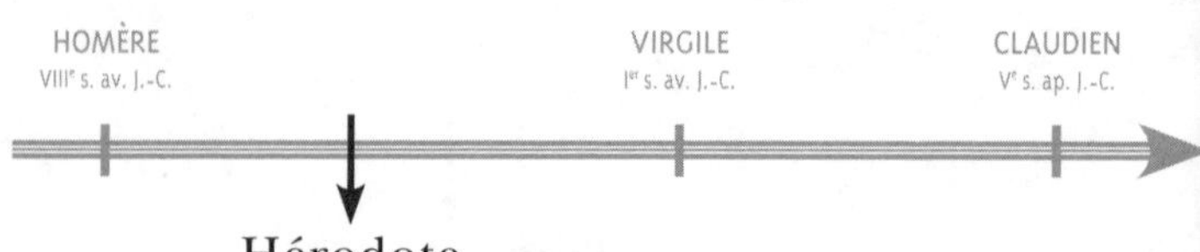

Hérodote

MOTUS ET BOUCHE COUSUE ? – LIÈVRE COUSU !

Ces mesures prises, les préparatifs faits, Harpage voulut faire connaître son dessein à Cyrus, qui habitait en Perse ; et, comme les routes étaient surveillées, il n'eut pour y réussir d'autre ressource que d'employer l'expédient que voici. Il prépara un lièvre, dont il ouvrit le ventre sans rien enlever du poil qui demeura intact, mit dedans une lettre où il exposait par écrit sa pensée ; puis, après avoir recousu le ventre du lièvre, il donna des filets à l'homme le plus sûr de sa maison, comme à un chasseur, et l'expédia en Perse ; l'homme avait mission, en donnant le lièvre à Cyrus, d'ajouter de vive voix cet avis : qu'il le découpât de sa propre main, sans que personne assistât à l'opération. Ainsi fut fait ; Cyrus reçut le lièvre, l'ouvrit, trouva dedans la lettre qui y était, la prit, la lut.

Histoires, I, 124

L'ANIMAL FAMILIER

En dehors de toute utilité matérielle, Grecs et Romains apprécient la compagnie, ou l'amitié, d'un certain nombre d'animaux, appelés à habiter la maison ou ses abords. Si la compagnie du chien, indépendamment des services importants qu'il rend, est appréciée pratiquement partout, le chat – animal d'origine égyptienne – est absent de Grèce et peu présent à Rome : c'est la belette qui occupe le terrain.

Déjà Alcibiade, avec ses chiens, voulait se faire remarquer ; plus tard, à Rome, la mode des animaux exotiques ou étranges fit fureur. Et on retrouvera, en animal fort tendance, notre ami le singe ! Les poètes dénoncent tels aspects parfois délirants : Juvénal (*Satires*, VI, 654) rapporte que certaines femmes ayant assisté au spectacle d'Alceste mourant à la place de son mari décidaient que si une substitution du même genre s'offrait à elles, elles choisiraient de sauver la vie de leur chienne au prix de celle de leur mari ! Mais que penser de ce Canius, dont parle Martial, qui trouve original de promener son esclave comme un animal de compagnie ?

Plus sérieusement, de nombreux témoignages montrent, dès la Grèce archaïque, la familiarité de l'homme et du chien. Xénophon fait l'éloge du chien de Laconie (*Cynégétique*, IV, 1-8), mais surtout, toutes sortes d'inscriptions et d'épigrammes attestent de l'amour porté au *tetrapous*, et les fouilles consécutives au creusement du métro d'Athènes ont mis au jour des sépultures où chiens (et chevaux) étaient inhumés aux côtés de leurs maîtres (voir plus bas, page 340).

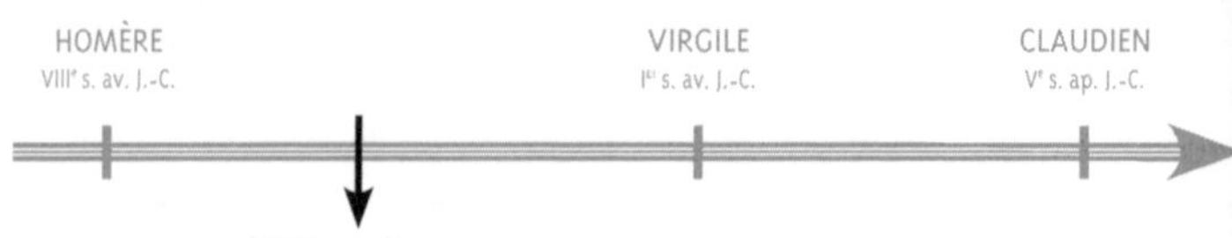

Hérodote

En Égypte, les animaux sont tenus pour des dieux et honorés comme tels. Il faut peut-être voir là l'origine de l'animal familier, respecté, entretenu et aimé en dehors de toute considération d'utilité.

CHATS ET CHIENS, LA SOURCE ÉGYPTIENNE

Les animaux domestiques sont nombreux ; ils le seraient bien davantage encore s'il n'arrivait aux chats ces accidents. Quand les chattes ont mis bas, elles ne veulent plus fréquenter les mâles ; ceux-ci cherchent à s'accoupler avec elles et ne le peuvent pas. Dans ces conditions, ils imaginent donc ce que voici : ils ravissent et soustraient les petits chats aux chattes, et les tuent, sans toutefois les manger. Elles, privées de leurs petits et en désirant d'autres, vont alors trouver les mâles ; car cette espèce d'animal aime avoir de la progéniture. Lorsqu'un incendie se produit, il arrive aux chats des choses qui tiennent du prodige. Les Égyptiens, debout de distance en distance, veillent sur eux, sans se soucier d'éteindre ce qui brûle ; mais les chats se glissent entre les hommes ou sautent par-dessus, et se jettent dans le feu. Ces événements sont pour les Égyptiens l'occasion de grands deuils. Quand, dans une maison, un chat meurt de mort naturelle, tous les habitants de la maison se rasent les sourcils, les sourcils seulement ; là où il meurt un chien, on se rase le corps entier et la tête. Les chats morts sont portés dans des locaux sacrés où ils reçoivent la sépulture après qu'on les a embaumés, à Boubastis. Aux chiens, chacun donne la sépulture dans sa ville, dans des cercueils sacrés. Les ichneumons sont ensevelis de la même façon que les chiens. Les musaraignes et les faucons sont portés à Bouto ; les ibis, à Hermopolis. Quant aux ours, qui sont rares, et aux loups, qui ne sont guère plus grands que des renards, on les enterre au lieu même où on a trouvé leur cadavre.

Histoires, II, 67-68

HOMÈRE
VIIIe s. av. J.-C.

VIRGILE
Ier s. av. J.-C.

CLAUDIEN
Ve s. ap. J.-C.

Homère

Pleurons avec Homère ! Voici sans doute une page parmi les plus belles de toute la poésie universelle.

FIDÉLITÉ DU CHIEN : LA MORT D'ARGOS

Pendant qu'ils échangeaient ces paroles entre eux, un chien couché leva la tête et les oreilles ; c'était Argos, le chien que le vaillant Ulysse achevait d'élever, quand il fallut partir vers la sainte Ilion, sans en avoir joui. Avec les jeunes gens, Argos avait vécu, courant le cerf, le lièvre et les chèvres sauvages. Négligé maintenant, en l'absence du maître, il gisait, étendu au devant du portail, sur le tas de fumier des mulets et des bœufs où les servants d'Ulysse venaient prendre de quoi fumer le grand domaine ; c'est là qu'Argos était couché, couvert de poux. Il reconnut Ulysse en l'homme qui venait et, remuant la queue, coucha les deux oreilles : la force lui manqua pour s'approcher du maître. Ulysse l'avait vu : il détourna la tête, en essuyant un pleur, et, pour mieux se cacher d'Eumée, qui ne vit rien, il se hâta de dire : « Eumée !... L'étrange chien couché sur ce fumier, il est de belle race ; mais on ne peut plus voir si sa vitesse à courre égalait sa beauté ; peut-être n'était-il qu'un de ces chiens de table, auxquels les soins des rois ne vont que pour la montre. » Mais toi, porcher Eumée, tu lui dis en réponse : « C'est le chien de ce maître qui mourut loin de nous : si tu pouvais le voir encore actif et beau, tel qu'Ulysse, en partant pour Troie, nous le laissa ! tu vanterais bientôt sa vitesse et sa force ! Au plus profond des bois, dès qu'il voyait les fauves, pas un ne réchappait ! Pas de meilleur limier ! mais le voilà perclus ! Son maître a disparu loin du pays natal ; les femmes n'ont plus soin de lui ; on le néglige... Sitôt qu'ils ne sont plus sous la poigne du maître, les serviteurs n'ont plus grand zèle à la besogne ; le Zeus à la grand-voix prive un homme de la moitié de sa valeur, lorsqu'il abat sur lui le jour de l'esclavage. » À ces mots, il entra au grand corps du logis, et, droit à la grand-salle, il s'en fut retrouver les nobles prétendants. Mais Argos n'était plus : les ombres de la mort avaient couvert ses yeux qui venaient de revoir Ulysse après vingt ans.

Odyssée, XVII, 290-327

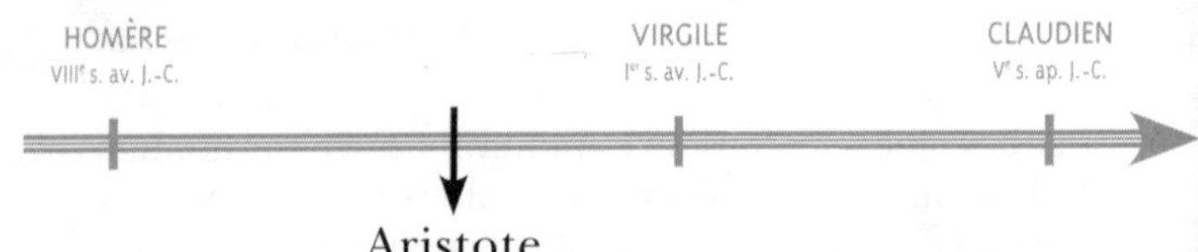

Aristote

LA BELETTE

La belette semble réfléchir quand elle s'empare des oiseaux : elle les égorge comme font les loups pour les moutons. Et si elle fait la guerre aux serpents, c'est surtout à ceux qui chassent les souris, parce qu'elle fait elle-même la chasse à ces animaux-là.

Histoire des animaux, IX, 6

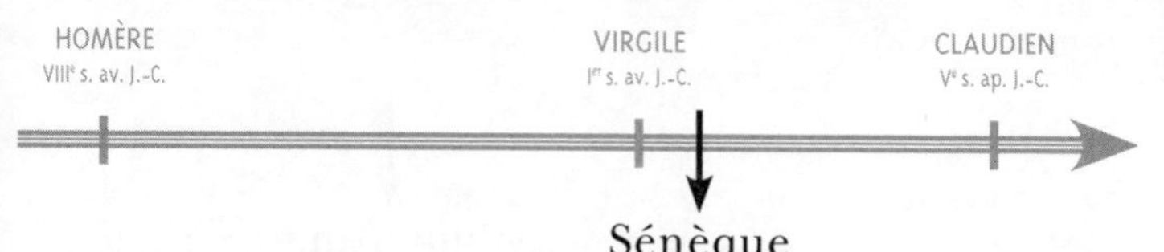

Sénèque

BÊTES APPRIVOISÉES

Regarde l'éléphant courber sa tête sous le joug, des taureaux laisser les enfants et les femmes danser impunément sur leur dos, des serpents ramper inoffensifs entre les coupes et les seins, des ours et des lions domestiques tendre leurs museaux aux caresses et des monstres flatter leur maître.

De la colère, II, 30

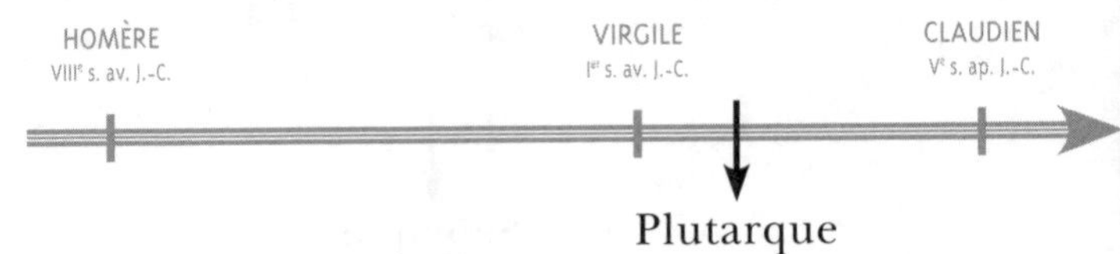

FAIRE DE L'EFFET

Il [Alcibiade] avait un chien d'une taille et d'une beauté merveilleuses, qu'il avait acheté soixante-dix mines. Il lui coupa la queue, bien qu'elle fût magnifique. Comme ses familiers l'en blâmaient et lui rapportaient que tout le monde était choqué et le critiquait à propos du chien, il se mit à rire et leur dit : « C'est justement là ce que je veux ; je souhaite que les Athéniens bavardent à ce sujet, afin qu'ils ne disent rien de pis sur mon compte. »

Vie d'Alcibiade, IX, 195d

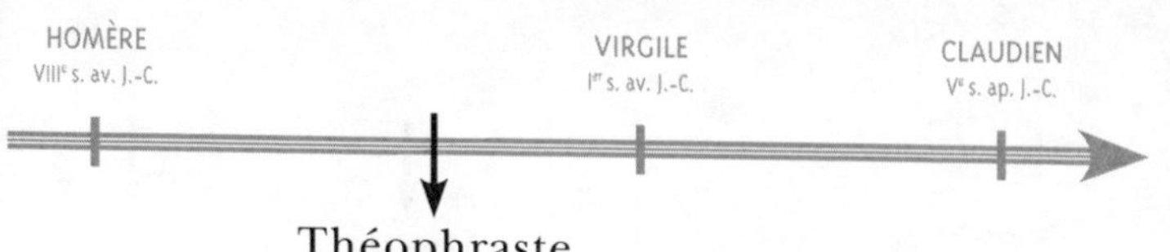

Théophraste

POUR LA FRIME !

Il est homme à élever un singe, à acheter un [oiseau rare], des colombes de Sicile, des osselets de gazelle, des fioles bombées de Thurium, des cannes torses à la mode lacédémonienne, un tapis à personnages représentant des Perses. Il possède aussi une petite palestre avec une arène et un jeu de paume ; et il va par toute la ville l'offrir aux philosophes, aux sophistes, aux maîtres d'armes, aux musiciens pour leurs séances publiques ; et lui-même a soin d'arriver en retard pendant les séances, afin que les spectateurs se disent les uns aux autres : « C'est le maître de la palestre. »

Caractères, XXI, 9

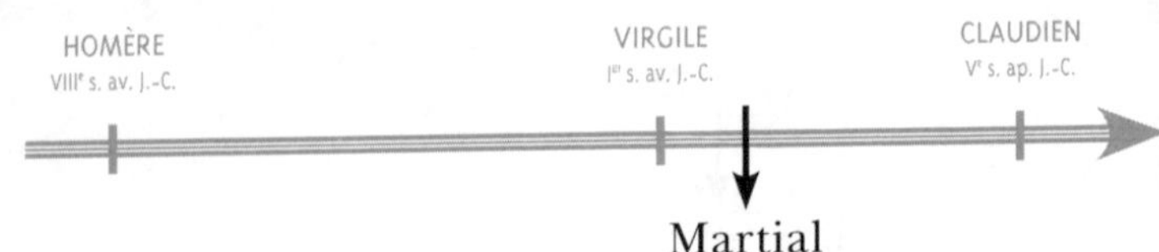

NOUVEAUX ANIMAUX DE COMPAGNIE…

Si mon ami Flaccus est heureux de posséder un lynx aux longues oreilles, si un noir Éthiopien [(!) *sic*] fait le bonheur de Canius, si Publius se passionne pour une toute petite chienne, si Gronius aime un singe à longue queue aussi laid que lui-même ; si un redoutable ichneumon fait la joie de Marius ; si une pie qui sait saluer te charme, Lausus ; si Glaucilla enlace à son cou un serpent glacé ; si Telesilla a élevé un monument à son rossignol ; pourquoi n'aimerait-il pas le séduisant visage de Labyrtas, beau comme Cupidon, celui qui voit ces monstruosités faire le caprice de leurs maîtres ?

Épigrammes, VII, 87

HOMÈRE VIIIe s. av. J.-C. — VIRGILE Ier s. av. J.-C. — CLAUDIEN Ve s. ap. J.-C.

Orose

Avec cet attendrissant éloge du plus intelligent, du plus fidèle et du plus aimant des animaux domestiques, Orose ne cherche pas un bon maître pour une portée de jeunes chiots. Habité d'une inquiétude véritablement universelle, hanté par le spectacle des massacres insensés survenus dans ce monde de désastres dont saint Augustin lui a demandé d'écrire l'histoire, c'est lui, Orose, qui aspire au rôle du chien. Ici, le domaine symbolise l'Église et le père de famille Dieu. Les chiens pourchassent les voleurs et les loups qui symbolisent les païens desquels il faut protéger le troupeau.

Orose veut suggérer en fait à saint Augustin de lui permettre de devenir son fidèle disciple et de le suivre en se nourrissant, pour ainsi dire, des miettes de sa table, avec l'humilité tout évangélique dont le chien est l'exemple – en renvoyant à Matthieu, 15, 27 et à Tobie, 6, 1.

ADOPTE UN CHIEN !

De fait, alors que dans l'important domaine d'un père de famille important il y a nombre d'animaux de diverses espèces susceptibles d'accroître le patrimoine, ce n'est cependant pas des chiens que l'on se soucie en dernier ; par une disposition naturelle qui n'appartient qu'à eux, ils sont volontairement empressés à ce pour quoi ils sont dressés et, par une sorte de règle innée d'obéissance, ils se tiennent en haleine avec la simple impatience d'un frémissement discipliné jusqu'à ce qu'on les lâche, en leur permettant d'agir par un signe de tête ou un geste de la main. D'autant plus proches des êtres raisonnables qu'ils sont supérieurs aux bêtes brutes, ils ont en effet des penchants qui leur sont propres, à savoir : distinguer, aimer, servir. Distinguant de fait leurs maîtres des étrangers, ils ne haïssent pas ceux qu'ils pourchassent, mais montrent du zèle pour ceux qu'ils aiment et, aimant le maître et la maison, leur veille n'émane pas, pour ainsi dire, de l'aptitude naturelle de leur corps, mais du sentiment intime d'un amour inquiet. De là vient même qu'avec une profonde signification symbolique, dans les Évangiles, la Cananéenne n'eut pas honte de dire, et le Seigneur n'eut pas de répugnance à entendre, que « les petits chiens peuvent manger les miettes sous la table des maîtres ». Le bienheureux Tobias, également, pendant qu'il suivait l'ange qui le guidait, ne dédaigna pas d'avoir un chien pour compagnon.

Histoires (Contre les païens), Prologue, 3-6

ILS NE MOURAIENT PAS TOUS...

Omniprésentes, maladies et épizooties sont un drame dans la mesure où elles déciment les troupeaux et se répandent, anéantissant des richesses considérables, ruinant les agriculteurs impuissants.

Fréquente, et facilement transmissible aux autres bêtes et à l'homme, la rage est constamment redoutée. Mais on redoute aussi ces maladies mystérieuses, qui périodiquement s'abattent sur les troupeaux.

Ovide et Virgile ont donné des tableaux saisissants de ces grandes épidémies et de ces épizooties. Ces dernières en particulier sont un drame, plus terrible encore, s'il se peut, que les épidémies car elles sont, au-delà du désastre et de la ruine qu'elles apportent, un phénomène entièrement observable pour les agriculteurs, qui assistent désemparés à la naissance et aux progrès du mal et sont conduits à anticiper des notions qui ne seront comprises que beaucoup plus tard, comme celles de contagion ou de miasme.

HOMÈRE
VIIIe s. av. J.-C.

VIRGILE
Ier s. av. J.-C.

CLAUDIEN
Ve s. ap. J.-C.

Porphyre

LA PLUPART DES ANIMAUX SONT SEMBLABLES À NOUS POUR LES AFFECTIONS DU CORPS

L'âne est sujet au rhume et, si le mal lui descend jusqu'au poumon, il meurt, comme l'homme ; le cheval souffre d'abcès intérieurs purulents et périt alors de consomption, comme l'homme ; il contracte le tétanos, la goutte, la fièvre, la rage et parfois même il « baisse les yeux », comme on dit. Si une jument gravide vient à respirer l'odeur d'une lampe éteinte, elle avorte, comme la femme. Comme nous le bœuf connaît la fièvre et devient furieux, et de même le chameau. La corneille a la gale et la lèpre, ainsi que le chien ; ce dernier est sujet à la goutte et à la rage ; le porc s'enroue et plus encore le chien, qui donne précisément à cette affection chez l'homme son nom de « collier de chien ». Le cas de ces animaux nous est connu parce qu'ils partagent notre existence, mais, faute d'un commerce plus étendu, nous ignorons ce qu'il en est des autres. En outre les animaux châtrés s'amollissent : le coq ne chante plus, mais sa voix mue et vient à ressembler à celle de la femelle, comme il arrive à l'homme, et il est impossible de reconnaître les cornes et la voix d'un bœuf châtré de celles d'une vache ; les cerfs ne perdent plus leurs cornes, mais les conservent telles quelles, comme les eunuques conservent leur poil ; et s'ils n'ont pas de cornes, il ne leur en pousse pas, comme cela arrive aux hommes qui sont châtrés avant que la barbe ne leur pousse. C'est ainsi que presque tous les animaux sont semblables à nous pour les affections du corps.

De l'abstinence, III, 7

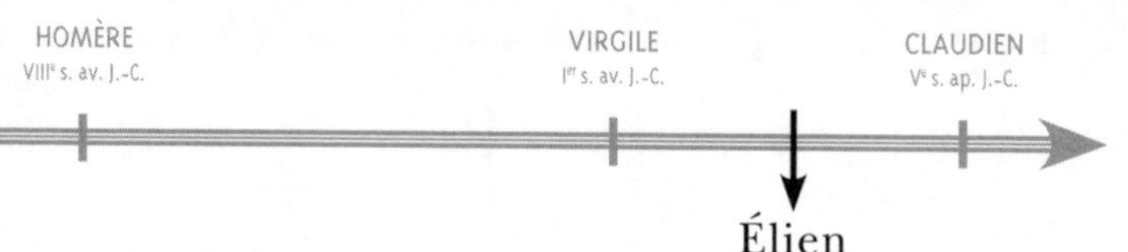

LES MALADIES DU CHIEN

Le crâne du chien n'a pas de suture. La course le rend, paraît-il, plus lascif. Quand un chien prend de l'âge, ses dents s'émoussent et noircissent. Son odorat est si fin que jamais on ne lui fera manger de la viande de chien cuite, même si le goût de la viande est intentionnellement altéré par une sauce très subtilement préparée et pleine d'ingrédients divers. Il y a trois maladies, ni plus ni moins, auxquelles le chien est exposé : l'esquinancie, la rage et la goutte ; alors qu'il y en a des milliers auxquelles les hommes sont exposés. Tout être mordu par un chien enragé meurt. Si un chien a la goutte, il est rare que vous le voyiez retrouver ses forces. La durée de vie d'un chien est, au plus, de quatorze ans. Argos, le chien d'Ulysse, et l'histoire qui le concerne semblent être un divertissement d'Homère.

La Personnalité des animaux, IV, 40

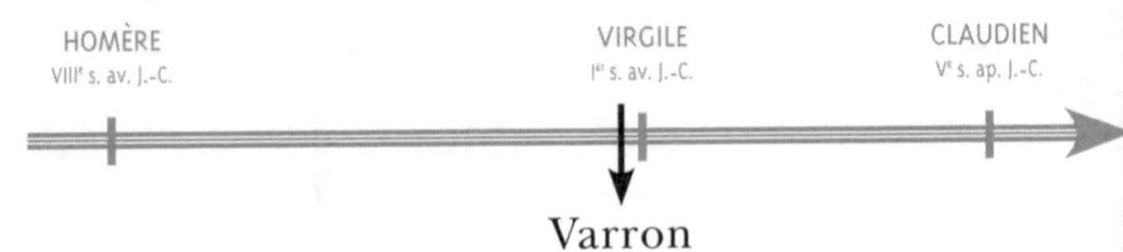

Varron

PRÉCAUTIONS CONTRE LES TIQUES ET LES PUCES

Certains, avec des amandes pilées dans de l'eau, frottent les chiens aux oreilles et entre les doigts, parce que les mouches, les tiques et les puces y font ordinairement naître des ulcères, si on n'a pas employé cet onguent.

Économie rurale, II, 9

HOMÈRE
VIIIe s. av. J.-C.

VIRGILE
Ier s. av. J.-C.

CLAUDIEN
Ve s. ap. J.-C.

Columelle

La caudectomie est donc connue depuis la plus haute Antiquité. Pour répandue qu'elle fût, et soit encore, cette pratique – d'une efficacité thérapeutique nulle en ce qui concerne la rage – n'est pas forcément défendable, surtout lorsqu'on utilise la méthode préconisée par Columelle. Si vous essayez, si vous n'y laissez pas toutes vos canines (sans parler de vos mollets…), et si votre chien survit et n'attrape pas la rage, vous pourrez sacrifier un coq à Esculape ! Et pourtant « un grand nombre de pâtres », et bien d'autres, perpétuent encore, ici ou là, ces pratiques effrayantes…

CHIENS ÉQUEUTÉS EXEMPTS DE RAGE !

On coupera la queue des petits chiens quarante jours après leur naissance, de la manière suivante. On prend avec les dents le nerf qui traverse les jointures de l'épine du dos et qui s'étend jusqu'à l'extrémité de la queue ; et après l'avoir un peu tiré à soi, on le rompt : moyennant cette opération, la queue ne prend jamais une extension désagréable, et même (si l'on en croit un grand nombre de pâtres) on préserve par là les chiens de la rage, qui est une maladie mortelle à cette espèce de bête.

De l'agriculture, VII, 12

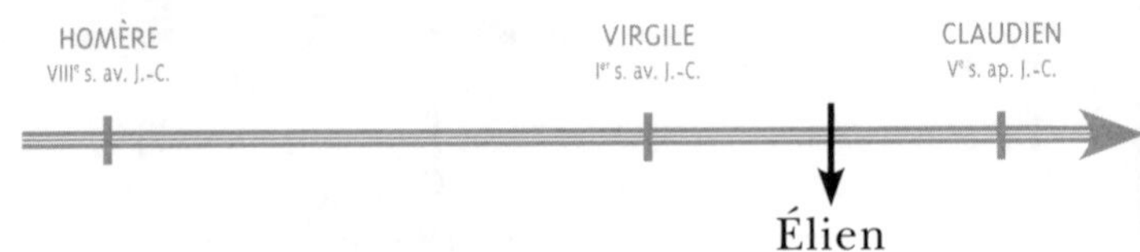

TRANSMISSION DE LA RAGE

Les animaux, qu'ils piquent ou qu'ils mordent, produisent des effets qui n'ont pas toujours la même intensité, et leur pouvoir se trouve souvent accru par quelque cause. Par exemple, si une guêpe a mangé de la vipère, sa piqûre est plus nocive ; si une mouche est entrée en contact avec une bête de ce genre, sa morsure est plus pénible et elle provoque des douleurs ; et la morsure du cobra devient même totalement incurable s'il a mangé de la grenouille. Si un chien mord alors qu'il est en bonne santé, il occasionne une blessure et provoque une vive douleur ; mais s'il a la rage, sa morsure est mortelle. Une couturière qui ravaudait un vêtement déchiré par un chien enragé, et qui avait avec sa bouche un peu mordu dans le vêtement pour le tendre, contracta la rage et mourut. La morsure d'un homme qui jeûne est nocive et difficile à guérir. On raconte que les Scythes mêlent du sérum humain qui est à la surface du sang (et qu'ils savent prélever sur eux-mêmes) à la substance toxique dont ils enduisent leurs flèches pour les empoisonner.

La Personnalité des animaux, IX, 15

Ovide

ACTÉON : CINQUANTE CHIENS CANNIBALES MALGRÉ EUX !

Que devait-il faire ? Rentrer chez lui, dans la demeure royale, ou bien se cacher dans les forêts ? La honte lui interdit le premier parti ; la crainte, le second. Tandis qu'il hésite, ses chiens l'ont aperçu ; les premiers, Mélampus et Ichnobates à l'odorat subtil l'ont signalé par leurs aboiements, Ichnobates, né à Gnose, Mélampus de la race de Sparte. Après eux en accourent d'autres, plus prompts qu'un vent impétueux, Pamphagos, Dorcée et Oribasos, tous Arcadiens, le vigoureux Nébrophonos, le farouche Théron avec Lélaps, Ptérélas, précieux pour sa vitesse et Agré pour son flair, le fougueux Hylée, blessé naguère par un sanglier, Napé issue d'un loup, Pěménis, qui suivait auparavant des troupeaux, Harpyia, qu'accompagnent ses deux petits, Ladon de Sicyone aux flancs maigres, Dromas, Canaché, Sticté, Tigris, Alcé, Leucon au poil de neige, Asbolus au poil noir, le robuste Laconien, Aello infatigable à la course, Thoüs, la rapide Lyciscé avec son frère le Chypriote ; puis marqué d'une tache blanche au milieu de son front noir, Harpalos, Mélanée, Lachné au corps hirsute, puis deux autres, nés d'un père du mont Dicté, mais d'une mère laconienne, Labros et Agriodos, Hylactor à la voix perçante, et d'autres encore qu'il serait trop long de nommer. Cette meute, avide de la curée, à travers les rochers, les escarpements, les blocs inaccessibles, sur des terrains difficiles ou sans routes, poursuit le jeune homme. Il fuit dans ces mêmes lieux où il a si souvent poursuivi le gibier ; hélas oui, il fuit ceux qui étaient à son service. Il aurait voulu leur crier : « Je suis Actéon, reconnaissez votre maître. » Les mots n'obéissent plus à sa volonté ; seuls des aboiements font retentir les airs. Mélanchétès lui donne dans le dos le premier coup de dents ; Thérodamas, le deuxième ; Orésitrophos s'accroche à son épaule ; ils étaient partis plus tard que les autres, mais par les raccourcis de la montagne ils les ont devancés. Tandis qu'ils retiennent leur maître, le reste de la meute se rassemble ; tous les crocs s'abattent à la fois sur son corps. Bientôt la place y manque pour de nouvelles blessures ; il gémit et, si sa voix n'est plus celle d'un homme, elle n'est pourtant pas celle qu'un cerf pourrait faire entendre ; il remplit de ses plaintes douloureuses les hauteurs qui lui étaient familières ; fléchissant les genoux en suppliant, dans l'attitude de la prière, il tourne de tous côtés, à défaut de bras, sa face muette, mais ses compagnons, sans le reconnaître, excitent par leurs encouragements ordinaires la meute déchaînée ; ils cherchent Actéon des yeux ; comme s'il était absent, ils crient à l'envi « Actéon ! » (celui-ci, en entendant son nom, tourne la tête), ils se plaignent de son absence et de sa lenteur à venir contempler la proie qui lui est offerte. Il voudrait bien être absent ; mais il est présent ; il voudrait bien voir, sans en être aussi victime, les sauvages exploits de ses chiens. Ils se dressent de tous côtés autour de lui, et, le museau plongé dans le corps de leur maître, caché sous la forme trompeuse d'un cerf, ils le mettent en lambeaux ; ce ne fut qu'en exhalant sa vie par mille blessures qu'il assouvit, dit-on, la colère de Diane, la déesse au carquois.

Métamorphoses, III, 204-252

HOMÈRE
VIIIe s. av. J.-C.

VIRGILE
Ier s. av. J.-C.

CLAUDIEN
Ve s. ap. J.-C.

Pausanias

UNE HYPOTHÈSE CONCERNANT LE DRAME D'ACTÉON : LA RAGE

En venant de Mégare vous remarquez une fontaine à droite, et en avançant un peu, une roche qu'on nomme la roche d'Actéon, sur laquelle, dit-on, il dormait, lorsqu'il était fatigué de la chasse ; on assure que ce fut dans la fontaine dont je viens de parler qu'il vit Artémis se baigner. Stésichore d'Himère rapporte qu'Artémis le couvrit d'une peau de cerf, et le fit tuer par ses chiens pour empêcher qu'il n'épousât Sémélé ; mais je crois que ses chiens ont bien pu être attaqués de la rage, sans que la déesse s'en soit mêlée ; une fois dans cet état, ils le déchirèrent sans le connaître, comme ils auraient déchiré toute autre personne qu'ils auraient rencontrée.

Description de la Grèce, IX, 2

IN MEMORIAM

Quant à Actéon, les Orchoméniens disent que leur pays étant tourmenté par un spectre qui se tenait vers le rocher où est maintenant sa statue, ils consultèrent l'oracle de Delphes, qui leur ordonna de chercher s'il y avait quelques restes d'Actéon, et de leur donner la sépulture ; il leur ordonna aussi de faire une figure en bronze de ce spectre, et de la lier à ce rocher avec du fer. J'ai vu moi-même cette statue d'Actéon enchaînée, et ils lui sacrifient tous les ans comme à un héros[1].

Description de la Grèce, IX, 38

1. Selon Apollodore (*Bibliothèque*, III, 4), les chiens d'Actéon, ne trouvant plus leur maître et poussant des hurlements désespérés, arrivèrent à l'antre de Chiron, qui les avait dressés. Pour faire taire leur peine, celui-ci confectionna une image d'Actéon.

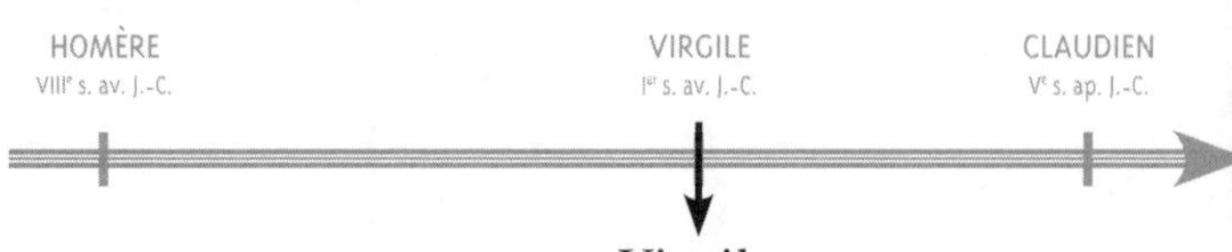

Virgile

LA MALADIE DES BREBIS

Je vais aussi t'apprendre les causes et les symptômes des maladies. La gale hideuse s'attaque aux brebis, quand une froide averse ou le rude hiver avec ses blancs frimas les ont pénétrées jusqu'au vif de la chair, ou lorsqu'après la tonte la sueur, faute d'être lavée, s'est collée à leur corps, et que les ronces épineuses l'ont écorché. Aussi les éleveurs baignent tout leur troupeau dans des rivières d'eau douce, et le bélier, plongé dans le gouffre, a sa toison toute trempée et s'abandonne au courant qui l'emporte ; ou bien, après la tonte, on leur frotte le corps avec du marc d'huile amer, auquel on mélange écume d'argent, soufre vierge, poix de l'Ida, cire visqueuse, oignon marin, ellébore fétide et bitume noir. Cependant il n'y a pas de traitement plus efficace que de débrider avec le fer les lèvres de l'ulcère ; à demeurer latent, le mal se développe et vit, tant que le berger refuse de recourir à la main du médecin pour soigner les plaies, ou que, sans bouger, il demande aux dieux que tout aille mieux. De plus, quand la douleur s'est insinuée jusqu'aux os des animaux bêlants, y fait rage et que la fièvre desséchante dévore leurs membres, il a toujours été bon d'écarter ces accès brûlants en piquant la veine tout bas, à la fourche du pied, pour en faire jaillir le sang. […] Quand tu verras de loin une brebis se retirer trop souvent sous un doux ombrage ou brouter sans entrain la pointe des herbes, et marcher la dernière à la traîne, ou s'affaisser au milieu de la plaine en paissant et attendre, pour revenir seule, la nuit avancée, tout de suite réprime avec le fer le mal initial, avant que l'affreuse contagion se glisse parmi la multitude sans défense. Moins souvent le cyclone, qui pousse la tempête, s'abat sur la mer, que les épidémies sur les bêtes ; et ce n'est pas l'une après l'autre que la maladie prend les bêtes, mais elle attaque soudain tout un parc d'été, l'espoir du troupeau et le troupeau en même temps, et toute la race, des plus vieilles aux plus jeunes.

Géorgiques, III, 440-460

LA MALADIE DES ABEILLES

Mais si leur corps (car la vie des abeilles est sujette aux mêmes accidents que la nôtre) est alangui par la triste maladie – ce que tu pourras reconnaître à des signes indubitables : malades, elles changent aussitôt de couleur ; une maigreur hirsute altère leurs traits ; puis elles transportent hors du logis les cadavres de celles qui ont été privées de la lumière et mènent le cortège funèbre ; ou bien elles restent suspendues au seuil de la ruche, enlacées par les pattes, ou bien elles s'immobilisent toutes à l'intérieur de leurs demeures closes, abattues par la faim et paralysées par l'étreinte du froid ; alors elles font entendre un bruit plus grave, un bourdonnement prolongé ; ainsi parfois le froid Auster murmure dans les forêts ; ainsi la mer démontée siffle quand les vagues refluent ; ainsi bouillonne dans les fournaises closes le feu dévorant –, alors je recommanderai de brûler dans la ruche les galbanums et d'y introduire du miel au moyen de tuyaux de roseau, en prenant ainsi les devants pour encourager et inviter les abeilles épuisées à prendre leur pâture habituelle. Il sera bon d'y joindre aussi la savoureuse galle en poudre, des roses séchées, des vins doux et par une longue cuisson, ou des raisins secs de Psithie, du thym de Cécrops, et des centaurées aux fortes odeurs. Il est aussi dans les prés une fleur, que les cultivateurs ont nommée amelle, plante facile à trouver : car d'une motte elle pousse une touffe énorme, la fleur elle-même est d'or, mais sur les pétales très nombreux de sa collerette brille la nuance foncée de la violette noire. Souvent on en tresse des guirlandes pour orner les autels des dieux ; la saveur en est âpre à la bouche ; les bergers la cueillent dans les vallées, après la fauchaison, près du cours sinueux du Mella. Fais-en cuire les racines dans un vin aromatisé, et place à la porte de la ruche cet aliment à pleines corbeilles.

Géorgiques, IV, 251-280

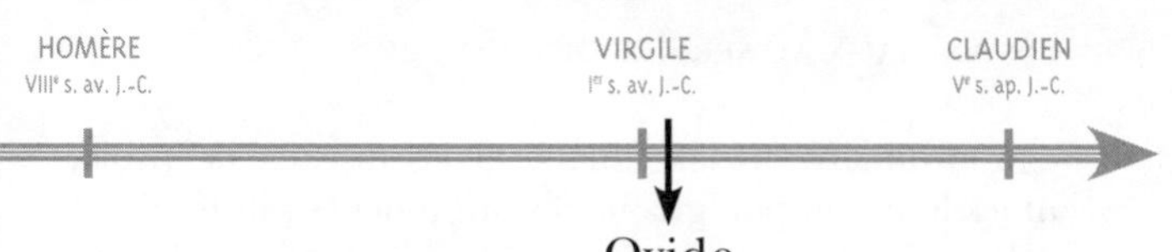

ÉGINE : LES ANIMAUX MALADES DE LA PESTE

Tant que le mal parut être de ceux qui tiennent à la nature humaine et qu'on ignora la funeste cause d'un si grand fléau, on le combattit avec les ressources de l'art médical ; mais le désastre surpassait tous les secours ; ils ne pouvaient en triompher. D'abord le ciel fit peser sur la terre un épais brouillard et des nuages où il enferma une chaleur accablante ; quatre fois la Lune, réunissant ses cornes, remplit son disque de lumière, quatre fois, décroissante, elle défit le tissu de son disque rempli et, pendant ce temps, le souffle de l'Auster ne cessa d'entretenir partout une chaleur mortelle. Il est constant que les sources et les bassins furent infestés par la contagion, que des milliers de serpents se répandirent à travers les campagnes incultes et souillèrent les cours d'eau de leur venin. Ce furent les chiens, les oiseaux, les moutons, les bœufs, les animaux sauvages qui, en succombant par monceaux, révélèrent les premiers la puissance de cette maladie subite. Le malheureux laboureur s'étonne de voir ses taureaux vigoureux s'affaisser au milieu de leur travail et se coucher dans le sillon inachevé ; les bêtes à laine poussent des bêlements de souffrance ; leur toison tombe toute seule et leur corps dépérit. Le coursier naguère ardent, illustré par ses victoires dans l'arène, devient indigne de ses palmes ; oubliant ses anciens honneurs, il gémit devant son râtelier, en attendant qu'il meure dans la torpeur. Le sanglier ne se souvient plus de ses fureurs, la biche ne se fie plus à sa vitesse, les ours ont cessé d'attaquer les grands troupeaux. Tout languit ; dans les forêts, dans les champs, sur les routes sont étendus des cadavres hideux qui infectent les airs de leur odeur. Chose extraordinaire, ni les chiens, ni les oiseaux de proie, ni les loups au poil gris ne les ont touchés ; ils tombent d'eux-mêmes en poussière, décomposés, et ils exhalent des miasmes funestes, qui portent au loin la contagion. Le fléau étend ses ravages, plus redoutables encore, aux malheureux cultivateurs et il établit son empire dans l'enceinte de cette grande ville. D'abord les entrailles sont dévorées par une flamme secrète, que révèlent la rougeur de la peau et la chaleur brûlante de l'haleine ; la langue est rugueuse et enflée ; la bouche desséchée s'ouvre aux vents attiédis et n'aspire entre les lèvres béantes qu'un air pestilentiel. Les malades ne peuvent souffrir ni couverture, ni vêtement, mais ils appliquent contre terre leur poitrine insensible et leur corps, au lieu d'être rafraîchi par le sol, communique au sol sa chaleur. Personne ne peut calmer le mal ; il se déchaîne cruellement contre les médecins eux-mêmes, devenus victimes de l'art qu'ils exercent. Plus on approche les malades, plus on met de dévouement à leur service et plus on contracte rapidement le germe fatal ; quand ils ont perdu tout espoir, quand ils voient que la mort seule peut terminer leurs souffrances, ils s'abandonnent à leurs instincts, sans aucun souci des remèdes utiles ; et en effet, d'utiles il n'y en a point ; pêle-mêle, au mépris de toute pudeur, ils se pressent contre le bord des fontaines des cours d'eau et des puits aux larges flancs ; leur soif ne s'éteint qu'avec leur vie, pendant qu'ils boivent. Un grand nombre, trop alourdis, incapables de se lever de leur place, meurent dans les eaux mêmes ; il s'en trouve pourtant d'autres pour venir y puiser encore. Certains de ces malheureux éprouvent une telle horreur, un tel dégoût pour leur couche qu'ils s'en élancent d'un bond, ou, si leurs forces ne leur permettent pas de se soutenir, se roulent sur la terre ; chacun fuit ses pénates, chacun regarde sa demeure comme un séjour funeste et, ignorant la cause du mal, en accuse l'étroitesse du lieu qu'il habite. On en voit qui errent à demi morts à travers les rues, tant qu'ils peuvent se tenir debout, d'autres qui pleurent, étendus sur la terre, et qui, par un effort suprême, tournent autour d'eux leurs yeux las ; ils tendent les bras vers les astres du ciel, vers les nuées suspendues sur leur tête ; puis les uns d'un côté, les autres d'un autre, là où la mort les a surpris, ils exhalent leur dernier souffle. Quels furent alors mes sentiments ? Que devais-je éprouver, sinon le dégoût de la vie et le désir de partager le sort de mon peuple ? Partout où je promenais mes regards, une multitude de corps jonchait le sol ; ainsi au moindre mouvement tombent des branches les fruits gâtés ; ainsi tombent les glands qu'une secousse détache du chêne. Tu vois en face de toi ce temple où l'on monte par une longue suite de degrés ; il est consacré à Jupiter ; qui de nous n'a point porté sur ses autels un encens inutile ? Que de fois l'époux, en récitant une prière pour son épouse, le père pour son fils, ont expiré au pied de ces autels inexorables ! Que de fois on a trouvé dans leur main une portion de leur encens, qu'ils n'avaient pas brûlée ! Que de fois devant le temple, tandis que le prêtre prononçait les paroles sacrées et répandait un vin pur entre les cornes des taureaux, ils se sont abattus sous un coup inattendu ! Moi-même, un jour que j'offrais un sacrifice à Jupiter pour moi, pour ma patrie et pour mes trois enfants, j'ai vu la victime, poussant de sinistres mugissements, s'affaisser soudain, sans avoir été frappée, puis, quand on lui mit le couteau sous la gorge, le teindre à peine de quelques gouttes de sang ! Ses chairs malades n'avaient plus de quoi révéler la vérité et la volonté des dieux ; l'horrible fléau pénétrait jusqu'à ses entrailles. J'ai vu des cadavres épars devant les portes du sanctuaire ; au pied même des autels il y eut des malheureux qui, pour rendre leur trépas plus révoltant encore, s'étranglèrent avec un lacet, qui par la mort s'affranchirent de la peur de mourir et d'eux-mêmes appelèrent l'instant fatal qui approchait. On n'emporte plus les cadavres, comme le voudrait la coutume, au milieu d'un cortège funèbre ; car les portes de la ville ne seraient plus assez larges pour leurs cortèges ; ils gisent sans sépulture sur la terre ou bien on les jette sur d'immenses bûchers sans les honorer d'aucune offrande ; on ne connaît plus le respect ; on se bat pour un bûcher et on brûle les morts sur des feux destinés à d'autres, il n'y a plus personne pour les pleurer ; aucun tribut de larmes n'accompagne les âmes errantes, enfants, pères, jeunes gens et vieillards ; la terre ne suffit plus aux tombeaux, ni les arbres aux bûchers.

Métamorphoses, VII, 523-613

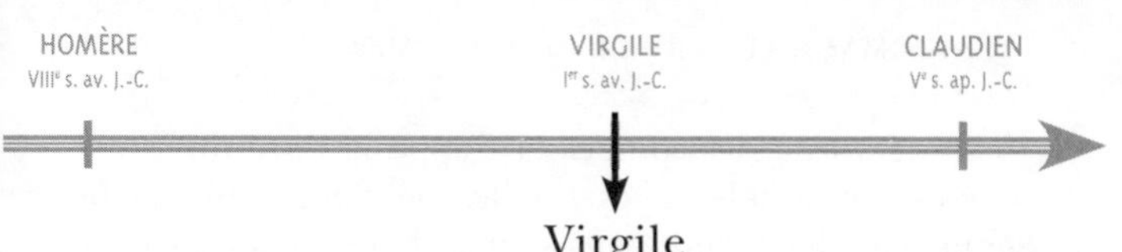

Virgile

L'ÉPIZOOTIE DU NORIQUE

Pour en juger, on n'a qu'à visiter les Alpes aériennes, les chalets installés sur les hauteurs du Norique et les campagnes d'Iapydie arrosées par le Timave : aujourd'hui encore, après tant d'années, les royaumes des pâtres y sont déserts, et les halliers vides de tous côtés. Là jadis une corruption de l'air donna naissance à un déplorable état de l'atmosphère, qui s'embrasa de tous les feux de l'automne, livra au trépas toute la race des bêtes domestiques ou sauvages, corrompit les lacs et empoisonna les pâturages. La mort ne venait pas par un seul chemin ; mais quand une fièvre assoiffante, répandue dans toutes les veines, avait réduit les membres à une pitoyable maigreur, on voyait au contraire ruisseler un pus abondant qui dissolvait tous les os, peu à peu minés par le mal.

Souvent, au milieu d'un sacrifice aux dieux, la victime, qui se tenait debout près de l'autel, au moment où le bandeau de laine était attaché autour de sa tête par le ruban d'un blanc neigeux, s'abattit moribonde au milieu des sacrificateurs devancés. Ou bien celle que le fer du prêtre avait déjà immolée livre des entrailles qui, placées sur l'autel, refusent de brûler, et le devin consulté ne peut rendre de réponse ; c'est à peine si les couteaux enfoncés dans sa gorge se teignent de sang et si la surface du sable se noircit d'un peu de sanie. Dans les herbages gras les veaux meurent en masse et rendent leurs douces âmes devant les crèches pleines. Ailleurs les chiens caressants sont atteints de la rage, une toux haletante secoue les porcs malades et les suffoque en tuméfiant leur gorge. Indifférent à ce qui le passionnait et oubliant l'herbage, s'affaisse le coursier victorieux :

il se détourne des sources et frappe la terre du sabot, à coups redoublés ; ses oreilles pendent ; une sueur équivoque les mouille, mais, quand la mort est proche, elle devient froide ; sa peau est sèche et, durcie, elle est rêche au toucher, quand on la palpe. Tels sont, dès les premiers jours, les signes précurseurs d'une issue fatale. Mais quand le mal en progressant a commencé à empirer, alors vraiment les yeux sont enflammés, la respiration tirée du fond de la poitrine, parfois alourdie d'un gémissement, et le bas des flancs se tend dans un long hoquet ; un sang noirâtre coule des naseaux, et la langue rugueuse presse sur la gorge qu'elle obstrue.

On soulagea les mourants en leur ingurgitant avec un entonnoir de corne le jus du pressoir (c'était, croyait-on, le seul moyen de les sauver) ; mais bientôt ce remède même faisait leur perte : ranimés, ils brûlaient d'ardeurs forcenées et à l'approche des affres de la mort (dieux, traitez mieux vos fidèles et réservez cet égarement à leurs ennemis !), ils déchiraient eux-mêmes à belles dents leurs membres et les mettaient en lambeaux. Mais voici que, fumant sous la pesante charrue, le taureau s'effondre et vomit un sang mêlé d'écume, et pousse les gémissements de l'agonie. Triste, le laboureur s'en va dételer le jeune taureau affligé de la mort de son frère, et laisse sa charrue enfoncée au milieu du sillon. [...] Que leur sert d'avoir peiné et rendu des services ? Que leur sert d'avoir retourné avec le soc la terre pesante ? Pourtant ce n'est pas le Massique, présent de Bacchus, ni l'abondance des mets qui ont causé leur perte : ils ont pour seule nourriture des feuilles et des herbes ; pour boisson, des sources limpides ou des eaux courantes, et le souci n'interrompt pas chez eux le sommeil salutaire. Ce fut alors, dit-on, que dans ces contrées on chercha en vain des génisses pour le culte de Junon, et que des buffles disparates conduisirent à ses hauts sanctuaires les chars porteurs d'offrandes. Voilà pourquoi les gens fendent péniblement la terre à la houe, enfouissent les semences avec leurs ongles, et sur le sommet des montagnes traînent, le cou tendu, les chariots grinçants. Le loup ne cherche plus où s'embusquer autour des bergeries et ne rôde plus la nuit près des troupeaux ; un souci plus pressant le mate ; les daims craintifs et les cerfs fuyards errent maintenant, mêlés aux chiens, autour des habitations. Et puis les enfants de la mer immense et toute la race des êtres qui nagent sont rejetés par le flot sur le bord du rivage, comme des corps naufragés ; les phoques fuient dépaysés dans les fleuves. Meurt aussi la vipère, que défendent en vain ses retraites sinueuses ; meurent les hydres, dont l'épouvante fait se dresser les écailles. Aux oiseaux eux-mêmes l'air est nuisible ; ils tombent, laissant leur vie sous les hauteurs de la nue. En outre changer de pâturages, à quoi bon ? Chercher des remèdes ? Ils sont nuisibles ; les maîtres de l'art y ont renoncé, Chiron fils de Philyra et Mélampe fils d'Amythaon. Échappée des ténèbres du Styx, la pâle Tisiphone vient à la lumière, se déchaîne ; elle pousse devant elle les Maladies et la Peur, levant de jour en jour plus haut sa tête avide. Les bêlements des moutons et les mugissements répétés font retentir les fleuves, leurs rives desséchées et le penchant des collines. Déjà la Furie abat les animaux par bandes et amoncelle jusque dans les étables les cadavres décomposés par une hideuse pourriture, jusqu'au moment où l'on apprend à les couvrir de terre et à les enfouir dans des fosses. Car leurs peaux n'étaient d'aucun usage et leurs chairs ne peuvent être ni purifiées par l'eau ni vaincues par la flamme ; on ne peut même pas tondre leurs toisons rongées par la maladie et par la saleté, ni en faire un tissu sans qu'au toucher elles tombent en poussière ; bien plus, essayait-on de porter ces vêtements maudits, des pustules brûlantes et une sueur immonde apparaissaient alors sur les membres infects et, sans qu'on attendît longtemps, le « feu sacré » dévorait tout le corps gangrené.

Géorgiques, III, 474-566

L'ART VÉTÉRINAIRE

À Rome, pas plus qu'en Grèce, l'art vétérinaire proprement dit n'existe pas comme tel. Pour autant qu'il existe, il se définit, à Rome, comme un aspect technique de l'élevage. Il se limite à une prévention, non spécifique, des maladies et à quelques préceptes d'hygiène hérités de l'expérience : veiller à l'entretien et à la propreté du logement des bêtes, à éviter le froid et l'humidité, à isoler les bêtes malades et à limiter la taille des troupeaux pour écarter les épidémies.

La maladie de l'animal est donc l'affaire des agriculteurs, qui se transmettent des remèdes empiriques.

Affaire grave car des richesses considérables sont en jeu. En revanche, on croit volontiers que les animaux savent se soigner eux-mêmes : de nombreux exemples d'automédication circulent et peuvent inspirer diverses pratiques.

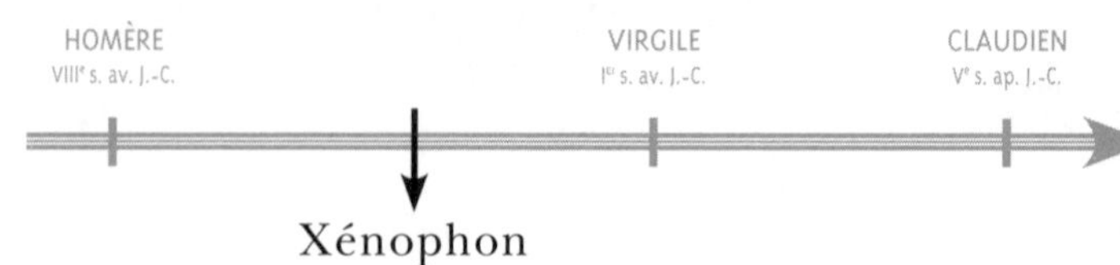

Xénophon

UN CHEVAL MAL EN POINT

Et ce n'est pas seulement pour empêcher les vols de nourriture qu'il est bon d'avoir une stalle en sûreté, mais parce qu'on voit aussi quand le cheval n'éparpille pas sa nourriture. Si l'on constate qu'il le fait, on saura que le corps, par suite de congestion, réclame des soins, ou du repos par suite de surmenage, ou qu'il couve une fourbure ou quelque autre indisposition. Exactement comme chez l'homme, tout mal est, chez le cheval, plus aisé à combattre à sa naissance que lorsqu'il s'est endurci faute d'avoir été correctement traité.

De l'art équestre, IV, 2

HOMÈRE VIIIe s. av. J.-C. — VIRGILE Ier s. av. J.-C. — CLAUDIEN Ve s. ap. J.-C.

Végèce

C'est vers la fin de l'Antiquité qu'apparaît une médecine dédiée aux chevaux et aux bœufs, sous une forme plus ou moins codifiée, mettant en œuvre des pratiques relativement systématiques, inspirées de la médecine méthodiste pour les humains (qui distingue classiquement le nom des maladies, les symptômes, la localisation du mal et le traitement), avec Végèce et après Chiron, – l'un des premiers vétérinaires dont l'histoire fasse mention, dont nous ne savons pas grand-chose (voir page 207). Hippiatrie et mulomedicina *tirent leur origine de la guerre plutôt que de l'élevage. Leur grande affaire est surtout de porter remède aux « boiteries » ou défauts d'aplomb des chevaux, selon une approche principalement anatomique. Vu l'absence d'étriers, inconnus dans l'Antiquité, l'aplomb du cheval est vital pour le cavalier, dans les combats.*

SOINS À DONNER AU CHEVAL MALADE

Dès qu'un animal commence à être incommodé, il paraît plus triste ou plus paresseux que de coutume, il ne dort pas et ne se roule pas à terre à son ordinaire, il ne se couche pas pour prendre son repos, il ne consomme pas en entier la nourriture qui lui est présentée et, ou il boit avec excès, ou il est absolument dégoûté de boire ; ses yeux deviennent hébétés, ses oreilles flasques, son regard s'anime, son poil se hérisse, ses flancs se ravalent et l'épine de son dos devient plus raide, sa respiration est plus fréquente ou plus dure, sa bouche est rude et plus chaude qu'à l'ordinaire, il tousse tantôt légèrement, tantôt plus fort, son allure même, chose à laquelle on connaît le mieux son état, est lente et vacillante. Lorsque l'un de ces symptômes ou plusieurs réunis ensemble paraîtront dans un animal, on le séparera à l'instant des autres, afin qu'il ne communique pas la contagion à ceux qui seront auprès de lui et qu'il soit plus facile de connaître la cause de sa maladie, quand il sera isolé. Si, après avoir été bien soignée, cette incommodité le quitte au bout d'un, de deux ou de trois jours et qu'il ne lui reste dans le corps aucun signe qui paraisse équivoque, c'est une preuve que cette incommodité n'aura été occasionnée que par des causes légères et qu'il faut le rendre à ses anciennes habitudes, sans perdre de vue l'examen qu'il faudra continuer d'en faire, parce que, dès qu'un animal a commencé une fois à être suspect, il faut l'examiner souvent et avec plus de précaution qu'un autre.

Art vétérinaire, I, 1

POTION DE CHEVAL

Quand la chaleur a été excessive, voici une potion qu'il sera bon de donner aux animaux, parce qu'elle les humectera et qu'elle les rafraîchira : on fait infuser dans du vin vieux une uncia de safran et trois de gomme adragante dans de l'eau chaude. On ajoute à ces drogues une petite botte de poireau vert avec une petite botte d'ache de marais verre, une *hemina* de jus de pourpier, trois *sextarii* de lait de chèvre, sept œufs, une livre d'huile de raies, trois *unciae* de miel, un *sextarius* de vin fait avec du raisin séché au soleil et une quantité suffisante de vin vieux : on mêle le tout exactement ensemble et on le bat pour en donner aux animaux à la corne, la valeur d'un *sextarius* par jour, pendant trois jours. Voici encore une autre potion rafraîchissante : on mêle bien ensemble et on partage en trois portions un *sextarius* de vin vieux, une livre et demie d'huile, trois œufs, un cyathus tant de coriandre que de laitues, pour donner pendant trois jours, aux animaux qui seront trop échauffés, ce médicament qui leur sera très salutaire. Cependant, au moment qu'on donnera cette potion à un animal, il faudra y ajouter une *hemina* d'eau fraîche et puisée nouvellement.

Art vétérinaire, I, 57

BOITERIES

La maladie de la goutte se reconnaît à ces symptômes-ci. L'animal boite alternativement tantôt des pieds de devant, tantôt de ceux de derrière et on lui voit une espèce de tumeur dans les articulations, autour de la couronne ou du moins dans les genoux, parce que ses nerfs, ainsi que ses veines, sont remplis d'un sang qui est corrompu par le virus de cette maladie funeste qui l'affaiblit. On commencera par lui tirer du sang de la tête, c'est-à-dire, de la veine-mère, et après avoir mêlé ce sang avec du vinaigre très mordant, on l'étendra sur tout son corps en prenant le soin d'en frotter plus particulièrement les parties affligées, parce que l'on imagine que le sang appliqué avec du vinaigre sur le corps même dont il est sorti dessèche tout vice morbifique. Si la maladie se déclare dans les genoux ou dans les articulations, on tirera du sang de ces parties, après quoi on mêlera avec ce sang de l'argile de Cimolus, c'est-à-dire, de l'argile blanche, avec une livre de cuivre brûlé, trois *sextarii* de vinaigre, une livre tant de cumin broyé, que de colofone et de poix liquide, une poignée de sel commun et telle quantité que l'on jugera suffisante de fiente de bœuf nouvelle, et on en frottera souvent avec soin toutes les parties sur lesquelles il paraîtra quelque tumeur. On tirera particulièrement du sang du palais, afin que la contagion de la maladie ne gagne point la tête. Il faut aussi en tirer des épaules, si l'animal paraît boiter des pieds de devant, au moins faut-il en tirer de la cuisse dès qu'il commencera à boiter de ceux de derrière. On lui donnera aussi une potion composée de centaurée, d'absinthe, de fenouil de porc, de serpolet, de gomme séraphique, de bétoine, de saxifrage et d'aristoloche ronde, le tout bien broyé et criblé par poids égal. Cette potion est reconnue pour être excellente contre toutes sortes de maladies. S'il a la fièvre, on la lui donnera avec de l'eau, au lieu que s'il ne l'a pas, on la lui fera prendre avec d'excellent vin, c'est-à-dire, qu'on lui versera par jour dans le gosier la valeur d'un grand *cocleare* bien plein de ce médicament bouilli, après l'avoir mêlé dans un *sextarius* de vin ou d'eau chaude, afin que l'amertume de toutes ces herbes se réunifiant pour combattre celle de la maladie, elle puisse venir à bout de la dissiper.

Art vétérinaire, I, 13

FRACTURES

L'impulsion des essieux ou des roues dans le cirque ou dans d'autres endroits brise de différentes manières les jambes des animaux, ou leurs cuisses, ou leurs articulations : sachez qu'en ce cas, lorsque la fracture de l'os est sortie hors de la peau, c'est-à-dire, lorsqu'il y a une exérèse, la cure en est difficile et presque impossible. On ne désespère pas moins de les guérir, lorsqu'ils se sont rompu la cuisse ou les extrémités des membres, ou le dessus de la jointure de la jambe et cet accident est incurable, parce qu'on ne peut pas alors se servir de ligatures. Mais si la fracture est sans plaie dans une partie du corps qui puisse être liée, voici comme on la pansera : on commencera par remettre la fracture et on attachera la partie affligée avec des bandes propres de linge déchiré, qui seront imbibées de vin et d'huile et que l'on enveloppera de laine pour les préserver d'accidents, en les entourant d'éclisses ; mais on aura soin de tenir l'animal comme suspendu à un joug, ou à des échelles, afin qu'il ne marche point avec sa fracture au risque de souffrir, puis on humectera les bandes tous les jours matin et soir, le troisième jour on les détachera et après avoir achevé le pansement, on les rattachera. On répétera la même opération tous les cinq, sept ou neuf jours, jusqu'à ce que l'animal soit en état de porter son corps. Après quoi on mettra sur la fracture de la mousse, du poivre sauvage ou de la racine de saule avec cinq œufs crus, sans cependant la soutenir avec des éclisses comme on avait fait auparavant, mais en se contentant de l'entourer de férule. Le troisième jour on détachera cette férule, on la fomentera et on l'oindra avec de la résine et du vieux oing : quand la cure sera avancée, on y appliquera un malagme ou un caustique, mais on ne laissera à l'animal la liberté de se tenir sur ses jambes qu'au bout de quarante jours. C'est le temps nécessaire pour consolider les membres disloqués ou cassés.

Art vétérinaire, II, 47

MÉDECINES ANIMALES

De même que les cas d'automédication sont pris au sérieux, on admet volontiers que les animaux – sans doute dépositaires d'un certain nombre de secrets de la nature – par leur exemple, ou par des extraits de telle ou telle de leur partie, nous indiquent ou nous procurent des substances susceptibles d'agir sur diverses affections. Certaines de ces substances, comme la corne de cerf, demeureront dans la pharmacopée du Moyen Âge et bien après.

De même certains animaux, du fait d'une ambivalence bien connue des venins et des poisons, passent pour avoir le pouvoir de guérir, comme les serpents. Pareillement une sorte de puce, répandue en Libye – le psylle – est créditée du pouvoir de guérir des morsures de serpents. Lucain expose la façon de faire de cet animal à la fin du livre IX de *La Pharsale*, et Suétone y fait allusion dans la *Vie d'Auguste* (ce dernier en aurait fait venir pour soigner Cléopâtre, supposément mordue par un aspic – voir plus haut).

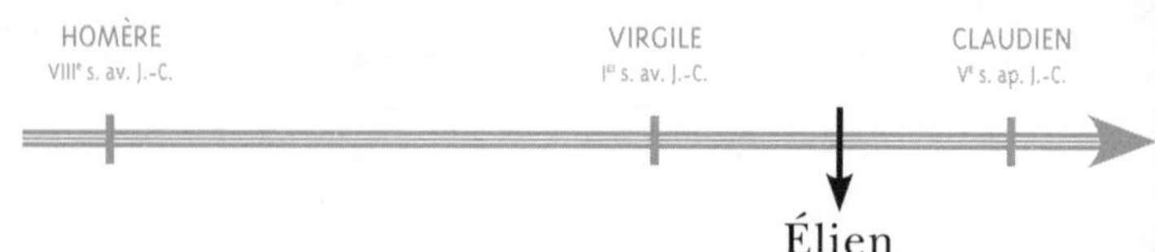

EXEMPLES D'AUTOMÉDICATION

Apparemment la chèvre sait parfaitement guérir l'opacification des yeux que les fils des Asclépiades nomment la cataracte, et l'on raconte même que c'est d'elle que les hommes ont appris la manière de la soigner. La méthode est la suivante : lorsqu'une chèvre s'aperçoit que son œil est devenu trouble, elle s'approche d'une ronce et applique son œil sur une épine. Celle-ci le pique et le pus s'écoule tandis que la pupille reste intacte, et l'animal voit de nouveau sans nécessiter le moins du monde la science et la chirurgie humaines.

La Personnalité des animaux, VII, 14

Le chien connaît une herbe qui pousse dans les murets et qui, une fois mangée, lui fait vomir tout ce qui l'incommode, en même temps que du flegme et de la bile, provoque en lui d'abondantes évacuations d'excréments et le tire d'affaire, sans qu'il ait le moins du monde recours à une assistance médicale. Il rend une grande quantité de bile noire qui, lorsqu'elle reste [à l'intérieur], engendre chez les chiens une terrible maladie : la rage. Quand ils sont infestés de vers, Aristote dit qu'ils mangent la barbe des épis de blé. Quand ils sont blessés, ils trouvent le remède dans leur langue avec laquelle ils se pourlèchent la partie blessée et lui redonnent la santé, en se moquant éperdument des bandages, des compresses et des préparations pharmaceutiques. Une chose encore qui n'a pas échappé à l'attention du chien, c'est que si le fruit du frêne fait grossir les cochons il lui procure, à lui, une douleur au bassin. Et il peut bien voir la truie se gorger du fruit en question, il garde une parfaite maîtrise de lui-même et le lui abandonne, quelle qu'en soit sa saveur apparente. Les hommes, en revanche, cèdent souvent sans aucun contrôle à ceux qui les poussent à manger contre leur volonté.

La Personnalité des animaux, VIII, 9

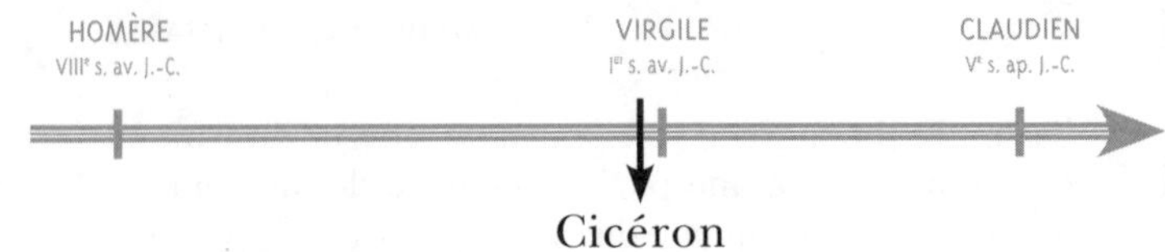

Cicéron

PURGES ET ANTIDOTES

Voici encore des faits étonnants, des découvertes faites naguère, c'est-à-dire il y a quelques siècles, par la science des médecins : les chiens se soignent en se faisant vomir, les ibis d'Égypte se donnent des clystères. On raconte que les panthères qu'on capture dans les pays barbares avec de la viande empoisonnée ont un remède, dont l'usage les empêche de mourir ; et aussi que les chèvres sauvages, en Crète, quand elles sont transpercées par des flèches empoisonnées, cherchent une herbe que nous appelons dictame ; quand elles en ont mangé, les flèches, dit-on, leur tombent du corps. Les biches, peu avant de mettre bas, se purgent avec une herbe appelée sésélis.

La Nature des dieux, II, 50

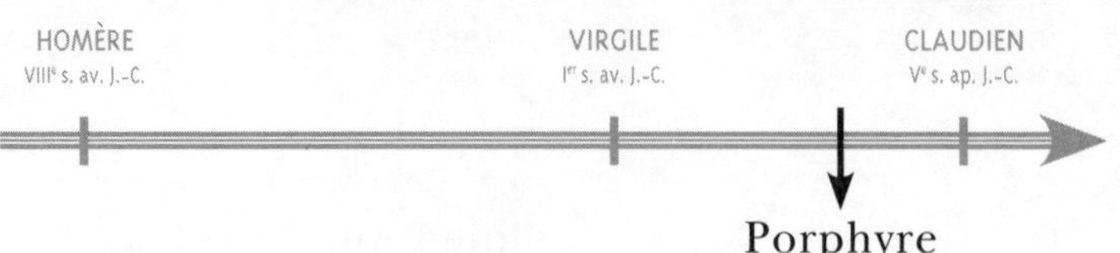

REMÈDES TIRÉS DES ANIMAUX

Quelle gêne pour la thérapeutique si les malades veulent s'abstenir des animaux ! Ne voit-on pas que ceux dont la vue faiblit conservent la vision en absorbant de la viande de vipère ? Un serviteur du médecin Cratéros était tombé victime d'une maladie inconnue : ses chairs se détachaient des os, et les médicaments s'étaient montrés complètement inefficaces. Mais on lui prépara une vipère à la façon d'un poisson, on la lui fit absorber, et il fut guéri ; ses chairs se recollèrent. Beaucoup d'autres animaux apportent la guérison si on les mange, et c'est vrai aussi de chacune des parties de leurs corps. Voilà ce dont on se prive si on renonce à faire usage des êtres animés.

De l'abstinence, I, 17

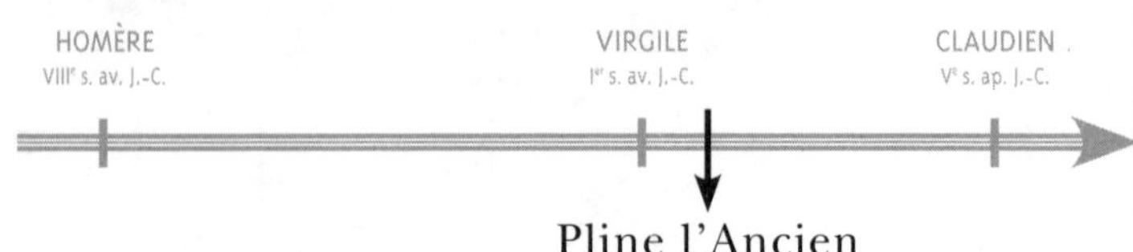

Pline l'Ancien

LA CORNE DE CERF

La cendre de corne de cerf, soit en friction soit en collutoire, consolide les dents ébranlées et en calme les douleurs. Certains estiment que, pour les mêmes usages, la poudre de corne de cerf non brûlée est plus efficace ; les dentifrices se font de l'une et de l'autre façon. La cendre de la tête du loup est aussi un puissant remède pour les dents.

Histoire naturelle, XXVIII, 49

HOMÈRE
VIIIe s. av. J.-C.

VIRGILE
Ier s. av. J.-C.

CLAUDIEN
Ve s. ap. J.-C.

Ovide

Au-delà de tous les remèdes et onguents confectionnés à partir de telle ou telle partie de tel ou tel animal, il ne faut pas oublier qu'à la base même de la médecine humaine, dont le dieu tutélaire est un fils d'Apollon, Asclépios – l'Esculape des Romains –, se trouve un animal, le serpent, attribut de ce dieu.

*La légende nous est connue évidemment par Ovide (*Métamorphoses*, II, 535), mais aussi par Apollodore (*Bibliothèque*, III, 10), par Hygin (*Fables*, 202) et par Pausanias (*Description de la Grèce*, II, 26). Selon cette légende, Asclépios, voyant un serpent venir vers lui, le menaça de son bâton. Il frappa le sol et tua l'animal qui s'était enroulé autour dudit bâton. Mais un second serpent apparut tenant dans sa bouche une herbe avec laquelle il fit revenir à la vie le premier serpent. Asclépios aurait ainsi découvert la vertu médicinale des plantes.*

Animal chthonien, le serpent, qui se glisse et s'enfonce dans les fissures de la terre, passe pour en connaître tous les secrets. Il est même initié aux mystères de l'au-delà et peut faire revenir les morts à la vie.

Le bâton est le symbole du voyageur, car le médecin se déplace. Ces éléments apparaissent bien dans le texte d'Ovide qui suit : l'intervention du dieu guérisseur appelle un voyage pour lequel il doit prendre la forme d'un serpent.

*Pausanias rappelle (*Description de la Grèce*, II, 28) que « tous les serpents, et en particulier ceux qui sont de couleur roussâtre, sont consacrés à Esculape, et ne font jamais de mal aux hommes ».*

LE DIVIN SERPENT : ESCULAPE

Dites-moi maintenant, Muses, divinités tutélaires des poètes (car vous le savez bien et le passé lointain n'a pas pour vous de secrets), comment le fils de Coronis fut reçu dans l'île que le Tibre entoure de ses eaux profondes et mis au nombre des dieux de Rome.

Jadis une horrible contagion avait infecté l'air du Latium et les corps exsangues, décolorés par la maladie, offraient un aspect hideux. Lorsque, découragés par le nombre des funérailles, les Romains voient que les efforts des hommes et l'art des médecins sont impuissants, ils implorent l'assistance du ciel ; ils envoient consulter à Delphes, centre du monde, l'oracle de Phébus ; ils supplient le dieu de les secourir dans leur détresse par une réponse salutaire et de mettre fin aux maux d'une si grande ville. Le temple, le laurier et le carquois que porte le dieu lui-même, tout tremble à la fois ; le trépied fait entendre du fond du sanctuaire ces paroles qui frappent les esprits saisis de crainte : « Ce que tu viens chercher ici, Romain, tu aurais dû l'aller chercher dans un lieu plus rapproché, maintenant va le chercher dans un lieu plus rapproché. Pour diminuer le nombre de vos deuils vous avez besoin, non pas d'Apollon, mais du fils d'Apollon. Partez sous d'heureux auspices et faites venir chez vous celui que j'ai engendré. » Lorsque la sage assemblée du Sénat a été informée des ordres du dieu, elle cherche quelle est la ville qu'habite le jeune fils de Phébus et elle envoie des députés que les vents conduiront aux rivages d'Épidaure. À peine y ont-ils abordé avec leur navire aux flancs courbés qu'ils se présentent devant le conseil des Anciens de la ville grecque, ils le prient de leur donner le dieu dont la présence doit mettre un terme aux pertes de la nation ansonienne, comme l'a déclaré un oracle certain.

[...]

On discute et les avis sont partagés ; les uns estiment qu'on ne peut pas refuser le secours ; beaucoup d'autres conseillent de résister, de ne pas se priver, en livrant le dieu, de sa présence tutélaire. Pendant qu'ils hésitent, le crépuscule a chassé la lumière du soir et la nuit a enveloppé la Terre de ses ténèbres, lorsque tu vois en songe, ô Romain, le dieu secourable se dresser devant ton lit, mais tel qu'il est toujours dans son temple ; sa main gauche tenait un bâton rustique, sa main droite caressait sa longue barbe. D'une voix calme il prononce alors ces paroles : « Ne crains rien ; je viendrai, et je quitterai mon image. Regarde seulement ce serpent qui entoure mon bâton de ses nœuds ; considère-le avec attention pour pouvoir le reconnaître. Je prendrai sa forme, mais je serai plus grand ; tu me verras cette haute taille qui convient aux corps divins, quand ils se métamorphosent. » Aussitôt la voix se tait, le dieu disparaît, en même temps s'évanouit le sommeil et le jour bienfaisant se montre dès que le sommeil s'est enfui. L'aurore nouvelle avait chassé les feux des astres ; ne sachant à quoi se résoudre, les chefs de la Cité se rendent dans le temple magnifique du dieu qu'on leur demande ; ils le prient d'indiquer par des signes divins dans quel séjour il veut lui-même résider. Ils avaient à peine fini de parler que le dieu, sous la forme d'un serpent doré, portant une haute crête, s'annonce par un sifflement ; à son arrivée, la statue, l'autel, la porte, le pavé de marbre, le faîte revêtu d'or, tout est ébranlé ; il se dresse jusqu'à la poitrine au milieu de l'édifice et promène autour de lui des regards étincelants. La foule est saisie de frayeur ; le prêtre, dont la vénérable chevelure est ceinte d'une bandelette blanche, a reconnu la divinité ; il s'écrie : « Voici le dieu ! Voici le dieu ! Que vos pensées, que vos langues me secondent, ô vous tous qui êtes ici présents. Puisse ton apparition, ô dieu tout-puissant, être pour nous un heureux présage ! Protège des peuples qui honorent tes autels. » Tous les assistants adorent le dieu qui s'offre à leur vue ; tous répètent la prière du prêtre et les envoyés du peuple d'Énée le secondent pieusement de la pensée et de la voix. Le dieu fait un signe d'assentiment ; il agite sa crête pour donner un gage certain de sa bienveillance et sa langue vibrante pousse des sifflements répétés. Alors il glisse sur les degrés resplendissants, il tourne la tête en arrière et, avant de partir il jette un regard sur l'antique autel ; il salue sa demeure accoutumée et le temple qu'il habitait. Puis son corps immense rampe sur la terre, couverte des fleurs qu'on lui jette, il déroule ses anneaux et, traversant la ville, il se dirige vers le port, dont un môle protège les contours. Là il s'arrête ; il semble, d'un air bienveillant, congédier son cortège et la foule qui le suit pour lui faire honneur ; enfin il prend place sur le navire ansonien ; la carène a senti qu'elle portait un dieu, elle a fléchi sous son poids.

[...]

Les matelots tournent de ce côté le navire chargé de voiles (car la mer était devenue houleuse) ; alors le dieu déroule ses anneaux et son corps sinueux forme en rampant mille replis immenses ; il entre ainsi dans le temple de son père, voisin de la plage aux sables dorés. Mais, la mer s'étant apaisée, le protecteur d'Épidaure quitte les autels de son père et, après avoir été l'hôte du dieu auquel l'unissent les liens du sang, il sillonne les sables du rivage, où glissent ses écailles crépitantes ; il remonte le long du gouvernail du navire et pose sa tête sur la poupe élevée ; enfin on arrive à Castrum aux champs sacrés de Lavinium et à l'embouchure du Tibre. Là tout un peuple confondu se précipite à la rencontre du dieu ; les mères, les pères et les vierges qui veillent sur tes feux, ô troyenne Vesta ; tous le saluent par des cris d'allégresse ; partout où le navire rapide remonte le courant du fleuve, sur les autels dressés tout le long des deux rives, l'encens pétille et remplit l'air de fumées odorantes ; partout les victimes égorgées arrosent d'un sang chaud les couteaux qui les frappent. Maintenant on était entré dans la capitale du monde, dans la ville de Rome ; le serpent se dresse, il agite son cou appuyé au sommet du mât et regarde tout autour de lui quelle est la demeure qui lui convient. Là où le cours du Tibre se divise en deux parties, il est un lieu qu'on nomme l'Île ; le fleuve étend des bras égaux sur les deux flancs de ce terrain qu'il enveloppe. C'est là qu'au sortir du vaisseau latin se rend le serpent né de Phébus ; reprenant sa figure divine, il met un terme au fléau ; sa présence a sauvé la ville.

Métamorphoses, XV, 622-744

IV

L'ANIMAL DANS LA CITÉ

Nummus de Lyon,
vers 330 ap. J.-C.
La louve romaine
allaitant Remus et Romulus.

L'ANIMAL TUTÉLAIRE ET PROTECTEUR

Comme Athéna la chouette, les dieux du Panthéon grec ont presque toujours un animal emblématique qui leur est attaché. Et de même très souvent, les villes.

Ainsi, plusieurs animaux, plus ou moins légendaires, ont joué un rôle important dans l'histoire romaine, à commencer par la louve nourricière de Romulus et Remus, la louve Martia dont Properce fait « la meilleure des nourrices » (*Élégies*, IV, 1). On ne manquera pas d'évoquer, plus tard, les oies du Capitole ! ces mêmes oies qui bénéficièrent d'une adjudication publique pour leur entretien (Pline, *Histoire naturelle*, X, 22).

Si l'Antiquité grecque et romaine, à travers ses philosophes et ses juristes, exclut l'animal de l'humanité et du droit, la vie civile en revanche lui accorde une place et un rôle parfois considérables, et même une sorte de respect. Dans la Cité, il y a bel et bien des échanges entre les hommes et les animaux.

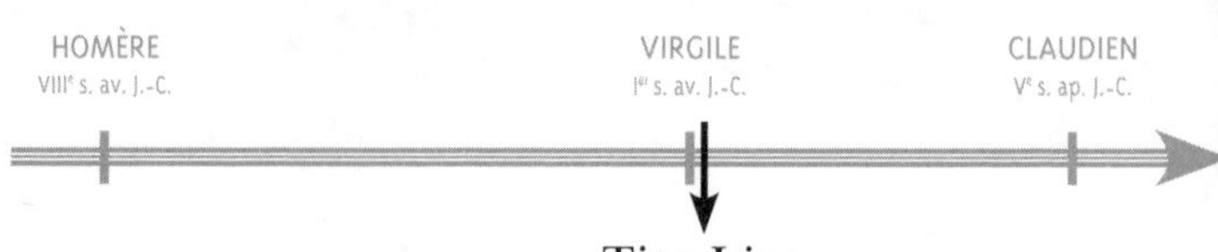

Tite-Live

UNE LOUVE, POUSSÉE PAR LA SOIF…

[Le roi Amulius] donne l'ordre d'enchaîner la prêtresse, de la mettre en prison et de jeter ses enfants dans le courant du fleuve. Par un hasard providentiel, le Tibre, débordé, s'étalait en nappes d'eau dormante ; le lit régulier du fleuve était partout inaccessible ; mais ces eaux stagnantes paraissaient cependant suffisantes aux porteurs pour noyer des nouveau-nés. Ils s'imaginent donc exécuter l'ordre du roi en déposant les enfants dans la première étendue d'eau venue, à l'endroit où se trouve aujourd'hui le figuier Ruminal, anciennement figuier *romulaire*, dit-on. Ce lieu n'était alors qu'une vaste solitude. Une tradition constante affirme que le berceau où les enfants étaient exposés commença par flotter ; puis que les eaux baissant le laissèrent à sec ; qu'une louve, poussée par la soif hors des montagnes environnantes et attirée par les cris des enfants, tourna ses pas vers eux et, se baissant, leur présenta ses mamelles avec tant de douceur qu'elle les léchait à coups de langue quand le berger du roi les découvrit. Il s'appelait Faustulus, dit-on. Il les emporta dans son étable et les fit nourrir par sa femme, Larentia. D'autres prétendent que Larentia était une prostituée, une « louve », comme disaient les bergers ; c'est ce qui aurait donné lieu à cette légende merveilleuse.

Histoire romaine, I, 4

HOMÈRE
VIIIe s. av. J.-C.

VIRGILE
Ier s. av. J.-C.

CLAUDIEN
Ve s. ap. J.-C.

Plutarque

LA LOUVE ET LE PIVERT

Il y avait près de là un figuier sauvage qu'on appelait Ruminal, soit à cause de Romulus, comme on le croit généralement, soit parce que les animaux ruminants allaient au milieu du jour s'y reposer à l'ombre, soit plutôt parce que les nouveau-nés y furent allaités, car les Anciens appelaient la mamelle *ruma*, et l'on nomme Rumina une déesse qui passe pour prendre soin de la nourriture des petits enfants et en l'honneur de qui l'on fait des libations sans vin et l'on répand du lait sur les victimes. On raconte que les enfants déposés à terre en cet endroit furent allaités par la louve et qu'un pivert venait l'aider à les nourrir et à les protéger. Ces animaux passent pour être consacrés à Mars, et le pivert est honoré et vénéré tout particulièrement par les Latins. De là surtout vient la confiance qu'inspira la mère des enfants lorsqu'elle affirma les avoir eus du dieu Mars. On dit que, si elle le pensait, c'est qu'elle avait été trompée par Amulius, qui lui était apparu en armes quand il l'avait saisie et violentée. D'autres prétendent que c'est une ambiguïté sur le nom de la nourrice qui permit à l'histoire de dégénérer en fable, car les Latins appelaient louves les femelles des loups, mais aussi les prostituées ; or, tel était le cas, disent-ils, de la femme de Faustulus qui avait recueilli les enfants pour les élever : elle se nommait Acca Larentia. Les Romains lui offrent des sacrifices ; le prêtre de Mars apporte des libations funéraires au mois d'avril et l'on donne à cette fête le nom de Larentia.

Vie de Romulus, IV

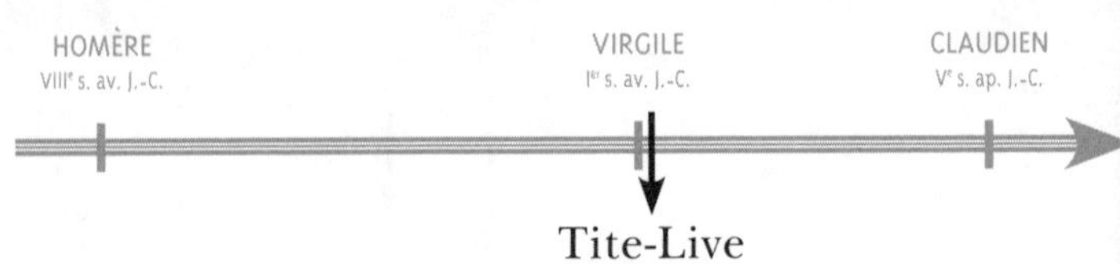

Tite-Live

LES OIES MEILLEURES QUE LES CHIENS

Les Gaulois avaient sans doute relevé des traces de pas humains à l'endroit où le messager de Véies était passé, ou peut-être avaient-ils remarqué d'eux-mêmes que vers le temple de Carmentis la roche était accessible ; par une nuit peu claire, ils commencèrent par envoyer en avant un homme sans armes pour tâter le terrain ; puis, se passant l'un à l'autre leurs armes dans les passages difficiles, se faisant la courte échelle et se poussant et se tirant à tour de rôle les uns les autres suivant la nature du terrain, ils parvinrent au sommet dans un tel silence qu'ils trompèrent les sentinelles et ne réveillèrent même pas les chiens, ces animaux si attentifs aux bruits nocturnes. Mais les oies, elles, ne se laissèrent pas surprendre : elles étaient consacrées à Junon et, malgré la rigueur de la disette, on les épargnait. C'est ce qui sauva la situation : car leurs cris, leurs battements d'ailes éveillèrent Marcus Manlius, consul deux ans auparavant et guerrier d'élite. Il s'arme en toute hâte, et, tout en criant : « Aux armes ! », il s'élance ; pendant que tout le monde s'agite, il frappe d'un coup de bouclier un Gaulois qui avait déjà pris pied sur le sommet et le renverse. Le Gaulois tombe, entraînant dans sa chute ceux qui le suivent ; d'autres prennent peur, lâchent leurs armes pour s'accrocher aux rochers avec leurs mains, et Manlius les tue. D'autres Romains aussi, maintenant rassemblés, de leurs armes et à coups de pierres, bousculent les ennemis, et leur chute, entraînant toute la troupe, la précipite dans le vide.

Histoire romaine, V, 47

Cicéron

CHIENS SOUPÇONNEUX

Une adjudication publique fournit leur nourriture aux oies du Capitole ; et des chiens sont entretenus au Capitole pour faire connaître si des voleurs s'y introduisent. Ces animaux ne peuvent discerner si ce sont des voleurs ; mais, au cas où des gens s'introduisent de nuit dans le Capitole, ils le font connaître ; et, comme la chose peut donner lieu à des soupçons, quoique ce ne soient que des animaux, s'ils se trompent, c'est plutôt dans le sens de la précaution exagérée. Que si les chiens aboient en plein jour contre ceux qui viennent saluer les dieux, on leur brisera, je pense, les jambes pour s'être montrés trop vifs à un moment où il n'y avait rien à soupçonner.

Pour Sextus Roscius d'Amérie, XX, 56

VICTIMES SACRIFICIELLES

La nature des victimes sacrificielles est en relation avec les comportements alimentaires des hommes, elle les traduit, mais elle les détermine aussi.

Depuis que sur l'autel, Iphigénie fut remplacée par une biche, marquant ainsi heureusement la fin des sacrifices humains et le passage du cannibalisme à une alimentation carnée, les animaux ont payé un lourd tribut à la religion et aux sacrifices exigés par les dieux.

En fait, comme dans la plupart des civilisations, les rites sacrificiels – traduisant en cela le problème fondamental de la nécessité (ou non) de tuer des bêtes pour vivre et s'alimenter –, en recueillant la mise à mort de l'animal dans le geste religieux de l'immolation, à la fois exemptent le manger chair de l'accusation de crime et tentent d'en dissiper l'aspect de boucherie. Mais ils instaurent aussi, à défaut de la loi et du droit de la Cité, une certaine forme de respect, religieuse sinon juridique, pour l'animal.

Les rites font cependant l'objet de discussions... Ne se pourrait-il que les dieux, finalement, soient végétariens ?

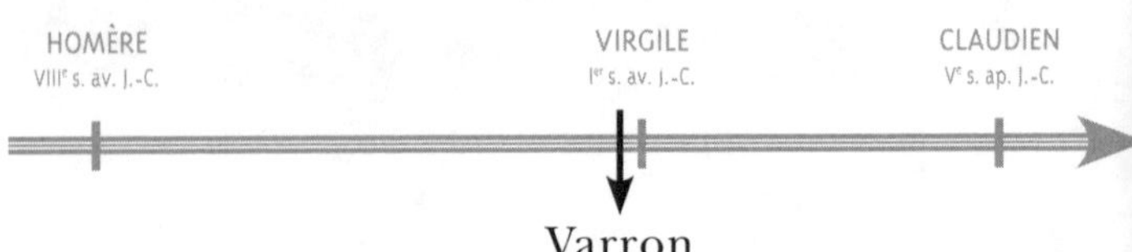

Varron

LE PORC

C'est avec le bétail porcin que la coutume du sacrifice, a semble-t-il, pris naissance et il en reste des traces dans le fait que, dans les rites d'initiation de Cérès, ce sont des porcs que l'on sacrifie et que, dans le rituel qui introduit à la paix, lorsqu'un traité est conclu, c'est un porc que l'on tue ; on en trouve des vestiges aussi dans le fait qu'au début des rites nuptiaux les anciens rois et les grands personnages d'Étrurie, pour consacrer l'union nuptiale, commencent, en tant que nouvelle épouse et nouveau mari, par sacrifier un porc. Les premiers Latins eux aussi, et même les Grecs d'Italie, semblent avoir eu la même coutume.

Économie rurale, II, 9

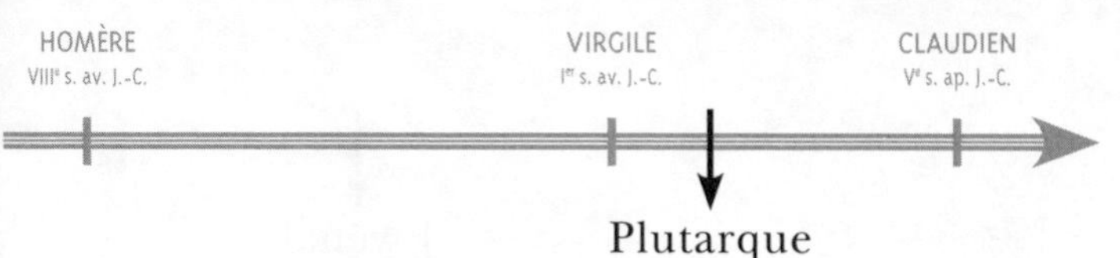

Plutarque

OFFRANDES DÉSAPPROUVÉES PAR LES DIEUX

Juba raconte que les éléphants, sans l'avoir jamais appris, connaissent l'usage de la prière aux dieux, qu'ils se purifient dans l'eau de mer et qu'ils adorent le soleil levant, dressant leur trompe vers le ciel comme on lève les mains. C'est ce qui explique la très grande faveur des dieux pour cette bête, faveur dont Ptolémée Philopator fut le témoin. Il venait de vaincre Antiochos et, voulant honorer dignement la divinité, il sacrifia en action de grâces pour sa victoire d'innombrables victimes, et notamment quatre éléphants. Mais la nuit venue il eut un songe où il vit le dieu en colère l'accabler de menaces à cause de ce sacrifice inouï. Il multiplia alors les rites expiatoires et fit dresser quatre éléphants de bronze pour remplacer les animaux mis à mort.

L'Intelligence des animaux, 17, 972b

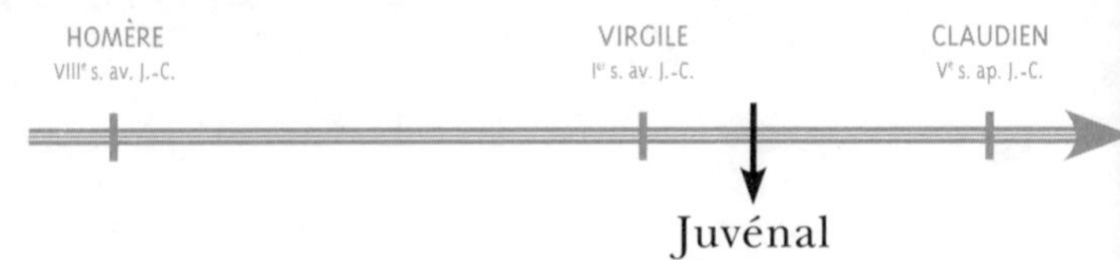

Juvénal

HÉCATOMBES

Il se trouve des gens pour promettre cent bœufs, puisqu'il n'y a pas ici d'éléphants sur le marché et qu'on ne voit point, dans le Latium, ou nulle part sous notre ciel, naître de bête aussi grosse. On est allé chercher parmi les nations couleur de jais ceux qu'on nourrit sous les arbres des Rutules et sur le territoire de Turnus.

Satires, XII, 101

HOMÈRE
VIIIe s. av. J.-C.

VIRGILE
Ier s. av. J.-C.

CLAUDIEN
Ve s. ap. J.-C.

Porphyre

DIEUX CARNIVORES

Aux dieux eux-mêmes, en fait, nous offrons des animaux en sacrifice pour remplir notre devoir de piété. D'ailleurs, parmi les dieux, Apollon est « tueur de loups », et Artémis « tueuse de fauves ». De même les demi-dieux et les héros, qui nous sont tous supérieurs par la race et par la vertu, ont approuvé la consommation des êtres animés, au point d'offrir aux dieux des sacrifices de douze et même de cent victimes. Héraclès en particulier, entre autres titres de gloire, est célébré comme mangeur de bœufs.

De l'abstinence, I, 22

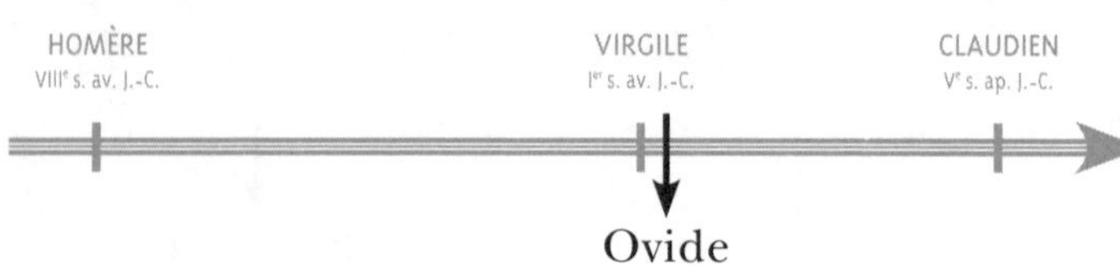

Ovide

SACRIFICES CRIMINELS

La première victime qui, paraît-il, mérita de mourir fut le porc, parce qu'il avait de son groin recourbé déterré les semences et anéanti l'espoir de l'année. Le bouc, pour avoir mordu la vigne, dit-on, fut immolé devant l'autel de Bacchus, qui voulait un châtiment ; ces deux animaux se sont perdus par leur faute. Mais quelle fut la vôtre, brebis, paisible bétail, nées pour entretenir la vie des hommes, vous qui portez du nectar dans vos mamelles pleines, vous dont la laine nous fournit de moelleux vêtements, vous qui nous êtes plus utiles vivantes que mortes ? Quel mal a fait le bœuf, cet animal sans ruse et sans malice, inoffensif, ingénu, né pour supporter les fatigues ? Oui, vraiment, c'est un ingrat, indigne des présents de la terre, celui qui peut égorger son laboureur à peine délivré du poids de la charrue recourbée, et frapper de la hache ce cou usé par le travail, après s'en être servi tant de fois pour retourner le dur terrain de son champ et pour préparer ses moissons. Et ce n'est pas encore assez de commettre un tel crime ; on l'a imputé aux dieux mêmes ; on se figure que le sang d'un taureau laborieux est agréable aux puissances célestes. Une victime sans tache, que distingue sa beauté (car avoir plu est pour elle un malheur), parée d'or et de bandelettes, est amenée devant les autels ; sans se douter de ce qui s'apprête, elle entend réciter des prières ; elle voit poser sur son front, entre ses cornes, les fruits de la terre, dont la culture est son ouvrage et, quand elle a reçu le coup fatal, elle teint de son sang le couteau qu'elle avait peut-être aperçu dans une eau limpide. Aussitôt on arrache ses viscères de son sein encore palpitant, on les examine, on y cherche la volonté des dieux. Et après (tel est l'appétit de l'homme pour les aliments défendus !) vous osez, ô mortels, en faire votre nourriture ! Arrêtez, je vous en supplie, écoutez mes avis ; quand vous donnerez en pâture à votre palais les membres des bœufs égorgés, sachez bien, comprenez, que vous mangez vos cultivateurs.

Métamorphoses, XV, 120-142

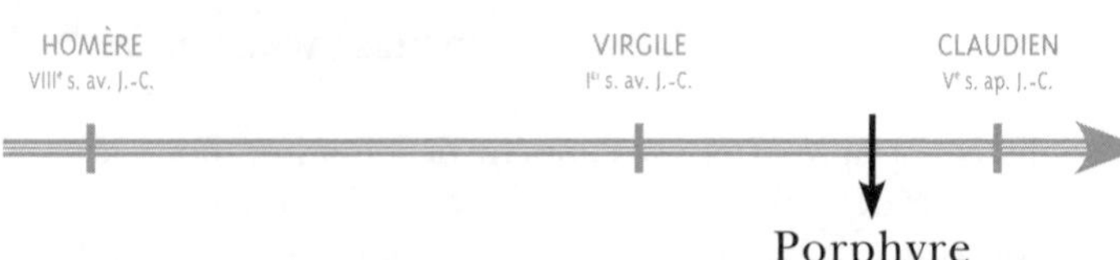

ET SI LES DIEUX PRÉFÉRAIENT LES GALETTES ?

Après leur victoire sur les Carthaginois les tyrans offrirent à Apollon des hécatombes, et à cette occasion ils rivalisèrent vivement de magnificence les uns avec les autres. Ils s'enquirent ensuite de celles qui avaient été le mieux agréées. Contre toute attente, le dieu répondit que c'étaient les morceaux de pâte de Dokimos. C'était un Delphien qui cultivait quelques maigres arpents de pierraille. Il était descendu ce jour-là de son village, et avait tiré de sa besace quelques poignées de farine pour en faire offrande, procurant ainsi au dieu plus d'agrément que ceux qui avaient fait faire des sacrifices grandioses. La chose est connue, si bien qu'un certain nombre de poètes également ont cru bon d'exprimer des opinions semblables, comme par exemple Antiphane, qui dit dans l'*Initiée* : « Les dieux aiment les présents peu coûteux, et en voici la preuve : lorsqu'on offre en sacrifice des hécatombes, à la fin, après tout le reste, on leur présente l'encens, comme si tous les frais inutiles qui l'ont précédé n'étaient qu'une vaine dépense perdue pour eux, et comme si cette petite offrande-là était justement celle qui plaît aux dieux. »

Et Ménandre écrit, dans l'*Atrabilaire* : « C'est l'encens qui est pieux, et la galette ! Cette offrande-là, le dieu la reçoit tout entière, une fois posée sur le feu. »

De l'abstinence, II, 17

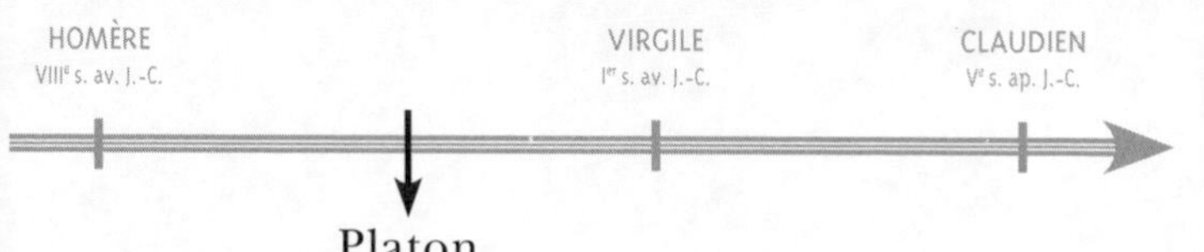

Platon

LA MORT DE SOCRATE : OFFRANDE POUR UNE GUÉRISON

Déjà donc il avait glacée presque toute la région du bas-ventre, quand il découvrit son visage, qu'il s'était couvert, et dit ces mots, les derniers qu'il prononça : « Criton, nous sommes le débiteur d'Asclépios pour un coq ; eh bien ! payez ma dette, pensez-y. – Bon ! ce sera fait, dit Criton. Mais vois si tu n'as rien d'autre à dire. »

La question de Criton resta sans réponse. Au bout d'un petit moment, il eut pourtant un sursaut. L'homme alors le découvrit : son regard était fixe. Voyant cela, Criton lui ferma la bouche et les yeux.

Phédon, 118a

AUGURES ET HARUSPICES

Les animaux sont encore très présents dans la Cité, au niveau de la vie politique, puisque c'est l'examen de leur comportement (le vol des oiseaux pour dire auspices ou augures) ou de leurs entrailles (avec les haruspices) qui détermine les décisions les plus importantes, où il y va de l'avenir de la Cité.

De ces pratiques propres à la superstition, Cicéron propose une compréhension rationnelle : les signes du destin n'ont de sens que pour celui qui se les approprie à la lumière de son devoir.

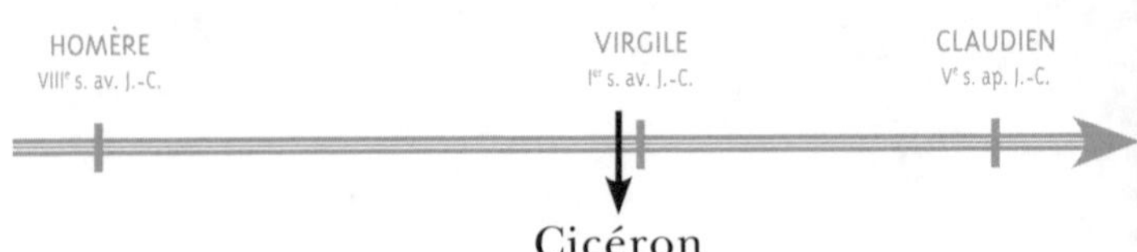

Cicéron

VOL DES OISEAUX

Mais vos auspices, quelle est leur sûreté ! Ils sont certes actuellement (dirais-je avec ta permission) ignorés des augures romains, mais ils sont conservés en Cilicie, en Pamphylie, en Pisidie, en Lycie. Pourquoi en effet mentionner notre hôte le roi Deiotarus, un homme des plus illustres et des meilleurs ? Il n'accomplit jamais aucun acte sans avoir consulté les auspices : un jour, au cours d'un voyage prévu et décidé, il revint sur ses pas après l'avertissement donné par le vol d'un aigle ; or la pièce où il aurait dû loger s'il avait continué sa route, s'écroula la nuit suivante. Je lui ai entendu dire plus d'une fois qu'il a dès lors très souvent rebroussé chemin après de nombreux jours de voyage. Il est par ailleurs tout à fait admirable en ceci que, dépouillé par César de sa tétrarchie, de son royaume et condamné à une amende, il affirme ne pas se plaindre des auspices déclarés favorables alors qu'il partait pour suivre Pompée, puisqu'il avait employé ses armes à défendre l'autorité du Sénat, la liberté du peuple romain et le prestige de l'empire ; les oiseaux, dit-il, qui l'avaient invité à servir le devoir et la loyauté, l'avaient bien conseillé, car la gloire lui était plus chère que ses possessions. Cet homme me paraît bien user de l'art augural.

De la divination, I, 15

HARUSPICINE

Peut-on se laisser convaincre que les présages donnés à ce qu'on dit par les fressures sont accessibles aux haruspices grâce à leur observation assidue ? Mais quelle a été l'assiduité de leur observation ? Pendant combien de temps a-t-elle pu s'exercer ? De quelle manière les haruspices ont-ils réuni leurs savoirs pour déterminer quelle était la « portion ennemie », et laquelle la « portion amie », quelle lésion signalait un danger, quelle autre un avantage ? Les haruspices d'Étrurie, d'Élide, d'Égypte et de Carthage ont sans doute comparé leur savoir ? Mais outre qu'elle n'a pas pu se produire, pareille hypothèse n'est même pas imaginable. Nous voyons, en effet, que la fressure est interprétée autrement par chaque groupe, et qu'il n'existe pas de doctrine commune à tous les haruspices. Et s'il réside dans la fressure un pouvoir capable de révéler l'avenir, il doit nécessairement être lié à l'ordre des choses, ou dépendre d'une manière ou d'une autre de la volonté des dieux et d'une force divine. Mais que peut avoir de commun avec l'immense et splendide ordre des choses, présent dans toutes les parties et tous les mouvements de l'univers, je ne dis pas la vésicule d'un poulet (cette fressure passe, en fait, aux yeux de certains pour donner les présages les plus perspicaces), mais le foie, le cœur ou le poumon d'un taureau magnifique : qu'ont-ils de commun avec l'ordre naturel pour pouvoir révéler l'avenir ?

De la divination, II, 12

LES POULETS DE LA BATAILLE DE DREPANUM : PUISQU'ILS NE VEULENT PAS MANGER, QU'ILS BOIVENT !

Ne serons-nous pas ébranlés par l'aveuglement de Publius Claudius, au cours de la première guerre punique ? Comme les poulets sacrés, sortis de leur cage, ne mangeaient pas, par plaisanterie et pour se moquer des dieux, il alla jusqu'à les faire jeter à l'eau pour qu'ils boivent, puisqu'ils ne voulaient pas manger. Cette dérision lui coûta bien des larmes, quand la flotte eut été vaincue, et causa une grande défaite au peuple romain.

La Nature des dieux, II, 3

EXHIBITIONS D'ANIMAUX

À Rome, le théâtre est un moment essentiel de la vie civile. Certes, on n'y représentait pas, comme à Athènes, les tragédies de Sophocle ou d'Euripide, ni même des joutes olympiques ; on y montrait des animaux, et ce avec une profusion de moyens et d'effets qui relevait du grand spectacle. Toutes sortes de bêtes se voyaient ainsi capturées au loin et transportées à Rome, par centaines ou par milliers, dans des conditions effroyables. Au mieux, on les dressait et on leur faisait faire un numéro, au pire, elles finissaient massacrées.

Une immense variété de bêtes défilaient ainsi. Et on retrouve en bonne place notre ami le singe, mais aussi l'éléphant et le cheval, à côté des grands fauves.

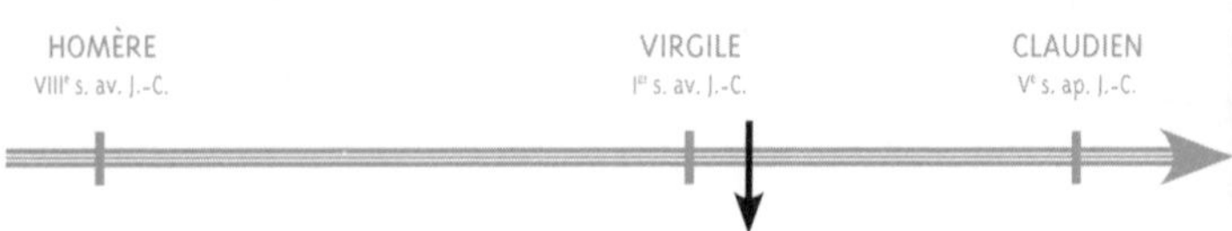

Philon d'Alexandrie

SINGES

Au théâtre, avant-hier, un singe, l'une des espèces animales les plus réfractaires à une règle, conduisait un char et donnait un véritable spectacle. Il menait un char traîné par quatre chèvres, et circulait dans l'arène comme l'aurait fait un conducteur de chars luttant pour la victoire. Il agitait les rênes, frappait du fouet, criait aux oreilles des chèvres, et donnait aux spectateurs un merveilleux divertissement.

Sur une longue corde étroite tendue au-dessus du sol, un faon peut grimper et courir comme s'il marchait confortablement sur une surface plane ou sur une route pavée. Lorsqu'il estime qu'il risque de tomber, il se rétablit en équilibre de lui-même. J'ai vu ce que je vais dire. Un faon entra en scène dansant et jouant de la balle avec ses pattes de devant. Assurément, c'était un exploit merveilleux de la part d'une créature dépourvue de mains pour saisir la balle. Mais, montant ensuite sur une plateforme circulaire, il accomplit de plus grands exploits de plus longue durée, plus merveilleux, plus étonnants. Des torches enflammées avaient été enfoncées dans des trous percés tout autour d'une roue, et celle-ci tournait de plus en plus vite. Le faon se tenait à côté de l'engin tout proche des flammes. Un singe apprivoisé vint en marchant, et inspecta la plaque circulaire dont il avait reçu la charge. Lorsque les deux animaux furent prêts pour le spectacle, le faon saisit quelques-unes des torches avec sa gueule en tournant la tête vers la droite, et en leva une pour la donner au singe apprivoisé. Celui-ci, la recevant des cornes du faon avec autant d'aisance que si ç'avait été de ses mains, la tint élevée et la balança alentour comme ferait un enfant portant une lampe. Il joua bien, et prit soin de ne pas laisser les flammes brûler au-delà de leurs limites. Ceux qui étaient réunis là étaient émerveillés, et quant à moi j'ai trouvé cet exploit étonnant. Pendant ce temps, le singe regardait son maître avec crainte, je pense, à l'idée que quelque chose aurait pu faillir, et de temps en temps il jetait un regard vers l'assistance pour voir si celle-ci prenait plaisir ou devenait turbulente. Lorsque le spectacle fut achevé et que ses craintes furent dissipées, il exulta de joie comme un gladiateur victorieux, montrant son excitation par des sauts, et ses yeux exprimaient une joie ardente. Ces gestes n'étaient rien moins que des expressions communes de bonheur. À son côté, le faon approuvait de ses cornes, qui avaient paru être des mains au singe apprivoisé.

Alexander (De animalibus), 23-24

ÉLÉPHANTS

L'espèce des éléphants, surtout la libyenne, n'est-elle pas la plus sauvage de toutes ? Et cependant, à l'époque où César Germanicus célébrait les victoires de son consulat et faisait donner des spectacles pour le divertissement du peuple en divers lieux, Baebius accomplit un exploit remarquable et totalement nouveau. Il envoya en présent un troupeau d'éléphants accoutumés à se satisfaire de nourritures et de breuvages domestiques. Pourra-t-on dire davantage des animaux de grande taille ? Dès qu'ils pénétrèrent dans le théâtre, ils s'alignèrent sur un rang, comme s'ils en avaient reçu l'ordre du silence même de l'assistance. Pour commencer, les éléphants s'agenouillèrent ensemble, baissant la tête, en geste de soumission au vainqueur. Ensuite, ils se redressèrent et élevèrent leur trompe en la balançant pour montrer qu'ils saluaient le peuple. Quand les spectateurs eurent applaudi, comme s'ils avaient reçu une double salutation, ils inclinèrent leur trompe comme on baisserait une main droite. Peu après, plusieurs d'entre eux s'assirent sur des lits de fer renforcés et éprouvés qui ne pouvaient se briser sous le poids énorme des éléphants, tandis que les autres se tenaient debout auprès d'eux comme des serviteurs et ne cessaient de leur offrir tout ce qui peut faire plaisir. Bientôt l'un des jeunes éléphants se leva comme d'une table à boire, faisant mine de tituber, et dansa accompagné de musique douce jouée par des hommes sur la trompette et la lyre. Pendant ce temps les autres balançaient leur trompe et de temps en temps envoyaient un air de trompe au danseur en guise d'applaudissement. Puis un éléphant arriva portant une lanterne. Lorsque les autres le virent, ils surent qu'il était temps de s'en aller : ils se dressèrent et commencèrent à partir. Nulle part ailleurs dans le monde, on n'aurait pu voir une telle imitation d'ivrognes titubants. Quittant la place, ils trébuchaient et marchaient sans assurance, à peine capables de se mouvoir sur leurs jambes. Comme des ivrognes ils étaient irrités et allaient de-ci de-là jusqu'au moment où ils quittèrent le théâtre.

Alexander (De animalibus), 27

CHEVAUX

Il y avait avant-hier un merveilleux spectacle qui attira la foule. C'était une course de quadriges : sur sept plus rapides plusieurs prirent du retard. Mais quant aux conducteurs, ils accompagnent leurs chevaux simplement pour aiguillonner leur esprit – comme il se doit –, et non leurs impulsions corporelles. L'un des conducteurs était si transporté par l'amour de l'honneur qu'il tomba inconscient. Privés de conducteur, les chevaux se prirent en charge eux-mêmes, et résolument continuèrent la course, s'efforçant même d'acquérir plus de vitesse. Ils montraient leur intention d'égaler le rendement exemplaire d'un conducteur. Ils ne firent pas de vains circuits, par exemple en s'écartant d'un côté ou de l'autre, mais ils continuèrent de courir vers l'avant tout en se maintenant régulièrement sur la voie. Lorsqu'ils atteignaient ceux qui luttaient avec eux dans la course, ils accéléraient et les dépassaient, réussissant là où beaucoup échouent. Déterminé à garder l'essieu près du cercle, le cheval de gauche continua à tenir la ligne fixement de peur que son partenaire et les autres n'entament un cercle plus large.

Alexander (De animalibus), 58

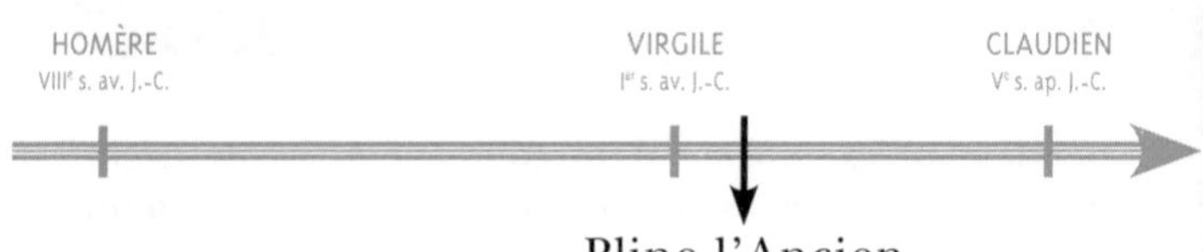

Pline l'Ancien

GRANDS FAUVES

Le premier qui ait donné à Rome un combat simultané de plusieurs lions est Scaevola, fils de Publius, pendant son édilité curule ; L. Sulla, qui fut ensuite dictateur, fut le premier à faire combattre cent lions à crinière pendant sa préture. Après lui, Pompée le Grand en fit combattre dans le cirque six cents, dont trois cent seize à crinière ; le dictateur César, quatre cents.

C'était jadis une besogne laborieuse, que de les prendre, et on les capturait surtout dans des fosses. Sous le règne de Claude, le hasard enseigna un moyen, qu'on pourrait presque dire déshonorant à propos d'un tel animal. Un pâtre de Gétulie jeta son sayon à la tête d'un lion qui le chargeait, spectacle qui fut aussitôt transporté dans l'arène. On a peine à croire jusqu'à quel point une enveloppe, si légère soit-elle, jetée sur sa tête endort sa férocité ; il se laisse alors enchaîner sans résistance ; évidemment toute sa force est dans ses yeux. Aussi paraîtra-t-il moins étonnant que Lysimaque ait pu étrangler un lion avec lequel Alexandre l'avait fait enfermer.

Histoire naturelle, VIII, 20-21

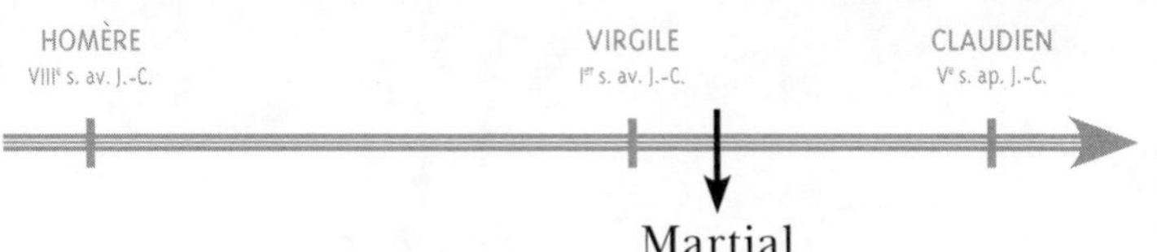

Martial

NUMÉROS DE CIRQUE

Le léopard porte un joug de fantaisie sur sa nuque tachetée, les tigres féroces endurent le fouet sans se révolter, les cerfs mâchent les freins d'or de leurs rênes, les ours de Libye obéissent à la bride ; aussi monstrueux que celui qui, d'après la légende, ravagea Calydon, un sanglier se laisse diriger par un licou de pourpre, d'affreux bisons traînent des chars de guerre et, docile aux ordres de son noir cornac, le pachyderme ne se refuse pas à exécuter des danses gracieuses. Qui ne croirait assister à des spectacles donnés par les dieux ? Et pourtant on les néglige comme moins importants quand on voit les lions chasser un humble gibier et l'agilité peureuse des lièvres les fatiguer. Ils les lâchent, les reprennent, les caressent après les avoir saisis, et dans leur gueule leur proie trouve une plus grande sécurité, ils se plaisent à leur offrir des mâchoires entrebâillées et formant passage, et à retenir craintivement leurs dents de peur de broyer une proie si tendre ; et cela, au moment même où ils viennent de terrasser des taureaux. Cette clémence n'est pas l'effet du dressage, mais les lions savent bien au service de qui ils sont.

Épigrammes, I, 104

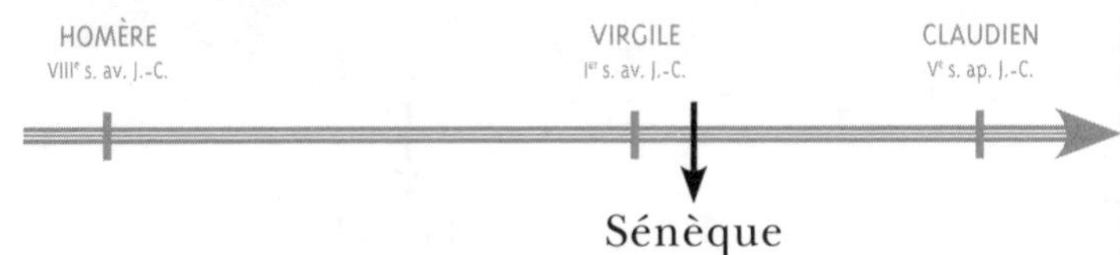

Sénèque

EFFETS DU DRESSAGE

Nous avons vu, dans l'amphithéâtre, un lion qui, reconnaissant l'un des bestiaires pour avoir été jadis dompté par lui, le défendit contre l'attaque des fauves ; est-ce donc un bienfait que l'assistance d'une bête sauvage ? Pas du tout, parce qu'elle n'a ni voulu faire cela, ni agi en cela avec une intention réfléchie.

Des bienfaits, II, 19

GRANDS JEUX : ÉLÉPHANTS, CHAMEAUX, MONSTRES MARINS

Il [Néron] donna un très grand nombre de spectacles divers : des jeux juvénaux, des jeux du cirque, des représentations théâtrales, un combat de gladiateurs. Pour les jeux juvénaux, il admit comme acteurs même de vieux consulaires et des matrones très figées. Pour ceux du cirque, il réserva aux chevaliers des places à part et fit même courir des quadriges attelés de chameaux. Au cours des représentations qu'il donna pour l'éternité de l'empire et fit, pour ce motif, nommer « les grands jeux », de très nombreuses personnes des deux ordres et des deux sexes remplirent des rôles divertissants ; un chevalier romain très connu, juché sur un éléphant, descendit le long d'une corde ; on représenta la comédie d'Afranius intitulée *L'Incendie*, et l'on permit aux acteurs de mettre au pillage et de garder pour eux les meubles de la maison embrasée ; chaque jour on fit aussi pleuvoir sur la foule des cadeaux tout à fait variés : quotidiennement un millier d'oiseaux de toute espèce, des victuailles diverses, des bons de blé, des vêtements, de l'or, de l'argent, des pierres précieuses, des perles, des tableaux, [des bons donnant droit à] des esclaves, à des bêtes de somme, et même à des fauves apprivoisés, en dernier lieu à des navires, à des maisons, à des terres.

Néron suivit ces jeux du haut de l'avant-scène. Durant le combat de gladiateurs qu'il donna dans un amphithéâtre de bois construit en moins d'une année dans la région du Champ de Mars, il ne laissa tuer personne, même parmi les condamnés ; au nombre des combattants figurèrent quatre cents sénateurs et six cents chevaliers romains, dont certains jouissaient d'une fortune et d'une réputation intactes ; à ces deux ordres appartenaient aussi les bestiaires et les divers employés de l'arène. Il donna encore une naumachie, où l'on vit des monstres marins nageant dans de l'eau de mer ; il fit également exécuter des pyrrhiques par des éphèbes, qui tous, après avoir joué leur rôle, reçurent le brevet de citoyen romain ; entre ces danses, un taureau saillit une génisse de bois, où beaucoup de spectateurs crurent que Pasiphaé était enfermée ; Icare, dès son premier essai, tomba près de la loge de l'empereur, qui fut lui-même éclaboussé de sang. En effet, Néron présidait très rarement le spectacle : d'ordinaire, il le regardait, couché sur un lit, les premiers temps par de petites ouvertures, puis du haut du podium, qu'il avait fait découvrir en entier. Il institua en outre, chose entièrement nouvelle à Rome, un concours quinquennal, triple, suivant l'usage grec – musical, gymnique et hippique –, auquel il donna le nom de « joutes néroniennes » ; après avoir inauguré des thermes et un gymnase, il fournit l'huile même aux sénateurs et aux chevaliers. Il fit présider tout ce concours par des consulaires tirés au sort et siégeant à la place des préteurs. Ensuite il descendit se placer dans l'orchestre, avec les sénateurs ; il accepta la couronne d'éloquence et de poésie latines, que s'étaient disputée les plus honorables citoyens et qu'ils lui cédèrent d'un commun accord, mais quand les juges lui décernèrent celle des joueurs de lyre, il s'agenouilla et la fit porter devant la statue d'Auguste. Pendant le concours de gymnastique, donné dans l'enceinte des élections, il se fit couper la barbe pour la première fois, dans la pompe d'une hécatombe, et il la renferma dans une boîte d'or enrichie de perles d'un très grand prix, qu'il consacra au Capitole. Aux luttes athlétiques il invita même les Vestales, parce qu'à Olympie même les prêtresses de Cérès sont admises à ce spectacle.

Vie de Néron, XI-XII

L'ANIMAL À LA GUERRE

Comme il sert à la ferme, l'animal sert aussi à la guerre : simplement, il ne s'agit plus de chèvres ou de bœufs, mais de chevaux et d'éléphants.

Même si nous ne disposons de pratiquement aucun texte à ce sujet, les témoignages iconographiques (sculptures, rondes-bosses et bas-reliefs) abondent : les Romains – et ils ne sont pas les seuls – utilisaient les chiens, équipés de colliers à pointes et de cuirasses, pour la guerre.

Élien (*La Personnalité des animaux,* VII, 38) rapporte le cas de ce chien cité, aux côtés de son maître, sur le monument élevé à Athènes à la *Stoa Poikilè,* à la mémoire des héros de Marathon.

Appien rapporte aussi l'utilisation des chiens comme gardes du corps : « Un ambassadeur de Bitoïtos, roi des Allobroges [...] vint le rencontrer [le général romain Cneus Domitius], accompagné d'une suite de lanciers en tenue d'apparat et de chiens. Les Barbares de ce pays [chez les Allobroges] ont coutume d'adjoindre des chiens à leur garde. » (*Celtiques,* IV, 12.)

HOMÈRE
VIIIe s. av. J.-C.

VIRGILE
Ier s. av. J.-C.

CLAUDIEN
Ve s. ap. J.-C.

Xénophon

CHOISIR UN CHEVAL D'ARMES

Comme nous avons admis que nous achetions un cheval d'armes, il faut éprouver toutes les aptitudes sans exception que la guerre met à l'épreuve, c'est-à-dire franchir des fossés, passer des petits murs, s'élancer sur des contre-hauts, sauter en contrebas ; il faut aussi l'éprouver en le poussant sur les montées, dans les descentes, et en oblique. Par tous ces exercices on vérifie à la fois si le caractère est énergique et le corps sain. Il ne faut pas refuser, toutefois, celui qui ne les accomplit pas à la perfection ; car souvent c'est par inexpérience de ces exercices et non par incapacité qu'il laisse à désirer. Une fois instruit, entraîné, exercé, il les accomplirait tous bien, à condition que de surcroît il soit sain et non vicieux.

Gardons-nous cependant des natures ombrageuses, car les chevaux peureux à l'excès ne sont plus un instrument pour porter des coups à l'ennemi ; on les voit souvent désarçonner leur cavalier et le mettre dans des situations critiques. Il faut également connaître à fond si le cheval a tant soit peu le caractère méchant, à l'égard des chevaux comme des hommes, et s'il est chatouilleux ; car tous ces défauts créent des ennuis aux possesseurs.

[...]

En résumé, tout cheval doté de bons pieds, doux, suffisamment vite, disposé et apte à supporter des efforts, et tout à fait docile, aura le moins de chances de fatiguer le cavalier et sera le meilleur pour le tirer d'affaire dans les actions de guerre. Mais les chevaux qui, à cause de leur mollesse, exigent beaucoup d'impulsion, ou, à cause de leur excès de sang, beaucoup de caresses et d'attention, accaparent les mains du cavalier et le découragent au milieu des dangers.

De l'art équestre, III, 7-12

Orose

Lorsqu'ils le découvrent, l'éléphant, qu'ils n'ont jamais vu, fait peur aux ennemis. De plus, il est un remarquable animal de combat, coûteux à l'entretien, mais utilisé assez communément, bien avant Hannibal, par les généraux de la Grèce hellénistique.

LA BATAILLE D'HÉRACLÉE (280 AV. J.-C.)

Et ainsi la première bataille entre le roi Pyrrhus et le consul Levinus s'engagea près d'Héraclée, une ville de Campanie, et du fleuve Liris ; la journée se passa en un très dur combat : de part et d'autre, tous étaient décidés à mourir, se refusant à fuir. Mais, quand les Romains virent, conduits entre les deux formations de combat qui s'avançaient l'une vers l'autre, les éléphants à la forme farouche, à l'odeur lourde, d'une masse terrible, pris au piège d'une nouvelle tactique et terrifiés – les chevaux surtout s'effrayaient –, ils s'enfuirent en désordre. Mais, après que Minucius, premier hastat de la quatrième légion, trancha de son glaive la trompe de la bête énorme tendue contre lui et qu'il la contraignit, affolée par la douleur de sa blessure, à se dérober au combat, à faire rage contre les siens et à semer le désordre et la panique par sa course désordonnée, la fin du combat s'imposa également à la faveur de la nuit. Une fuite honteuse montra que les Romains avaient été vaincus.

Histoires (Contre les païens), IV, 1

LA BATAILLE DES PLAINES ARUSINIENNES

Au cours du premier assaut, alors que les soldats de Pyrrhus tremblaient sous le choc des Romains et, envisageant la fuite, se préparaient à se retirer du combat, Pyrrhus ordonna de mettre en ligne les éléphants de la réserve. Comme les Romains, habitués maintenant à combattre les bêtes, avaient préparé des traits incendiaires enveloppés d'étoupe et enduits de poix, fixés à des aiguillons crochus, et les avaient lancés, une fois enflammés, sur le dos des bêtes et sur les tours, ils retournèrent sans difficulté les bêtes hors d'elles-mêmes et en proie aux flammes, pour la perte de ceux dont elles avaient été les troupes de renfort.

Histoires (Contre les païens), IV, 2

Polyen

*Aussi redoutable, aussi effrayant que soit l'éléphant, on a su trouver ses faiblesses et les exploiter (voir page 133). Pline (*Histoires*, VIII, 9) rappelle que le moindre cri d'un cochon effraie cet animal. Rien de tel alors, pour semer panique et désordre dans les rangs adverses que d'envoyer des cochons leur donner l'assaut.*

On a tôt fait de transformer le porc en une redoutable bombe si on l'enduit d'une substance inflammable (la poix, ou même, selon certains, l'huile d'olive !). C'est le stratagème qui a été utilisé lors du siège de Mégare et a permis aux Mégariens de repousser les troupes d'Antigone Gonatas (ou d'Antipater selon Élien, La Personnalité des animaux, *XVI, 36).*

PORCS INCENDIAIRES

Antigone, lors du siège de Mégare, fit donner ses éléphants ; mais les Mégariens ayant badigeonné des porcs avec de la poix liquide, et mis le feu à cette poix, les lâchèrent. Ceux-ci, dévorés par le feu, se mirent à courir à grands cris et tombèrent sur les éléphants. Ces derniers, en colère et troublés, s'enfuirent de côté et d'autre. Antigone, pour l'avenir, donna l'ordre aux cornacs indiens d'élever désormais des porcs avec leurs éléphants, afin de les habituer à la vue et aux cris de ces animaux.

Stratagèmes, IV, 6

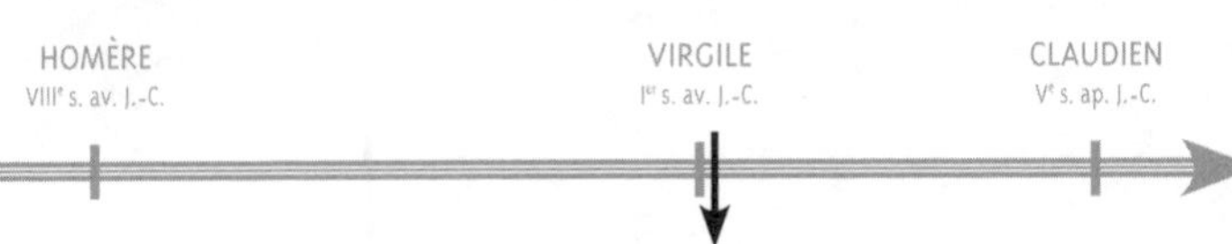

Tite-Live

Ce n'est pas une mince affaire de traverser les Alpes avec des éléphants. L'expédition d'Hannibal, au début de la deuxième guerre punique, en 218 avant J.-C., est restée célèbre…

LE PASSAGE DU RHÔNE

On utilisa, selon moi, divers procédés pour faire passer les éléphants ; en tout cas, les récits de l'opération sont différents. D'après certains, alors que les éléphants étaient rassemblés sur la rive, le plus sauvage d'entre eux, que son cornac avait agacé, se mit à poursuivre celui-ci qui s'était jeté à l'eau pour se sauver à la nage : il entraîna ainsi le troupeau ; la violence même du courant les emporta un à un, au fur et à mesure qu'ils perdaient pied et avaient peur de l'eau profonde, vers la rive opposée. Mais il est plus généralement admis qu'ils passèrent sur des radeaux : ce procédé, qu'on aurait déjà tendance à considérer, avant l'opération, comme le plus sûr, est aussi, une fois celle-ci réalisée, celui qu'on est le plus porté à croire véridique. Ils juxtaposèrent, depuis la rive jusque dans le fleuve, les éléments d'un premier radeau de deux cents pieds de long et de cinquante de large : pour qu'il ne fût pas emporté par le courant, ils l'attachèrent au haut de la berge au moyen de plusieurs câbles solides, et, comme pour faire un pont, le recouvrirent de terre de façon que les animaux s'y engagent carrément, se croyant sur la terre ferme. À celui-ci ils relièrent un second radeau, d'une largeur égale et de cent pieds de long, fait pour traverser le fleuve : on fit ensuite avancer sur le radeau fixe, comme sur une route, trois éléphants, avec, devant eux, des femelles ; à peine étaient-ils passés sur le petit radeau qui lui était accolé qu'on défit les câbles qui l'amarraient de façon sommaire, et que quelques bateaux légers le remorquèrent jusqu'à la rive opposée ; quand on eut fait débarquer ainsi les premiers, on alla chercher les autres et on les fit traverser. Ils ne montraient aucune agitation, tant qu'on les faisait avancer sur la sorte de pont qui tenait à la terre, mais ils commençaient à prendre peur quand, le radeau une fois détaché du reste, ils étaient emmenés au large. Là, se serrant les uns contre les autres, ceux qui étaient au bord s'écartant de l'eau, ils manifestaient une assez grande agitation jusqu'à ce que, se voyant entourés d'eau, leur propre peur les fît se tenir tranquilles. Il y en eut aussi quelques-uns qui, en se débattant, tombèrent dans le fleuve ; mais, leur masse suffisant à les maintenir d'aplomb, leur cornac une fois démonté, ils réussirent, en cherchant pas à pas les hauts-fonds, à se hisser jusqu'à la rive.

Histoire romaine, XXI, 28

LA DESCENTE DES ALPES

Quant aux éléphants, si, dans les parties étroites, en pente raide, de la route, ils étaient la cause d'un grand retard, ils assuraient en revanche, partout où ils avançaient, la sécurité de la colonne vis-à-vis des ennemis qui, ne les connaissant pas, avaient peur de les approcher de trop près.

Histoire romaine, XXI, 35

V

LA CAUSE DES BÊTES

Denier du préteur
Livineius Regulus
(vers 42 av. J.-C.).
Jeux du cirque.

LA QUESTION DU DROIT DES BÊTES

La question des droits ou du droit des bêtes, dans laquelle il faut se garder de projeter des représentations modernes (comme le concept d'un droit subjectif de l'animal, ou tout ce qui relève de la défense de la cause des bêtes ou de leur protection au sens moderne) est, dans l'Antiquité, une question rigoureusement juridique. Les animaux relèvent de la seule loi naturelle tout simplement parce qu'ils sont incapables d'instaurer un ordre juridique et de passer des conventions. De ce fait, ils sont en guerre – entendons : ils ne sont protégés par aucune convention –, entre eux et avec nous.

HOMÈRE
VIIIe s. av. J.-C.

VIRGILE
Ier s. av. J.-C.

CLAUDIEN
Ve s. ap. J.-C.

Hésiode

IL N'Y A RIEN AU-DESSUS DE LA LOI DU PLUS FORT

Voici ce que l'épervier dit au rossignol au col tacheté, tandis qu'il l'emportait là-haut, au milieu des nues, dans ses serres ravissantes. Lui, pitoyablement, gémissait, transpercé par les serres crochues ; et l'épervier, brutalement, lui dit : « Misérable, pourquoi cries-tu ? Tu appartiens à bien plus fort que toi. Tu iras où je te mènerai, pour beau chanteur que tu sois, et de toi, à mon gré, je ferai mon repas ou te rendrai la liberté. Bien fou qui résiste à plus fort que soi : il n'obtient pas la victoire et à la honte ajoute la souffrance. » Ainsi dit l'épervier rapide, qui plane ailes éployées.

Les Travaux et les Jours, 202-212

LE DEVOIR DE JUSTICE NE S'ÉTEND PAS AUX ANIMAUX

Telle est la loi que le Cronide a prescrite aux hommes : que les poissons, les fauves, les oiseaux ailés se dévorent, puisqu'il n'est point parmi eux de justice ; mais aux hommes Zeus a fait don de la justice, qui est de beaucoup le premier des biens.

Les Travaux et les Jours, 277 *sq.*

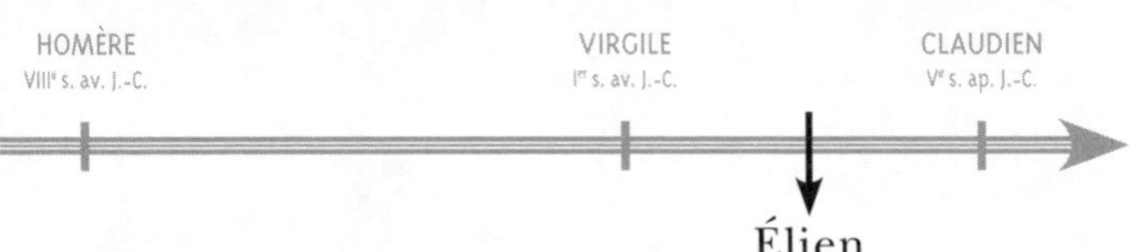

Élien

LA MURÈNE, LE POULPE ET LA LANGOUSTE

L'inimitié et l'antipathie naturelles constituent vraiment un terrible fléau et une maladie dévastatrice une fois qu'elles se sont implantées dans un être, même s'il s'agit d'animaux, et il est très difficile de s'en débarrasser. C'est ainsi que la murène voue une haine au poulpe, qui fait la guerre à la langouste, qui est le pire ennemi de la murène. En effet, la murène tranche les tentacules du poulpe, grâce à ses dents puissantes, avant de s'introduire dans son estomac pour y poursuivre son ouvrage ; son procédé est bien normal puisqu'elle est une nageuse, alors que l'autre fait penser à un marcheur ; et il peut bien changer de couleur et prendre celle des rochers, tout se passe comme si son subterfuge se révélait en la circonstance inefficace, car la murène a vite fait de percer à jour son stratagème. Pour ce qui est des langoustes, les poulpes les enveloppent et les étouffent ; et lorsqu'ils les ont tuées, ils sucent leur chair. Enfin, la langouste dresse ses antennes et les brandit d'un air agressif, en provoquant la murène. Cette dernière, sans mesurer le danger, cherche à mordre les dards que son adversaire lui oppose. La langouste étend alors ses pinces comme des bras et enserre fermement des deux côtés le cou de la murène, en maintenant son étreinte. L'autre se rebiffe, tournoie sur elle-même et se roule sur les bords tranchants de la carapace, qui la pénètrent, triomphent de sa force et de sa résistance – et elle finit par mourir, épuisée. La langouste fait alors son repas de son adversaire.

La Personnalité des animaux, I, 32

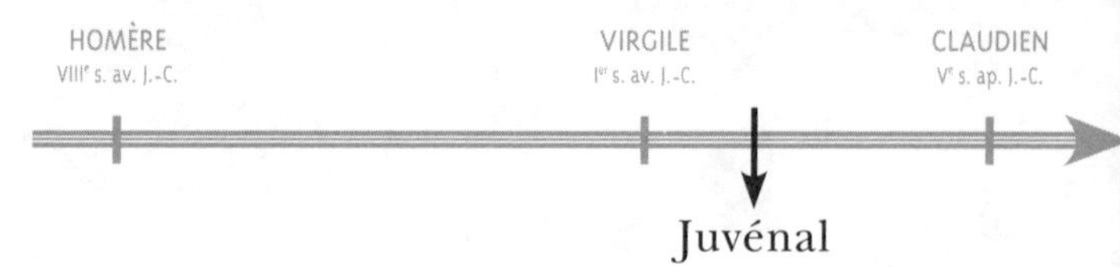

Juvénal

ET SI C'ÉTAIENT LES BÊTES QUI ÉTAIENT CAPABLES DE VIVRE EN PAIX ?

Aujourd'hui les serpents s'accordent mieux que les hommes ; la bête fauve épargne les bêtes à qui l'apparente sa robe tachetée. Vit-on un lion, parce qu'il était le plus fort, arracher la vie à un autre lion ? Dans quelle forêt un sanglier expira-t-il sous la dent d'un sanglier plus gros que lui ? Le tigre des Indes, malgré sa férocité, vit avec le tigre dans une paix perpétuelle ; les ours cruels s'arrangent entre eux. Mais pour l'homme, ce n'était pas assez d'avoir forgé sur une enclume abominable un fer de mort, tandis que les premiers forgerons, ignorant l'art de façonner les épées, se contentaient de fabriquer des râteaux, des sarcloirs, et se fatiguaient à produire des marres et des socs. Nous voyons des peuples dont le ressentiment ne se contente pas d'immoler des êtres humains, et qui se sont fait une nourriture du cœur, des bras, de la figure de leurs victimes.

Satires, XV, 160

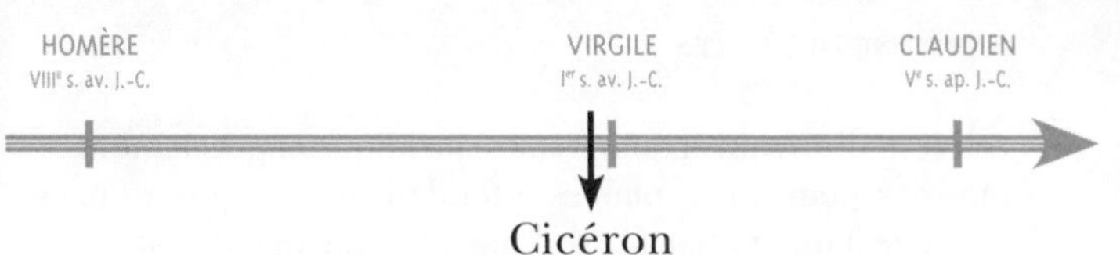

Cicéron

LE LIEN SOCIAL NE NOUS ATTACHE PAS AUX ANIMAUX

La meilleure façon de respecter le lien social entre les hommes et leur union sera de montrer, à l'égard de qui nous est le plus proche, d'autant plus de bonté. Mais pour voir quels sont les principes naturels de la communauté sociale entre les hommes, il faut, semble-t-il, remonter plus haut. Il y a d'abord en effet ce que l'on observe dans la société du genre humain tout entier. Le lien de cette société, c'est la raison et la parole, qui par l'enseignement et l'étude, en permettant de communiquer, de discuter et de juger, associent les hommes entre eux et les unissent dans une sorte de société naturelle. Et rien ne nous éloigne davantage de la nature des bêtes : nous disons souvent qu'elles ont du courage en parlant des chevaux, des lions – mais nous ne disons pas qu'elles ont le sens de la justice, de l'équité, de la bonté, car elles sont privées de la raison et de la parole.

Les Devoirs, I, 16

MAIS CELA N'EMPÊCHE PAS QUE…

Ce ne sont pas des hommes de second plan, mais de très grands hommes, très savants, comme Empédocle[1] ou Pythagore, qui déclarent que tous les êtres vivants

1. Fragment B 110 : « Empédocle […] admettait que toute chose était douée de raison : pas seulement les animaux, mais aussi les plantes… »

relèvent d'un seul et même statut juridique et proclament que des peines inexpiables attendent quiconque a fait violence à un animal. C'est donc un crime que de causer dommage à une bête.

La République, III, 11

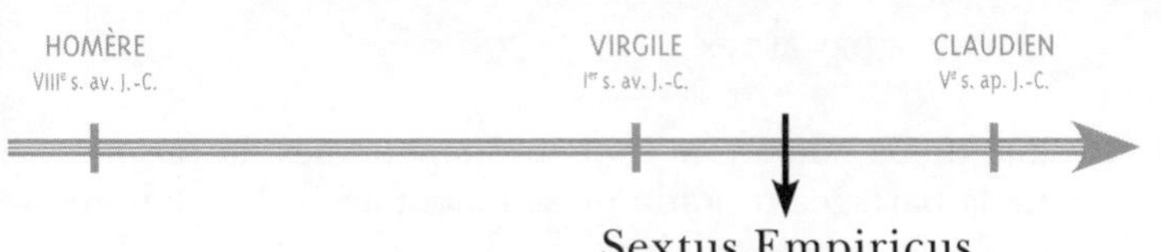

Sextus Empiricus

AVONS-NOUS QUELQUE DEVOIR ENVERS LES ANIMAUX ?

Pythagore, Empédocle, et l'ensemble des philosophes d'Italie affirment que nous avons quelque communauté non seulement les uns avec les autres et avec les dieux, mais aussi avec les animaux dépourvus de raison. Car il n'y a qu'un seul souffle spirituel, qui diffuse comme une âme à travers l'univers entier, et fait que nous ne faisons qu'un avec eux. Par suite, lorsque nous les tuons et nous nourrissons de leur chair, nous sommes injustes et impies en ce que nous foulons aux pieds notre communauté de nature.

[…]

C'est ce que disent les pythagoriciens, mais ils sont dans l'erreur. En effet, de ce qu'il existe un souffle spirituel qui nous traverse ainsi que les animaux, il ne résulte pas que nous ayons quelque devoir de justice à l'égard des animaux privés de raison. Considérez en effet qu'il y a bien comme un souffle spirituel qui se déploie entre les pierres et les plantes, si bien que nous leur sommes unis en quelque façon. Mais il n'est en rien question de justice dans notre relation aux plantes et aux pierres, et nous ne nous rendons en rien coupables d'injustice lorsque nous coupons et taillons ce genre de corps. Pourquoi alors les stoïciens affirment-ils que les hommes sont tenus par un lien de justice les uns envers les autres et à l'égard des dieux ? Ce n'est pas en s'appuyant sur l'idée d'un esprit qui traverse toutes choses – car cela préserve la possibilité d'une justice de notre part à l'égard des animaux dépourvus de raison –, mais parce que nous partageons une raison qui nous lie à chaque autre et aux dieux, alors que les bêtes dépourvues de raison, ne la partageant point, ne sauraient avoir de relation de justice à notre endroit.

Contre les physiciens, I, 127-131

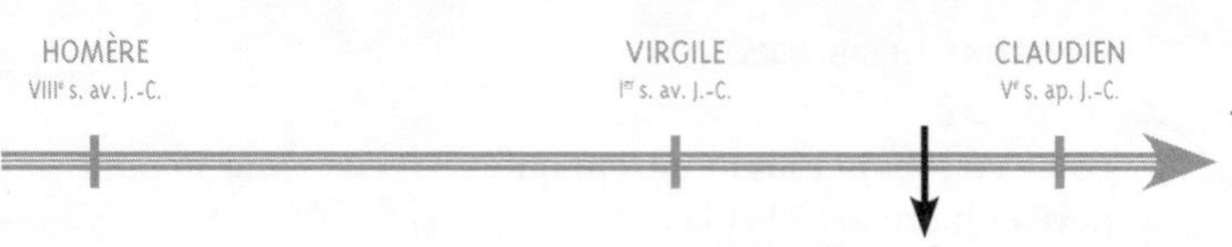

PAS DE PACTE POSSIBLE AVEC LES ANIMAUX

Si l'on avait pu, comme avec des hommes, conclure avec les animaux un pacte garantissant qu'ils ne nous tueraient ni ne seraient tués par nous sans discernement, il eût été fort simple d'étendre jusqu'à eux le domaine du droit, puisque celui-ci tendait à assurer la sécurité. Mais il n'y avait aucun moyen d'associer à la loi les êtres non doués de raison ; telle étant la nature des animaux, organiser, conformément à l'intérêt, la sécurité vis-à-vis des êtres animés autres que l'homme n'était pas plus possible que vis-à-vis des êtres inanimés. Seule la liberté de les tuer, que nous avons désormais acquise, nous assure toute la sécurité possible. Tels sont les arguments des épicuriens.

De l'abstinence, I, 12

Si la justice consiste à ne pas porter atteinte à quelque être innocent que ce soit, alors elle n'est circonscrite ni au droit en sa forme juridique, ni à l'humanité. La justice n'est pas une sorte de philanthropie, pas plus qu'elle ne se limite à l'accomplissement des contrats. Il y a donc une communauté, qu'on pourrait dire vitale, qui rapproche l'ensemble des êtres sensibles et c'est au nom de cette justice que nous n'avons pas le droit de porter atteinte aux animaux qui ne nous menacent pas.

IL Y A CEPENDANT UN DROIT QUI S'ÉTEND AUX ANIMAUX

Voici l'argumentation de Théophraste : [...] les moyens de subsister sont les mêmes pour tous [les animaux] ainsi que l'air qu'ils respirent, selon Euripide, et un sang rouge coule en tous et tous montrent qu'ils ont en commun pour père et mère le ciel et la terre.

Ainsi puisqu'ils sont de la même race, s'il apparaissait, selon Pythagore, qu'ils ont reçu aussi la même âme que nous, on serait à bon droit jugé impie de ne pas s'abstenir d'être injuste envers des parents. Le fait que certains sont des animaux féroces ne rompt nullement ce lien de parenté : il est des hommes qui ne leur cèdent en rien, mais plutôt sont pires, pour faire du mal à leurs prochains et se laisser emporter à nuire à n'importe qui, comme poussés par une sorte d'inspiration venant de leur nature particulière et de leur méchanceté ; cela nous conduit à les faire périr, mais non pas à rompre notre relation avec ce qui n'est pas féroce. De même, s'il y a aussi des animaux féroces, nous devons comme tels les faire périr, comme nous faisons périr de tels hommes, mais sans renoncer à notre relation aux autres moins féroces. Et il ne faut manger ni les uns ni les autres, pas plus que les hommes injustes. Dès lors notre injustice est grande lorsque nous faisons périr les animaux non féroces aussi bien que les animaux féroces et injustes, et que nous mangeons les premiers : nous sommes doublement injustes, parce que nous les faisons périr bien que non féroces et parce que nous en faisons un festin, leur mort n'ayant pas d'autre justification que cette pâture.

[...]

LA VRAIE JUSTICE PROTÈGE LES ANIMAUX

On pourrait ajouter encore aux précédentes des raisons comme celles-ci : dire que le fait d'étendre aux animaux le droit détruit le droit, c'est ne pas voir qu'on ne sauvegarde pas ainsi la justice, mais qu'on renforce le plaisir, qui est l'ennemi de la justice. En tout cas quand le plaisir est la fin, on voit périr la justice. Qui ne voit clairement en effet que le respect de la justice grandit avec la pratique de l'abstinence ? Celui qui s'abstient de porter atteinte à tout être animé, même s'il s'agit d'êtres qui n'entrent pas avec lui en société, s'abstiendra à bien plus forte raison de nuire à ses congénères. Car l'ami du genre ne haïra pas l'espèce, mais plutôt, plus grande sera son amitié pour le genre animal, plus grande aussi sera la justice qu'il gardera pour la partie qui lui est apparentée. Donc qui se regarde comme apparenté à l'animal en général ne sera pas injuste envers tel animal en particulier ; mais qui circonscrit à l'homme le droit est tout prêt, forcé en quelque sorte dans son réduit, à renverser la barrière qui retient l'injustice. Aussi l'assaisonnement de Pythagore est-il plus savoureux encore que celui de Socrate, pour qui l'assaisonnement de la nourriture était d'avoir faim ; pour Pythagore le sentiment de n'être injuste envers personne y ajoutait encore la saveur de la justice : car éviter de se nourrir de chair animale, c'était éviter de commettre des injustices pour se nourrir. Assurément Dieu n'a pas fait qu'il nous fût impossible d'assurer notre propre sauvegarde sans faire du mal à autrui : c'eût été en effet nous donner notre nature comme un principe d'injustice. Il semble bien que ceux-là encore n'ont pas vu le caractère propre de la justice qui ont pensé la faire venir de la parenté avec les hommes : on aurait ainsi une sorte de philanthropie, alors que la justice consiste à s'abstenir de porter atteinte ou de nuire à tout être innocent quel qu'il soit. C'est comme ceci que se conçoit l'homme juste, non comme cela : en sorte qu'on doit étendre jusqu'aux animaux la justice qui consiste à ne pas nuire. [...] Prendre les choses nécessaires ne nuit pas aux plantes, quand nous prenons ce qu'elles laissent tomber, ni aux fruits, quand nous en usons après qu'ils sont morts, ni aux brebis alors que par la tonte nous leur rendons plutôt service et que nous partageons leur lait en leur donnant nos soins.

De l'abstinence, III, 25-26

EST-IL LOISIBLE DE MANGER CHAIR ?

Il s'agit, au sens strict, non pas d'une métempsychose mais plutôt d'une métensomatose : l'individu conserve son identité en changeant de corps.

Au-delà de l'idée – fantasque – de dévorer ses ancêtres ou ses amis en mangeant chair, la transmigration a un sens moral irrécusable, le corps de telle ou telle bête exprimant le caractère de l'individu. Plutarque en affirme la vérité : ce qui est effrayant, dans l'acte de manger chair, c'est de consommer un être qui a été vivant, qui a éprouvé des sensations, du plaisir ou de la peine, vu et entendu des choses, parlé ou crié, conçu des pensées, bien d'autres choses encore... C'est cette vérité qu'Homère rend visible de façon saisissante lorsqu'il décrit le rôtissage des bœufs (ou des vaches) du Soleil par les compagnons d'Ulysse.

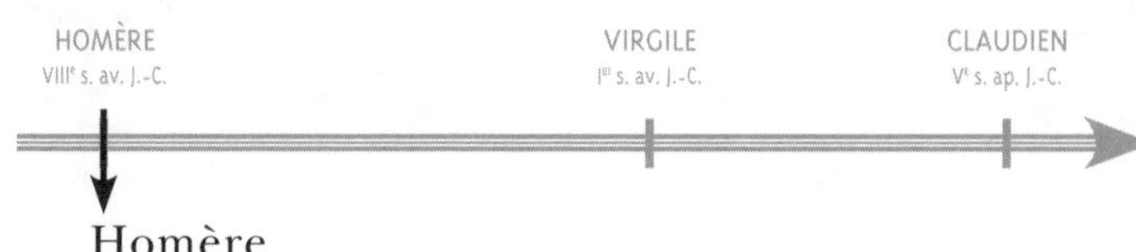

Homère

PAS TOUCHE AUX VACHES DU SOLEIL

Les dieux invoqués, on égorge, on écorche, on détache les cuisses ; sur l'une et l'autre face, on les couvre de graisse, on empile dessus d'autres morceaux saignants ; comme on n'a plus de vin pour les libations, c'est de l'eau qu'on répand sur les viandes qu'on brûle, et l'on met à griller la masse des viscères. Les cuisses consumées, on goûte des grillades et, découpé menu, le reste de la bête est rôti sur les broches. [...] J'étais redescendu au navire, à la mer. J'allais de l'un à l'autre et je les querellais. Hélas ! nous ne pouvions découvrir de remède : les vaches n'étaient plus, et voici que les dieux nous envoyaient leurs signes : les dépouilles marchaient ; les chairs cuites et crues meuglaient autour des broches ; on aurait dit la voix des bêtes elles-mêmes.

Odyssée, XII, 359-396

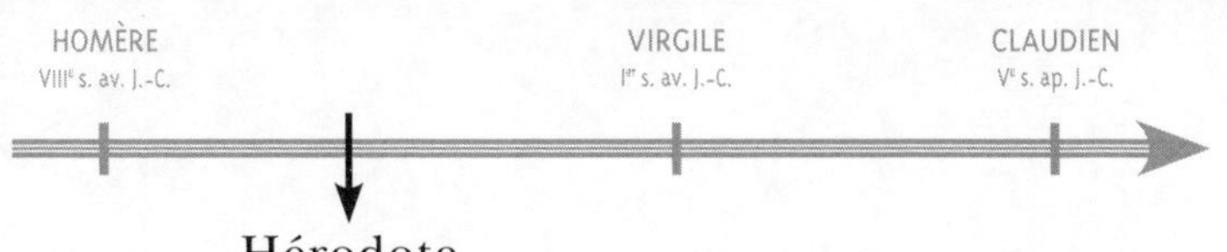

Hérodote

UNE TRÈS ANCIENNE DOCTRINE

Les Égyptiens sont aussi les premiers à avoir énoncé cette doctrine, que l'âme de l'homme est immortelle ; que, lorsque le corps périt, elle entre dans un autre animal qui, à son tour, est naissant ; qu'après avoir parcouru tous les êtres de la terre, de la mer et de l'air, elle entre de nouveau dans le corps d'un homme naissant ; que ce circuit s'accomplit pour elle en trois mille ans. Il est des Grecs qui, ceux-ci plus tôt, ceux-là plus tard, ont professé cette doctrine comme si elle leur appartenait en propre ; je sais leurs noms, je ne les écris pas.

Histoires, II, 123

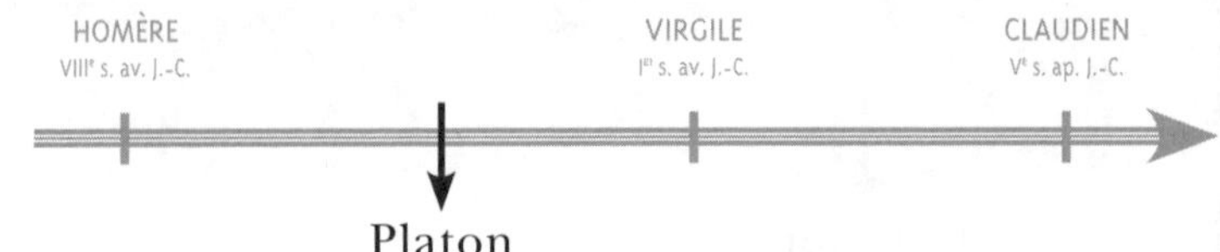

SENS MORAL DE LA TRANSMIGRATION

On peut bien, je pense, supposer par contre que l'âme soit souillée, et non pas purifiée, quand elle se sépare du corps : c'est du corps en effet qu'elle partageait toujours l'existence, lui qu'elle soignait et aimait ; il l'avait si bien ensorcelée par ses désirs et ses joies qu'elle ne tenait rien d'autre pour vrai que ce qui a figure de corps, que ce qui peut se toucher et se voir, se boire, se manger et servir à l'amour ; tandis que ce qui pour nos regards est ténébreux et invisible, intelligible par contre et saisissable par la philosophie, c'est cela qu'elle s'est accoutumée à haïr, à envisager en tremblant et à fuir ! Si tel est son état, crois-tu que cette âme doive, en se séparant du corps, être en elle-même, par elle-même et sans mélange ?

— Non, pas le moins du monde ! dit-il.

— Tu la crois bien plutôt tout entrecoupée, je pense, d'une corporéité que sa familiarité avec ce corps dont elle partage l'existence lui a rendue intime et naturelle, parce qu'elle n'a jamais cessé de vivre en communauté avec lui et qu'elle a multiplié les occasions de s'y exercer ?

— Hé ! absolument.

— Oui, mais cela pèse, mon cher, il n'en faut pas douter : c'est lourd, terreux, visible ! Puisque c'est là justement le contenu d'une telle âme, elle en est alourdie et attirée, retenue du côté du lieu visible, par la peur qu'elle a de celui qui est invisible et qu'on nomme le pays d'Hadès ; elle se vautre parmi les monuments funéraires et les sépultures, à l'entour desquels, c'est un fait, on a vu des spectres ombreux d'âmes : images appropriées de celles dont nous parlons, et qui, pour avoir été libérées, non pas en état de pureté, mais au contraire de participation au visible, sont par suite elles-mêmes visibles.

— C'est au moins vraisemblable, Socrate.

— Vraisemblable, assurément, Cébès ! Et ce qui certes ne l'est guère, c'est que ces âmes-là soient celles des bons. Ce sont au contraire celles des méchants qui sont contraintes d'errer autour de ces sortes d'objets : elles paient ainsi la peine de leur façon de vivre antérieure, qui fut mauvaise. Et elles errent jusqu'à ce moment où l'envie qu'en a leur acolyte, ce qui a de la corporéité, les fera de nouveau rentrer dans les liens d'un corps ! Or celui auquel elles se lient est, comme il est naturel, assorti aux manières d'être dont elles ont justement, au cours de leur vie, fait leur exercice.

— Quelles sont donc, Socrate, ces manières d'être dont tu parles ?

— Exemple : ceux dont gloutonneries, impudicités, beuveries ont été l'exercice, ceux qui n'ont pas fait preuve de retenue, c'est dans des formes d'ânes ou de pareilles bêtes, que tout naturellement s'enfoncent leurs âmes. Ne le penses-tu pas ?

— Parfaitement ! C'est tout naturel en effet.

— Quant à ceux pour qui injustices, tyrannies, rapines sont ce qui a le plus de prix, ce sera dans des formes de loups, de faucons, de milans. Ou bien peut-il y avoir, d'après nous, une autre destination pour de telles âmes ?

— Non, c'est bien ainsi, dit Cébès : la leur, ce seront de telles formes.

— N'est-il pas parfaitement clair, reprit-il, pour chacun des autres cas, que la destination des âmes correspondra aux similitudes que comportent leurs pratiques ?

Phédon, 81e

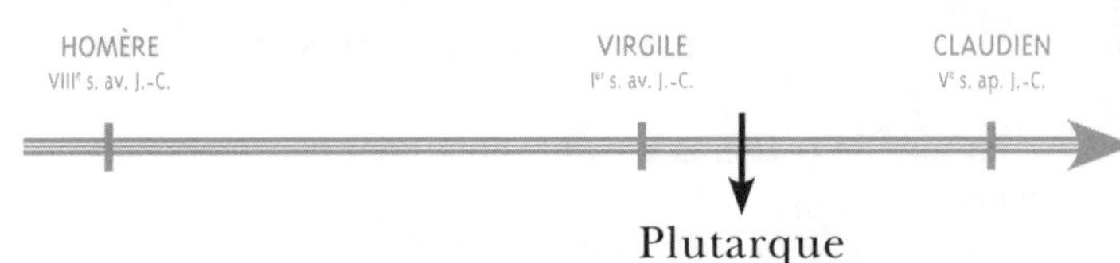

BIEN COMPRENDRE LA TRANSMIGRATION

Mais rien ne nous émeut, ni la belle couleur, ni la douceur de la voix accordée, ni la subtilité de l'esprit, ni la netteté du vivre, ni la vivacité du sens et entendement des malheureux animaux, mais pour un peu de chair nous leur ôtons la vie, le soleil, la lumière, et le cours de la vie qui leur était préfixé par la nature : et puis nous pensons que les voix qu'ils jettent de peur ne soient point articulées, et qu'elles ne signifient rien, là où ce sont prières, supplications et justifications de chacune de ces pauvres bêtes qui crient : « Si tu es contraint par nécessité je ne te supplie point de me sauver la vie, mais bien si c'est par désordonnée volonté : si c'est pour manger, tue-moi : si c'est pour friandement manger, ne me tue point. » Ô la grande cruauté ! C'est horreur de voir seulement la table des riches servie et couverte par cuisiniers et sauciers qui habillent des corps morts, mais encore plus d'horreur y a-t-il à la voir desservir, par ce que le relief de ce que l'on emporte est plus que ce que l'on a mangé : pour néant donc ces pauvres bêtes-là ont été tuées. Il y en a d'autres qui, épargnant les viandes servies à table, ne veulent pas que l'on en tranche, ni que l'on en coupe, les épargnant quand elles ne sont plus que chairs, là où ils ne les ont pas épargnées quand elles étaient encore bêtes vivantes.

[…]

Que si tu te veux obstiner à soutenir que nature t'a fait pour manger telle viande, tout premier tue-la donc toi-même, je dis toi-même, sans user ni de couperet, ni de couteau, ni de cognée, mais comme les loups, et les ours, et les lions à mesure qu'ils mangent, tuent la bête, aussi toi, tue-moi un bœuf à force de le mordre à belles dents, ou de la bouche un sanglier, déchire-moi un agneau ou un lièvre à belles griffes, et le mange encore tout vif, ainsi comme ces bêtes-là font : mais si tu attends qu'elles soient mortes pour en manger, et as honte de chasser à belles dents l'âme présente de la chair que tu manges, pourquoi donc manges-tu ce qui a âme ? Mais encore qu'elle fût privée d'âme et toute morte, il n'y a personne qui eût le cœur d'en manger telle qu'elle serait, mais ils la font bouillir, ils la rôtissent, ils la transforment avec le feu et plusieurs drogues, altérant, déguisant et éteignant l'horreur du meurtre, afin que le sentiment du goût trompé et déçu par tels déguisements, ne refuse point ce qui lui est étrange.

S'il est loisible de manger chair, I

SAVONS-NOUS BIEN CE QUE NOUS FAISONS EN MANGEANT CHAIR ?

Quel souper donc n'est superflu, pour lequel on tue toujours aucun animal qui ait âme et vie ? Estimons-nous que ce soit peu de perte et dépense que d'une âme ? Je ne dis pas encore d'une âme qui est à l'aventure celle de ta mère, ton père, ton ami, ou ton fils, ainsi que disait Empédocle, mais à tout le moins qui est, participante de sentiment, de vue, d'ouïe, d'appréhension, et de discrétion telle, que nature la donne à chaque animal pour chercher ce qui lui est propre, et fuir ce qui lui est contraire.

[...] Tu te moques de celui qui fait conscience de manger du mouton : mais nous ne pourrions avoir envie de rire, voyant un qui coupera des portions du corps de son père, ou de sa mère qui seront morts, et les enverra à quelques-uns de ses amis, qui seront absents, et conviera les présents à en venir manger et leur en servira à la table largement.

S'il est loisible de manger chair, II

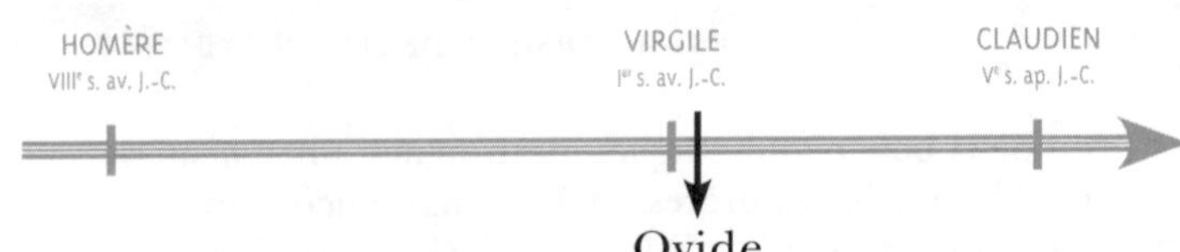

Ovide

Derrière l'apologie du régime végétarien qu'Ovide fait tenir à Pythagore, avec des accents presque rousseauistes, il y a une analyse subtile. On a le droit de tuer les bêtes qui menacent notre existence, mais on n'a pas le droit de les manger. Le droit de tuer se fonde sur la nécessité de notre sauvegarde, mais de notre sauvegarde ne dérive en rien la nécessité de manger chair. Si nous avons le droit de tuer pour vivre, nous ne l'avons pas pour manger, car on peut vivre sans manger chair.

PYTHAGORE

Le premier, il tint ce langage plein de sagesse, qui pourtant ne fut pas écouté : « Abstenez-vous, mortels, de souiller vos corps de mets abominables. Vous avez les céréales, vous avez les fruits, dont le poids fait courber les branches, et, sur les vignes, les raisins gonflés de jus ; vous avez des plantes savoureuses et d'autres que la flamme peut rendre douces et tendres ; ni le lait ni le miel, qu'a parfumé la fleur du thym, ne vous sont interdits ; la terre, prodigue de ses trésors, vous fournit des aliments délicieux ; elle vous offre des mets qui ne sont pas payés par le meurtre et le sang. Ce sont les bêtes qui assouvissent leur faim avec de la chair, et encore pas toutes ; car les chevaux, les moutons et les bœufs se nourrissent d'herbe. Il n'y a que les animaux d'une nature cruelle et féroce, les tigres d'Arménie, les lions toujours en fureur, les loups, les ours, qui aiment une nourriture ensanglantée. Hélas ! quel crime n'est-ce pas d'engloutir des entrailles dans ses entrailles, d'engraisser son corps avide avec un corps dont on s'est gorgé et d'entretenir en soi la vie par la mort d'un autre être vivant ! Quoi donc ? Au milieu de tant de richesses que produit la terre, la meilleure des mères, tu ne trouves de plaisir qu'à broyer d'une dent cruelle les affreux débris de tes victimes, dont tu as rempli ta bouche, à la façon des Cyclopes ? Tu ne peux, sans détruire un autre être, apaiser les appétits déréglés de ton estomac vorace ? Mais, dans cet âge antique que nous avons appelé l'âge d'or, l'homme n'avait besoin pour être heureux que des fruits des arbres et des plantes que produit la terre ; le sang ne souillait point sa bouche. Alors l'oiseau battait l'air de ses ailes en toute sécurité ; le lièvre errait, sans avoir rien à craindre, au milieu des champs ; il n'y avait point d'hameçon pour accrocher le poisson trop crédule ; le monde ignorait la trahison ; nul n'avait de piège à redouter ; partout régnait la paix. Le premier, quel qu'il soit, qui, donnant un exemple funeste, convoita la nourriture des lions et engloutit de la chair dans son ventre avide, celui-là ouvrit le chemin au crime ; ce fut peut-être à l'origine le meurtre des bêtes sauvages qui souilla le fer d'un sang tiède ; c'était assez ; on pouvait, je l'avoue, faire périr, sans manquer à aucun devoir, des animaux qui cherchent notre mort ; mais s'il fallait les faire périr, il ne fallait pas s'en repaître.

Métamorphoses, XV, 75-110

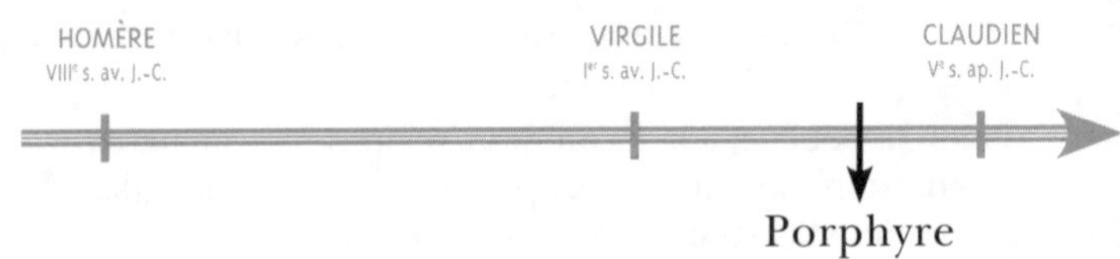

UN CRIME INNOMMABLE

L'abstinence de la chair des animaux ne nous empêche ni de vivre ni de bien vivre. Si c'était en effet comme pour l'air et l'eau, les plantes et les fruits, sans lesquels nous ne saurions vivre, que nous ayons besoin pour subsister de tuer les animaux et de manger leur chair, notre nature se trouverait impliquée nécessairement dans cette injustice. Mais si beaucoup de prêtres des dieux, beaucoup de rois de peuples barbares qui veulent se garder purs, d'innombrables espèces d'animaux parviennent, sans toucher du tout à une telle nourriture, à vivre et à atteindre la fin conforme à leur nature, ne faut-il pas être un insensé, à supposer que nous soyons dans la nécessité de faire la guerre à certains animaux, pour proscrire les rapports pacifiques avec ceux-là mêmes qui s'y prêtent, ne laissant d'autre alternative que de ne respecter la justice envers aucun et ainsi pouvoir vivre, ou de la respecter envers tous et renoncer à vivre ? De même donc que chez les hommes, si l'on a en vue son propre salut, celui de ses enfants ou de sa patrie, la nécessité excuse l'injustice du vol commis contre des particuliers, ou celle du pillage d'une région et d'une ville, tandis que de tels actes, commis pour la richesse ou la satiété ou pour raffiner sur ses plaisirs et se procurer l'assouvissement de désirs nullement nécessaires, paraissent être le fait d'un sauvage, d'un intempérant et d'un pervers – de même les dommages causés aux plantes, l'emploi du feu et des eaux de source, la tonte et la traite des brebis, le dressage des bœufs mis sous le joug, Dieu les pardonne à qui en use pour sa sauvegarde et sa conservation, tandis que conduire des animaux à la boucherie et, saoul de meurtre, les faire cuire, non pas pour s'en nourrir et s'en rassasier, mais afin d'y trouver son plaisir et d'en repaître sa gloutonnerie, il n'y a pas de nom pour désigner un tel forfait et un tel crime. C'est assez en effet que nous mettions à la tâche et à la peine pour notre usage des animaux qui n'ont aucun besoin de travailler, et que, après les avoir domptés et mis sous le joug, nous fassions comme le dit Eschyle, « des chevaux de bât, des baudets et des rejetons des taureaux, / des esclaves suppléants qui prennent la relève de nos travaux ».

De l'abstinence, 18, 4-5

COUTUMES ALIMENTAIRES

Nous nous abstenons de toucher à une grande partie [des bêtes] qui vivent avec les hommes. C'est ainsi que les Grecs ne mangent ni chien, ni cheval, ni âne. Toutefois ils mangent du porc, car l'espèce domestique appartient au même genre que l'espèce sauvage ; il en va de même pour les oiseaux. De fait, le porc ne peut servir à rien d'autre qu'à être mangé. Si au contraire les Phéniciens et les Juifs s'en abstinrent toujours, c'est parce que l'espèce était totalement absente de leurs contrées. Ne dit-on pas qu'actuellement en Éthiopie cet animal ne se laisse voir nulle part ? Aucun Grec n'a jamais sacrifié de chameau ou d'éléphant aux dieux, pour la bonne raison que la Grèce ne nourrit pas ces animaux. Pareillement, à Chypre ou en Phénicie, le porc n'a jamais été offert aux dieux parce qu'il ne fait pas partie de la faune locale. Les Égyptiens ne sacrifient pas non plus cet animal aux dieux, et pour la même raison. Il est donc vrai que certains peuples s'abstiennent totalement de cet animal, mais cela n'a pas plus de signification que si nous refusions, nous, de manger du chameau.

De l'abstinence, I, 14

SI LE PORC A ÉTÉ PRODUIT POUR ÊTRE ÉGORGÉ ET MANGÉ...

N'en doutons pas, cette opinion de Chrysippe mérite créance, qui veut que les dieux aient fait les hommes pour eux et les uns pour les autres, et les animaux pour nous, le cheval pour nous aider à la guerre, le chien pour nous aider à la chasse, le léopard, l'ours et le lion pour exercer notre courage. Quant au porc – et c'est là le plus savoureux de ces bienfaits –, il n'est né que pour être immolé, Dieu ayant mêlé l'âme à sa chair comme du sel, en vue de nous apprêter un mets friand. Et pour que nous ayons des sauces et des desserts à profusion, il a préparé des coquillages de toute sorte, les pourpres et les orties de mer, et les diverses sortes d'oiseaux, non pas à partir de quelque chose d'extérieur à lui-même, mais en y consacrant une large part de lui-même, l'emportant ainsi en douceur sur les nourrices et comblant ainsi les régions terrestres de plaisirs et de jouissances. Mais que celui qui ne juge pas cette opinion entièrement incroyable et indigne de Dieu considère ce qu'il répondra à cet argument de Carnéade : tout être produit par la nature qui atteint la fin à quoi le destine sa nature et pour quoi il a été produit, y trouve son intérêt – on doit entendre « intérêt » au sens le plus commun du terme : eux disent l'« utilité » – ; or le porc a été produit par la nature pour être égorgé et mangé ; il atteint donc en subissant ce sort ce à quoi le destine sa nature et il y trouve son intérêt.

[...]

… POURQUOI LES HOMMES NE DEVRAIENT-ILS PAS SERVIR DE NOURRITURE AUX CROCODILES ?

En outre s'il est vrai que c'est pour l'usage de l'homme que Dieu a façonné les animaux, quel usage ferons-nous des mouches, des moustiques, des chauves-souris, des scarabées, des scorpions, des vipères, animaux dont les uns sont hideux à voir, sales à toucher, intolérables à sentir, et poussent des cris effrayants et horribles, et dont les autres sont tout à fait funestes à ceux qu'ils rencontrent ? Quant aux baleines, aux requins et autres cétacés « que nourrit par milliers », comme le dit Homère, « la hurlante Amphitrite », pourquoi le démiurge ne nous a-t-il pas appris à quelles fins utiles ils ont été produits par la nature ? Et s'ils disent que tous n'ont pas été produits pour nous et à cause de nous, outre que cette distinction comporte bien de la confusion et bien des obscurités, nous n'échappons pas encore à l'injustice puisque nous attaquons et maltraitons ceux qui ont été produits non pas à cause de nous, mais comme nous conformément à la nature. Sans compter que si nous déterminions d'après le besoin ce qui est fait pour nous, il nous faudrait aussitôt accorder que nous-mêmes sommes nés pour les plus funestes des animaux, comme les crocodiles, les baleines et les serpents. En effet, ils ne peuvent nous être absolument d'aucune utilité ; eux, au contraire, ravissant les hommes qui se présentent sur leur passage et les faisant périr, les dévorent, nullement plus cruels en cela que nous, avec cette différence que c'est le besoin et la faim qui les poussent à cette injustice, tandis que c'est par démesure, par luxe, par jeu bien souvent, au théâtre et dans les chasses, que nous tuons la plupart des animaux.

De l'abstinence, III, 19

DANS LA MARMITE

Qu'on nous permette de simplifier – *sit venia verbo* – : les Grecs étudiaient ou décrivaient scientifiquement les animaux, les Romains – du moins les riches – les engraissaient et les mangeaient.

HOMÈRE
VIIIe s. av. J.-C.

VIRGILE
Ier s. av. J.-C.

CLAUDIEN
Ve s. ap. J.-C.

Varron

Les Gaulois étaient de grands consommateurs de porc, particulièrement en confit et sous la forme de jambons, affinés dans un sel de grande qualité, présent dans le nord et le sud de la Gaule (les Cavares occupaient une région qui s'étend d'Avignon à Orange, autour de Cavaillon ; Comacina, ou Macina, était sans doute une ville du Comtat Venaissin, près de Carpentras).

Les jambonneaux, ou en fait les petasones, *étaient vraisemblablement les ancêtres du fameux lard de Colonnata, que l'on mettait ensuite à mûrir dans de profondes carrières. Ces produits étaient particulièrement appréciés à Rome où on les faisait venir, à grands frais.*

LES MEILLEURS JAMBONS

Avec ces bêtes, les Gaulois ont coutume de faire les quartiers de porc salé les meilleurs et les plus gros. Preuve de leur excellence : aujourd'hui encore, chaque année, on importe de Gaule à Rome des jambons des Comaci et des Cavares et des jambonneaux.

Économie rurale, II, 9

HOMÈRE
VIIIe s. av. J.-C.

VIRGILE
Ier s. av. J.-C.

CLAUDIEN
Ve s. ap. J.-C.

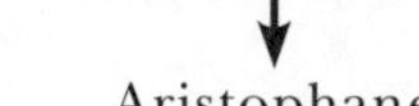

Aristophane

Pendant la guerre du Péloponnèse, les marchandises se font rares. Profitons donc de l'abondance qui inonde le marché privé ouvert par Dicéopolis : pratiquement tout ce qui est comestible y passe !

MARCHÉ NOIR

Dicéopolis. — Hé ! bonjour, mangeur de pains ronds, mon petit Béotien. Qu'apportes-tu ?

Le Thébain. — Tout ce qu'il y a de bon en Béotie, absolument : origan, pouliot, nattes, mèches, canards, choucas, francolins, poules d'eau, roitelets, plongeons…

Dicéopolis. — C'est donc comme une trombe d'oiseaux que tu es arrivé au marché !

Le Thébain. — Et voici, maintenant, ce que j'apporte encore : oies, lièvres, renards, taupes, hérissons, chats, hermines, fouines, loutres, anguilles du Copaïs.

Dicéopolis. — Ô toi qui portes ici le poisson le plus délectable aux hommes, si tu en apportes, laisse-moi saluer les anguilles.

Le Thébain. — *(Ouvrant un panier.)* Doyenne des cinquante filles Copaïdes, sors de là, et fais des grâces à l'étranger.

Dicéopolis. — Ô bien aimée enfant, si longtemps regrettée, tu réponds donc aux vœux… des chœurs de comédie, toi, chère à Morychos !

Serviteurs, sortez-moi ici le fourneau et le soufflet. Regardez, garçons, l'excellente anguille qui nous revient après six ans de dure attente !

Enfants, saluez-la. Moi je fais mon affaire
De payer le charbon pour fêter l'étrangère.
(À un esclave.) Allons, emporte-la à la maison,
Que jamais le trépas de toi ne me sépare…
Quand tu seras cuite dans des feuilles de bette.

Les Acharniens, 872-894

HOMÈRE
VIIIe s. av. J.-C.

VIRGILE
Ier s. av. J.-C.

CLAUDIEN
Ve s. ap. J.-C.

Phèdre

Histoire de confirmer la mauvaise réputation du singe, dans l'Antiquité…

LA VIANDE DE SINGE

Un passant vit un singe suspendu à l'étal d'un marchand de viande au milieu des autres marchandises et approvisionnements. Il demanda quel goût le singe pouvait bien avoir. Alors le boucher plaisantant : « Telle tête, dit-il, tel goût, j'en suis garant. »

Ce mot est plus plaisant que vrai à mon sens ; car avec un beau visage il est des gens que j'ai trouvés souvent très méchants, et avec vilaine figure beaucoup de gens que j'ai su être parfaits.

Fables, III, Fable 4

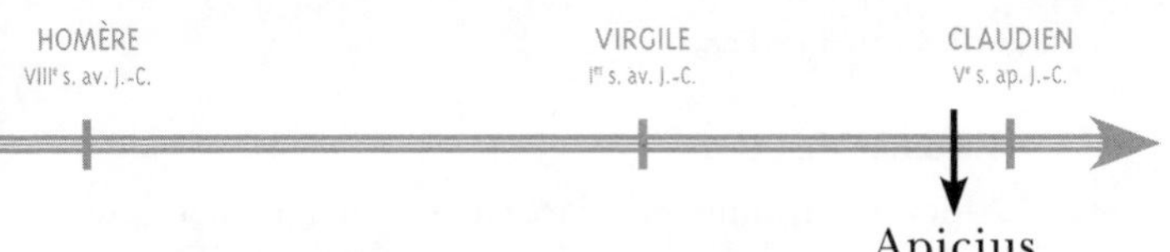

Apicius

*La cuisine romaine, à base d'ingrédients rares et luxueux, les prépare de façon complexe : marinades, rôtis, farces, salmis et sauces investissent les chairs délicates arrosées de garum et recouvertes d'aromates. Cuisine lourde et capiteuse, au-delà du raffinement, selon le goût romain, ainsi que l'illustrent les préférences de Martial (*Épigrammes, *XIII, 92) : « Parmi les oiseaux le premier rang revient, d'après moi, à la grive ; pour les quadrupèdes, c'est le lièvre. »*

Sous le nom d'Apicius, cuisinier d'Auguste, nous avons un recueil de recettes de cuisine.

QUELQUES RECETTES

Cochon de lait en *concicla* [1]

Désossez un poulet par la poitrine, joignez ses pattes en les étendant, attachez-les avec une brochette et préparez une farce composée alternativement de pois détrempés, de cervelles, de saucisses de Lucanie et autres ingrédients. Pilez du poivre, de la livèche, de l'origan et du gingembre, mouillez de garum et travaillez avec du vin paillé et du vin. Faites bouillir et, quand cela aura bouilli, ajoutez-en un peu à la farce. Quand vous aurez assaisonné celle-ci, disposez-la dans le poulet en alternant, enveloppez-le d'une crépine, placez-le dans une cloche que vous mettrez au four pour cuire lentement, et servez.

L'Art culinaire, V, 5

1. Plat à base de fèves sèches écrasées.

Estomac de porc

Videz-le parfaitement, lavez-le au vinaigre salé, puis à l'eau, et remplissez-le de la farce suivante : mélangez de la viande de porc battue et pilée avec trois cervelles dénervées et des œufs crus, à quoi vous ajouterez des pignons et du poivre en grains, et travaillez avec la sauce suivante : pilez du poivre, de la livèche, du silphium, de l'anis, du gingembre, un peu de rue, du garum de la meilleure qualité et un peu d'huile. Remplissez l'estomac en laissant de la place pour qu'il n'éclate pas à la cuisson. Fermez les deux bouts avec un hâtelet et plongez dans une marmite d'eau bouillante. Retirez et piquez avec une aiguille pour empêcher de crever. Retirez à mi-cuisson et suspendez à la fumée pour qu'il se colore, puis faites-le à nouveau bouillir jusqu'à cuisson complète, avec ensuite du garum, du vin pur et un peu d'huile. Ouvrez avec un couteau et servez avec du garum et de la livèche.

L'Art culinaire, VI, 1

Chevreau ou agneau vidé en flûte

On le désosse soigneusement par la gorge, comme pour faire une outre, et on vide complètement les intestins en soufflant par la gorge pour chasser les excréments par le derrière. On les lave soigneusement à l'eau et on les remplit d'eau additionnée de garum. On coud l'animal aux épaules et on le met au *clibanus*[2]. Quand il est cuit, on l'arrose d'une sauce bouillante ainsi composée : lait, poivre en poudre, garum, *carenum*, un peu de *defrutum* et aussi un peu d'huile, et, quand elle bout, on ajoute de la fécule. On peut du moins placer l'animal dans un filet ou dans une corbeille, l'attacher soigneusement et le plonger dans un chaudron d'eau bouillante légèrement salée. Quand l'eau aura donné

2. Four à pain.

trois bons bouillons, on enlève la bête et on la fait bouillir une fois encore avec la sauce indiquée ci-dessus. On l'arrose avec la sauce bouillante.

L'Art culinaire, VIII, 6

Porcelet deux fois farci

Nettoyez-le, videz-le par la gorge, troussez-le par la nuque. Avant de le faire saisir, ouvrez l'oreille sous la peau, remplissez de farce de Terentius une vessie de bœuf au col de laquelle vous adapterez un chalumeau d'oiseleur par où vous ferez pénétrer dans l'oreille tout ce qu'elle pourra contenir. Fermez par un papier et agrafez. Préparez une autre farce ; pour ce faire, pilez du poivre, de la livèche, de l'origan, un peu de racine de laser, mouillez de garum, ajoutez des cervelles cuites, des œufs crus, de la semoule cuite et du jus de cuisson, des petits oiseaux, si vous en avez, des pignons et du poivre en grains ; amalgamez avec du garum. Remplissez le porcelet de cette farce, fermez-le avec du papier et agrafez, mettez au four. Après cuisson, défaites-le, arrosez d'huile et servez.

L'Art culinaire, VIII, 7

Minutal[3] de sang, de foie et de poumons de lièvre

Mettez dans une cocotte du garum, de l'huile et du bouillon, hachez menu du poireau et de la coriandre, puis ajoutez dans la cocotte les foies et les poumons. Quand cela sera cuit, pilez du poivre, du cumin, de la coriandre, de la racine de laser, de la menthe, de la rue et du pouliot, mouillez de vinaigre, ajoutez les foies de lièvre et le sang et pilez ; ajoutez du miel et du jus de cuisson, travaillez avec du vinaigre et videz dans une cocotte ; versez les poumons de lièvre coupés menus dans

3. Sorte de fricassée.

cette même cocotte et faites bouillir. Quand cela aura bouilli, liez à la fécule, saupoudrez de poivre et servez.

L'Art culinaire, VIII, 8

Loirs

Farcissez les loirs avec une quenelle de porc et la chair pilée de leurs membres accompagnées de poivre, de pignons, de laser et de garum. Après les avoir recousus et placés sur une tuile, mettez-les au four ou bien, une fois farcis, cuisez-les au *clibanus*.

L'Art culinaire, VIII, 9

Grives farcies

Pilez du poivre, du laser et des baies de laurier que vous mélangerez avec du garum au vin ; farcissez-en la grive par le gosier et ficelez-la. Préparez un court-bouillon dans lequel elles cuiront, composé d'huile, de sel, d'eau, d'aneth et de têtes de poireaux.

Tourterelles

Ouvrez-les et apprêtez-les avec soin. Pilez du poivre, du laser, un peu de garum, mettez-y à tremper les tourterelles pour qu'elles s'en imbibent et faites-les rôtir ainsi.

Sauce pour les perdrix

Pilez dans un mortier du poivre, du céleri, de la menthe et de la rue, versez du vinaigre, ajoutez des dattes caryotes, du miel, du vinaigre, du garum et de l'huile. Faites cuire ensemble et servez.

Vinidarius, *Extraits d'Apicius* (29-31)

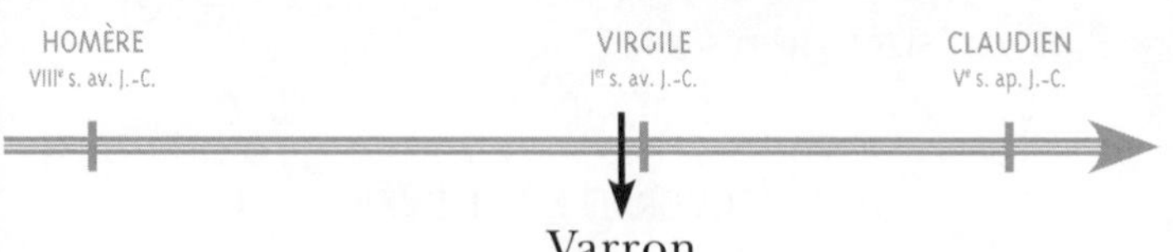

Varron

Le raffinement finit par déboucher sur la perversité. La cuisine ne se contente plus d'être capiteuse, elle se veut inventive : tous les caprices les plus coûteux deviennent la règle, et ces dîners prolongés s'amusent de la représentation de l'animal réduit à un ragoût provocateur.

DÎNERS-SPECTACLES ANIMALIERS

Tandis que je me trouvais chez Q. Hortensius dans la campagne laurentine, j'ai assisté à un spectacle qui était encore plus dans la manière thrace. Car il y avait une forêt de plus de cinquante arpents, à ce qu'il disait, entourée d'une muraille, qu'il appelait non pas « parc à gibier », mais « réserve d'animaux sauvages ». Il y avait là un lieu élevé, où on avait installé une salle à manger et où nous dînions. Votre hôte y convoqua Orphée. Il arriva là en robe longue et, ayant été invité à chanter avec sa cithare, il souffla dans une trompe ; et voici qu'une foule de cerfs, de sangliers et de tous les autres quadrupèdes se répandit autour de nous, au point que le spectacle ne me parut pas moins beau que les chasses données par les édiles au Cirque Maxime, mais sans bêtes africaines.

Économie rurale, III, 13

PERVERSITÉ ACHEVÉE

Lucullus a voulu créer une volière [...] qu'il s'est fait faire dans le territoire de Tusculum, de manière à ce que, sous le même toit de la volière, se trouve incluse une salle à manger, où il pourrait à la fois dîner en gourmet et voir les oiseaux ou bien cuits et disposés sur un plat, ou bien voletant, captifs, autour des fenêtres. Trouvaille peu utile, car le plaisir de voir ces oiseaux voleter derrière les fenêtres n'égale pas le désagrément causé par l'odeur déplaisante qui emplit les narines.

Économie rurale, III, 4

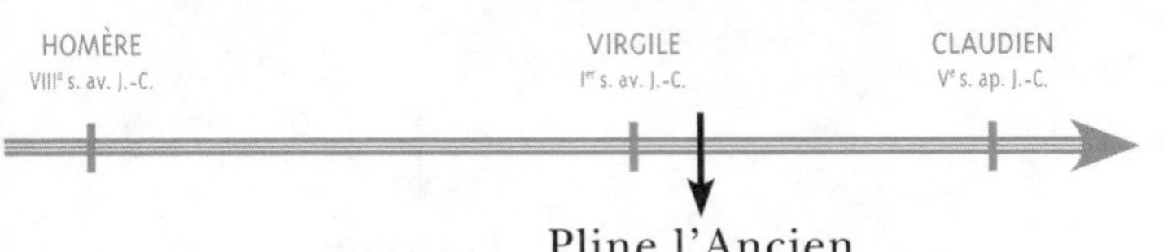

Pline l'Ancien

LANGUES D'OISEAUX

Toutefois ce qu'il y a de plus remarquable à ce sujet, c'est le plat de l'acteur tragique Clodius Aesopus, estimé cent mille sesterces ; il ne servit alors que des oiseaux chanteurs ou imitateurs du langage humain, achetés chacun six mille sesterces, sans autre attrait que celui de manger en eux une copie de l'homme, et sans égard pour les riches revenus que sa voix lui avait valus, tout à fait digne père d'un fils qui, avons-nous dit, avala des perles. À dire vrai, il serait malaisé de juger à qui des deux revient le prix de la honte ; nonobstant il est moins honteux d'avoir mangé les joyaux de la nature les plus précieux que des êtres parlant le langage humain.

Histoire naturelle, X, 141

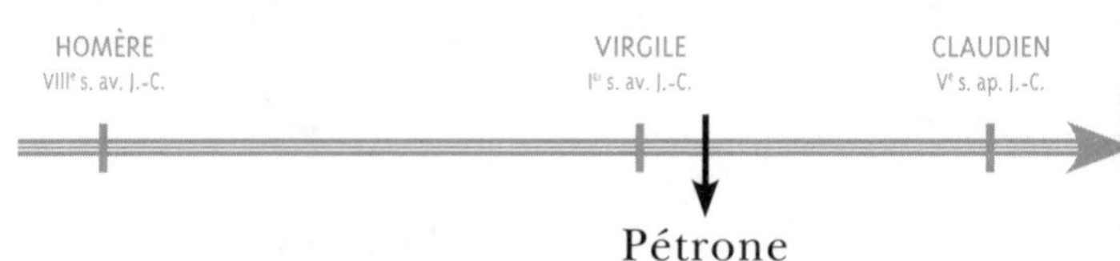

OÙ PASSENT LES CIGOGNES ?

Les remparts de Mars se fondent dans le gouffre d'un luxe insatiable. Pour ton palais on engraisse en cage le paon revêtu, tel un tapis de Babylone, de son plumage doré, et la poularde numidienne, et le chapon gaulois.

La cigogne elle-même, cette étrangère si chèrement accueillie, ce modèle de piété filiale, aux pattes grêles, au bruit de crécelles, l'oiseau qu'exile l'hiver, annonciateur des jours attiédis, fait maintenant son nid dans le chaudron de la débauche.

Satiricon, LV

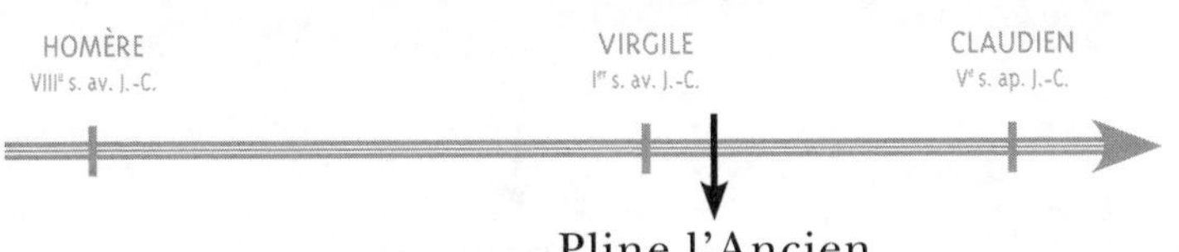

Pline l'Ancien

L'INVENTION DU CHAPON

Ce sont les Déliens qui ont les premiers engraissé les poules ; ainsi naquit la passion ruineuse de manger des volailles grasses et arrosées de leur jus. Je trouve cette défense édictée déjà parmi les anciennes restrictions somptuaires par la loi du consul C. Fannius, onze ans avant la troisième guerre punique : ne servir en fait de volaille qu'une seule poule, qui ne soit pas engraissée. Cet article est ensuite passé de loi en loi. Pour l'éluder, on a imaginé de substituer aux poules des jeunes coqs nourris avec des aliments trempés dans du lait : on les trouve ainsi beaucoup plus savoureux. À vrai dire on ne prend pas toutes les poules pour les engraisser, mais seulement celles qui ont la peau du cou grasse. Intervient ensuite l'art culinaire, pour que les cuisses de la volaille se présentent bien, pour qu'elles soient rabattues de chaque côté du dos, pour qu'en la tirant par une seule patte on en couvre tout le plat. Les Parthes aussi ont transmis aux cuisiniers leurs recettes. Cependant malgré cette présentation, aucune pièce ne plaît tout entière : ici on ne vante que la cuisse, ailleurs le bréchet.

Histoire naturelle, X, 50

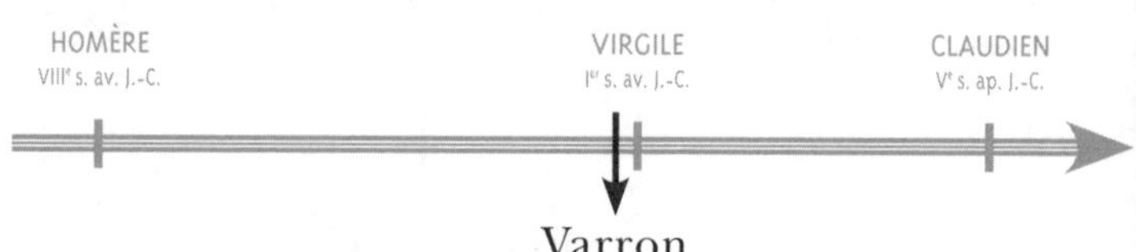

Varron

LE PARFAIT POULAILLER

Ceux qui veulent constituer un poulailler, c'est-à-dire qui désirent, en ajoutant connaissance et soin, en tirer de grands profits – comme l'ont fait surtout les habitants de Délos – doivent observer [surtout] les cinq points suivants : au sujet de l'achat, quelle sorte et quelle quantité se procurer ; au sujet de la reproduction, de quelle manière accoupler et engendrer ; au sujet des œufs, comment couver et faire éclore ; au sujet des poussins, comment et par qui les faire élever. À ces points s'ajoute en appendice une cinquième partie : comment les engraisser. Parmi ces trois espèces, les femelles domestiques s'appellent proprement « poules » ; les mâles s'appellent « coqs » et on appelle « chapons » les demi-mâles qui ont été châtrés. On castre les coqs, pour en faire des chapons, en leur brûlant avec un fer rouge l'extrémité des pattes, jusqu'à ce que le tissu éclate et, la plaie qui en résulte, on l'enduit avec de l'argile à potier. Celui qui se propose d'avoir un poulailler parfait doit, naturellement, se procurer les trois espèces, mais surtout les poules de basse-cour.

Économie rurale, III, 9

L'engraissement des oies vient de Grèce et est d'origine égyptienne, mais il n'est pas sûr qu'en Égypte le foie gras fût consommé.

Homère précise que Pénélope possédait un troupeau d'oies (Odyssée, *XIX, 536-537). Citant Archestrate, Athénée rapporte, dans* Les Deipnosophistes *(III, 24 ; IX, 8), comment, vers 400 avant J.-C., Agésilas avait reçu en cadeau, venant d'Égypte, des oies engraissées. Par la suite les Grecs* *passèrent maîtres dans l'art d'engraisser les oies (Platon –* Le Politique, *264c – fait ainsi allusion aux élevages d'oies dans « les plaines de Thessalie »), techniques que recueillirent par après les Romains.*

*Comme le rappelle Pline (*Histoire naturelle, *VIII, 77), les « Romains connaissaient les oies par la saveur de leur foie ». Et il précise : « Quand on les engraisse, il atteint une grosseur considérable, et, après l'avoir retiré de la bête, on le fait encore gonfler dans un mélange de lait et de miel. » (X, 22). Pline renvoie à Apicius qui engraissait truies et oies avec des figues et du vin complété de miel.*

ENGRAISSEMENT DES OIES

On fait paître les oies dans des lieux humides et on sème un fourrage qui apporte du profit et on sème pour elles une herbe appelée *seris,* parce qu'au contact de l'eau, même si elle est sèche, elle reverdit. On détache les feuilles et on les leur donne, pour éviter qu'en les conduisant là où pousse cette plante, ou bien elles la détruisent en la piétinant, ou bien elles ne crèvent elles-mêmes d'indigestion, car elles sont d'un naturel vorace. C'est pourquoi il faut les modérer car, en raison de leur avidité, il arrive souvent qu'au pacage, en prenant une racine qu'elles veulent arracher de terre, elles se rompent le cou ; car elles l'ont très fragile, de même que leur tête est délicate. À défaut de cette herbe, il faut leur donner de l'orge, ou une autre céréale. Quand c'est la saison de la dragée, il faut leur en donner, comme j'ai dit pour la *seris.* Quand elles couvent, il faut leur donner de l'orge délayée dans de l'eau. Quant aux oisons, d'abord, pendant deux jours, on les nourrit avec de la bouillie de farine d'orge ou de l'orge ; les trois jours suivants, ce sera du cresson vert haché menu, mélangé d'eau dans un vase. Lorsqu'ils ont été enfermés dans des cages, extérieures ou souterraines, comme je l'ai dit, au nombre de vingt, on leur donne de la bouillie de farine d'orge ou de la dragée, ou encore quelque herbe tendre hachée.

Pour l'engraissement, on choisit des oisons d'environ un mois et demi ; on les enferme dans un local pour engraissement et là on leur donne comme nourriture de la bouillie de farine d'orge et de la fleur de farine trempée dans de l'eau, afin qu'ils se rassasient trois fois par jour. Après le repas, on leur donne toute facilité pour boire abondamment. Ainsi traités, ils deviennent gras au bout d'environ deux mois. Après chaque repas, il est d'usage de nettoyer le local, car ils aiment un endroit propre et eux-mêmes ne laissent jamais propre l'endroit où ils ont séjourné.

Économie rurale, III, 10

Comme les viviers d'eau, les parcs à loirs permettaient de disposer immédiatement d'animaux très appréciés en se dispensant d'une chasse ou d'une pêche longue et aléatoire. Dans cet ordre de choses, il y avait aussi, dans beaucoup de villas, des parcs à escargots.

Ces dispositifs, parfois architecturalement complexes, mettaient en œuvre des techniques extrêmement élaborées.

DISPENDIEUX VIVIERS

Il y a deux sortes de viviers, d'eau douce et d'eau salée ; l'un se rencontre dans le peuple et n'est pas sans profit ; c'est là que les nymphes fournissent de l'eau à nos poissons d'élevage ; mais ces viviers marins des nobles, auxquels Neptune fournit aussi bien l'eau que les poissons, concernent les yeux plutôt que la bourse et vident plus qu'ils ne remplissent le porte-monnaie du maître. Car d'abord ils coûtent cher à construire, deuxièmement cher à remplir, troisièmement cher à alimenter. Hirrus tirait douze mille sesterces des bâtiments qui entouraient ses viviers. Mais tout son revenu se consumait dans la nourriture qu'il donnait à ses poissons. Et ce n'est pas étonnant : je me souviens qu'à une occasion il prêta à César deux mille murènes au poids et qu'en raison de la multitude de ses poissons il vendit sa villa quatre millions de sesterces. On a bien raison d'appeler « doux » notre vivier situé au milieu des terres et plébéien, et l'autre « amer ». Qui de nous en effet ne se contente pas d'un seul de ces viviers-là ? Qui au contraire, quand il s'agit de viviers marins, n'en possède plusieurs, réunis à partir de viviers distincts ? Car, de même que Pausias et tous les autres peintres du même genre ont de grandes boîtes à compartiments où ils mettent les cires de diverses couleurs, de même ces gens-là ont des viviers à compartiments, où ils tiennent enfermés à part des poissons de différentes espèces ; et de tels poissons, comme s'ils étaient sacrés [...] aucun cuisinier n'ose les convoquer en cuisine. Alors que Quintus Hortensius, notre ami, était propriétaire de viviers construits à grands frais à Bauli, je suis allé si souvent avec lui dans sa *villa* que je sais qu'il avait l'habitude de toujours envoyer acheter des poissons à Puteoli pour le dîner. Et il ne lui suffisait pas de ne pas se nourrir avec ses viviers, il fallait encore qu'il les nourrît lui-même et il prenait plus de soin pour éviter que ses mulets n'aient faim que je n'en prends moi-même à Rosea pour éviter que mes ânes n'aient faim et, certes, des deux points de vue, le manger et le boire, il pourvoyait à leur entretien en dépensant beaucoup plus que moi. Car, moi, il ne me faut qu'un petit esclave, un peu d'orge et l'eau de la maison pour alimenter mes ânes qui me rapportent beaucoup d'écus ; tandis qu'Hortensius, premièrement, avait de nombreux pêcheurs à son service et ils entassaient souvent pour lui de menus petits poissons destinés à être engloutis par les gros. En outre, il faisait jeter dans ces viviers ce qu'il avait acheté en fait de poissons salés, lorsque la mer était agitée et qu'en raison de la tempête c'est le marché qui fournissait la nourriture des viviers et qu'on ne pouvait ramener au rivage avec un filet les victuailles vivantes, poissons d'une table populaire. Tu aurais plus vite fait, avec l'assentiment d'Hortensius, d'extraire de son écurie des mules charretières, qui fussent à toi, que de retirer de son vivier un surmulet barbu. Et même, poursuivit-il, il n'avait pas moins souci de ses poissons malades que de ses esclaves mal portants. C'est pourquoi il se donnait moins de peine pour qu'un esclave souffrant ne bût pas d'eau froide que pour donner à ses poissons de l'eau renouvelée. Et en effet il soutenait que M. Lucullus souffrait de négligence à cet égard et il méprisait ses viviers, sous prétexte qu'il n'avait pas de bassins marins convenables et que ses poissons habitaient dans des lieux pestilentiels en raison de l'eau stagnante. Au contraire, près de Naples, L. Lucullus, après avoir percé la montagne et introduit un fleuve marin dans ses viviers, si bien qu'ils connaissaient eux-mêmes le flux et le reflux, ne le cédait pas à Neptune en matière de pêche. Il est arrivé en effet qu'il lui paraisse bon de conduire ses amis les poissons en raison de la chaleur, dans des endroits frais, comme ont coutume de le faire les bergers d'Apulie, qui conduisent leurs troupeaux dans les monts sabins par les chemins de transhumance. Par ailleurs, dans sa propriété de Baies, il brûlait d'un tel enthousiasme en bâtissant qu'il permit à son architecte de dépenser l'argent comme si c'était le sien, pourvu qu'il construise un tunnel des viviers jusqu'à la mer, en jetant devant une digue, par où la marée puisse, deux fois par jour, entrer et refluer dans la mer, depuis le début de la lune jusqu'à la prochaine nouvelle lune, en rafraîchissant les viviers.

Économie rurale, III, 17

LES PARCS À LOIRS [*GLIRARIA*]

Le local réservé aux loirs est conçu différemment, puisque l'endroit est entouré non par de l'eau, mais par un mur ; celui-ci est recouvert tout entier à l'intérieur de pierre lisse ou d'un enduit, pour les empêcher de se glisser dehors. Il faut qu'il y ait là de petits arbres producteurs de glands. À l'époque où les arbres n'ont pas de fruits, il faut jeter à l'intérieur du mur des glands et des châtaignes, pour les rassasier. Il faut leur construire des niches assez spacieuses, où ils puissent engendrer leurs petits ; il faut leur mettre peu d'eau, car ils n'en utilisent pas beaucoup et ils recherchent un endroit sec. On les engraisse dans des jarres, que beaucoup de gens ont même dans leurs *villas* ; les potiers leur donnent une forme très différente de celle des autres jarres, du fait qu'ils creusent dans leurs flancs des cannelures et un trou pour mettre la nourriture. On place dans cette jarre des glands, des noix ou des châtaignes. Et dans cette obscurité, une fois qu'un couvercle a été posé sur les jarres, ils engraissent.

Économie rurale, III, 15

ARÈNES SANGLANTES

Il y a pire que l'enfermement des loirs, le gavage des oies ou la castration des coqs. Ce qui se passe dans la marmite des riches n'est rien à côté de ce qui se passe, pour obtenir la tranquillité du peuple, sur le sable des arènes. Par leur caractère de massacre massif, par leur caractère de spectacle populaire, les jeux du cirque, au-delà d'une vraie question de civilisation, posent une fois de plus, mais fondamentalement, le problème de savoir ce que nous avons de commun avec les animaux, la question du respect qui leur est dû.

Leur terrible histoire, aussi terrible pour les hommes que pour les animaux, ne cesse de vérifier ce que rappelle Porphyre : « C'est par démesure, par luxe, par jeu bien souvent, au théâtre et dans les chasses, que nous tuons la plupart des animaux. » (*De l'abstinence*, III, 19).

L'indignation, les témoignages, ne manquent pas qui sauvent l'honneur des philosophes.

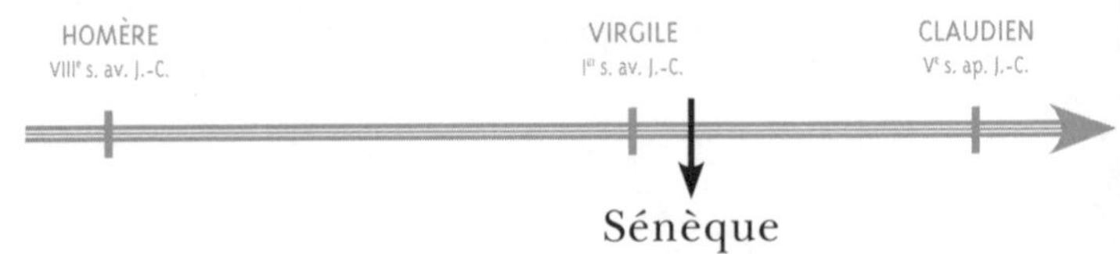

SANGLANTS DIVERTISSEMENTS

Admettras-tu qu'on se soucie que Sylla le premier ait lâché dans le cirque des lions, alors qu'autrefois ils étaient attachés, et que le roi Bocchus ait envoyé des archers pour les mettre à mort ? Faisons encore cette concession ; mais que Pompée le premier ait fait représenter un combat en mettant dix-huit éléphants aux prises avec des condamnés, en quoi cela peut-il intéresser la morale ? Le premier personnage de la cité et parmi les anciens hommes d'État le plus remarquable par sa bonté, nous dit la tradition, a regardé comme un spectacle mémorable une nouvelle manière de faire mourir des hommes. Les faire combattre ? C'est trop peu. Déchirer ? C'est trop peu. Broyer par l'énorme masse des animaux ! Il eût mieux valu laisser de pareils faits dans l'oubli, de peur que quelque grand ne les apprît et ne fût jaloux de cet acte inhumain. Oh ! quelles ténèbres répand sur notre intelligence une grande félicité ! Celui-ci s'est cru au-dessus de la nature, en jetant des bandes de malheureux à des bêtes nées sous un autre ciel, en faisant livrer bataille à des êtres si disproportionnés, en répandant le sang pour donner un spectacle au peuple romain avant de le forcer lui-même à en verser bientôt davantage.

De la brièveté de la vie, XIII, 6

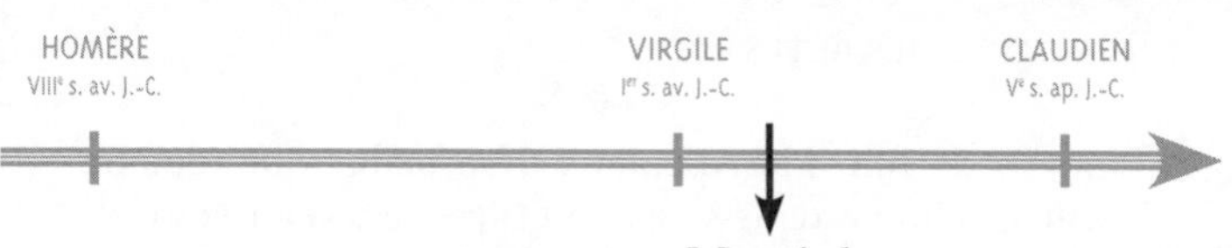

INSOUTENABLES INCIDENTS

De même qu'en Scythie, enchaîné à son rocher, Prométhée nourrit jadis l'insatiable oiseau de sa poitrine trop puissante, ainsi Laureolus, attaché à une croix bien réelle, a offert sa chair nue en pâture à un ours de Calédonie. Ils vivaient, ces membres déchirés dont les fibres ruisselaient de sang, et ce corps tout entier n'avait nulle part forme de corps. Bref, [il a subi] le supplice [qu'il méritait : car un père] ou un maître, la gorge transpercée, avait succombé sous l'épée de ce misérable ; ou bien dans sa folie il avait dépouillé les temples de l'or dont ils ont le dépôt secret, ou encore, Rome, il avait approché de toi une torche sauvage. Par sa scélératesse, il avait surpassé les atrocités relatées par l'antique légende, cet homme pour lequel ce qui n'avait encore été qu'une fiction est devenu un châtiment réel.

Dédale, à l'heure où un ours de Lucanie te mettait ainsi en pièces, comme tu aurais voulu avoir tes ailes !

Promené d'abord par toute l'arène, César, ce rhinocéros a procuré à tes yeux un spectacle qu'il n'avait pas fait espérer. Quelle terrible colère l'enflammait, la corne pointée en avant ! Quel taureau monstrueux, pour lequel un taureau n'était qu'un mannequin !

De sa gueule ingrate, un lion déloyal avait blessé celui qui le dressait : il avait osé ensanglanter des mains qui lui étaient si familières ; mais il a subi la peine qui convenait à un si grand crime, et lui qui n'avait pu endurer le fouet, il a dû endurer les javelots. Quelles doivent être les mœurs des hommes sous un prince qui veut que le naturel des bêtes féroces s'adoucisse !

Tournant sur lui-même, tête basse, dans l'arène sanglante, un ours, empêtré dans la glu, a été privé de tout moyen de fuir. Plus d'épieux désormais : que leur fer brillant chôme dans sa gaine et que le javelot cesse de voler, balancé à tour de bras. Que le chasseur saisisse sa proie dans le vide des airs, si l'on fait appel à l'art de l'oiseleur pour prendre les bêtes féroces !

Parmi les sanglants incidents de la chasse offerte par César, un javelot léger s'étant enfoncé dans le flanc d'une laie pleine, un marcassin s'est élancé de la blessure de la malheureuse mère. Ô barbare Lucine, fut-ce là un enfantement ? Elle eût voulu mourir frappée de traits plus nombreux, s'ils avaient dû ouvrir à tous ses petits une voie, si lamentable fût-elle. Comment nier que Bacchus ait été mis au monde par la mort de sa mère ? Un dieu a pu naître ainsi, soyez-en sûrs : c'est bien ainsi qu'est née une bête sauvage ! Frappée d'un trait fatal et succombant à sa blessure, une laie pleine a perdu la vie en même temps qu'elle l'a donnée. Oh ! qu'elle était sûre d'elle-même, la main qui a balancé ce fer ! Ce fut, à mon avis, celle de Lucine. En mourant, cette laie éprouva la puissance des deux Dianes : l'une délivra la mère, et l'autre mit à mort la bête.

Une laie près de son terme, déjà alourdie par le fruit de ses entrailles, a mis bas un marcassin : sa maternité fut due à une blessure. Le jeune sanglier ne resta pas inanimé, mais, tandis que sa mère tombait expirante, il se prit à courir. Oh ! que d'ingéniosité dans les surprises du hasard !

Épigrammes, I, *Spectacles*, VII-XIV

« VA DONC, POPULACE, ET PLAINS-TOI… »

Les piqueurs aiguillonnaient craintivement un rhinocéros, et depuis longtemps la colère du terrible fauve se concentrait, si bien qu'on désespérait d'assister au combat annoncé. Enfin, la fureur qu'on lui avait connue auparavant revint au monstre : sur sa double corne, il enlève un ours énorme aussi aisément qu'un taureau envoie jusqu'aux astres les mannequins qu'on lui jette, d'un geste aussi sûr que celui de la vaillante main de notre encore si jeune Carpophore, lorsqu'elle dirige les épieux noriques. On l'a vu soulever sans peine d'un coup de tête deux taurillons à la fois ; le buffle farouche et le bison n'ont pu lui résister. Pour le fuir, un lion s'est jeté tête première sur les lances. Va donc, populace, et plains-toi après cela qu'on te fasse trop attendre !

Épigrammes, I, *Spectacles*, XXII-XXIII

HOMÈRE
VIIIe s. av. J.-C.

VIRGILE
Ier s. av. J.-C.

CLAUDIEN
Ve s. ap. J.-C.

Hérodien

COMMODE, EMPEREUR ET GLADIATEUR

Commode ne se maîtrisait plus. Il organisa des spectacles publics où il promettait de tuer de sa propre main toutes les bêtes sauvages qui l'attaqueraient et de combattre en gladiateur contre les jeunes gens les plus braves. La nouvelle s'en répandit, et l'on vit rapidement arriver de toute l'Italie et des provinces limitrophes des gens venus regarder ce qu'auparavant on n'avait jamais vu ni entendu. Partout on vantait son adresse, et l'on ajoutait qu'au javelot et à l'arc Commode avait à cœur de ne jamais manquer son but. Pour se former, il avait avec lui les plus fins archers parthes et les Maures les plus habiles à lancer le javelot. Mais par la sûreté de son bras, il les surpassait tous. Lorsque le jour du spectacle fut arrivé, l'amphithéâtre était bondé. On avait construit pour Commode un couloir qui épousait le contour des gradins : ainsi il ne risquait pas d'affronter directement les fauves et, en se tenant à distance pour lancer, du haut de ce dispositif, son javelot, il se trouvait en sécurité : démonstration de dextérité donc plutôt que de courage ! Les biches, les gazelles et toutes les bêtes à cornes, taureaux exceptés, il les suivit à la course, ne les lâcha plus et, prévoyant leur trajectoire, les frappa et les tua mortellement. Mais il en alla autrement pour les lions, les panthères et tous les animaux nobles : il ne courut autour d'eux qu'à distance et ne les abattit qu'au javelot et de haut. Personne ne le vit utiliser, pour un même animal, deux javelots différents : tous les coups qu'il porta furent mortels. Du moment même où la bête s'avançait, il la frappait au front et au cœur, car il visait toujours ces zones-là, et son javelot ne toucha jamais une autre partie du corps, tant il voulait que la blessure et la mort coïncidassent.

AUTRUCHES DÉCAPITÉES

Comme on rassemblait pour lui les animaux du monde entier, c'est alors, assurément, que nous vîmes toutes sortes de bêtes que nous n'admirions auparavant qu'en peinture. On amena en effet d'Inde ou d'Éthiopie, du Midi ou du Septentrion, des bêtes auparavant inconnues : en cherchant à les tuer toutes, Commode les montrait toutes aux Romains. On était généralement étourdi par l'adresse de son bras. Une fois, il se munit de traits pourvus de pointes en croissant contre des autruches de Maurétanie (ces oiseaux courent très vite, grâce tout à la fois à la vélocité de leurs pattes et à cette voilure que constituent leurs ailes) : Commode les visa en haut du cou et les tua, mais celles-ci, bien que privées de leur tête par la violence du trait, continuèrent à courir comme si de rien n'était. Une autre fois, une panthère s'était précipitée à toute vitesse sur quelqu'un qui la provoquait ; Commode lança son javelot contre elle alors qu'elle allait déchirer l'individu et, prévenant ses morsures, il la tua tout en sauvant sa future victime : avec la pointe de son javelot il avait donc empêché le monstre d'enfoncer la pointe de ses dents acérées ! Une autre fois encore, on fit monter de leurs loges souterraines cent lions qu'on lança dans l'arène : avec un nombre équivalent de javelots, Commode les tua tous (comme les cadavres restèrent longtemps étendus là, on put tout à loisir, pour cette raison même, décompter les armes et constater l'absence de javelots en surnombre).

Histoire des empereurs romains, I, 15

L'ANIMAL, ÊTRE SENSIBLE

Les jeux offerts par Pompée en 55 avant J.-C. furent l'occasion d'un dérapage qui suscita une mémorable réaction de la foule, prenant le parti des bêtes. Cet événement pourrait contribuer à montrer qu'existe peut-être, chez le vivant sensible, un mouvement d'identification à l'autre qui souffre, antérieur à toute approche rationnelle. Cicéron en personne témoigne.

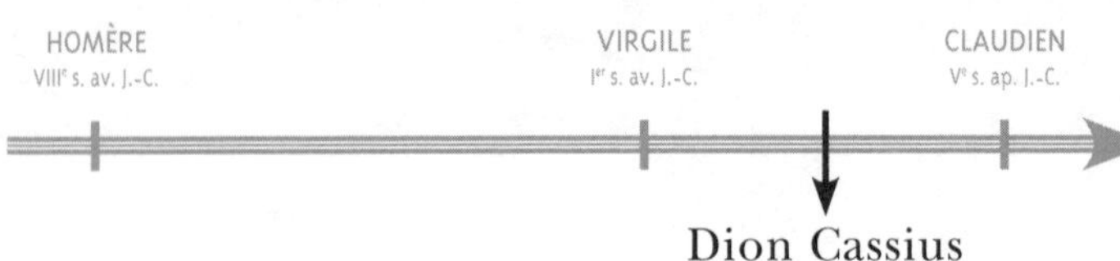

Dion Cassius

NOUS SOMMES TOUS DES ÉLÉPHANTS !

Au cours des mêmes journées, Pompée consacra le théâtre dont nous nous glorifions encore aujourd'hui, il y organisa un spectacle de musique et de jeux gymniques et organisa au cirque une course de chevaux et un massacre de bêtes sauvages en grand nombre et de toute espèce. Cinq cents lions périrent en cinq jours et dix-huit éléphants combattirent contre des hommes lourdement armés. Ces animaux moururent sur le champ ou un peu plus tard. Car le peuple prit en pitié certains d'entre eux, contrairement à ce que Pompée souhaitait, quand ils cessèrent de combattre en raison des blessures, et se mirent à errer aux alentours, dressant leur trompe vers le ciel et gémissant, si bien qu'on se mit à dire qu'ils ne faisaient pas cela par hasard, qu'ils invoquaient les serments auxquels ils avaient fait confiance quand ils avaient embarqué en Libye et qu'ils en appelaient à la vengeance divine. On dit en effet qu'ils avaient refusé de monter sur les navires avant d'obtenir de leurs guides l'engagement de ne leur faire subir aucun mal.

Histoire romaine, XXXIX, 38

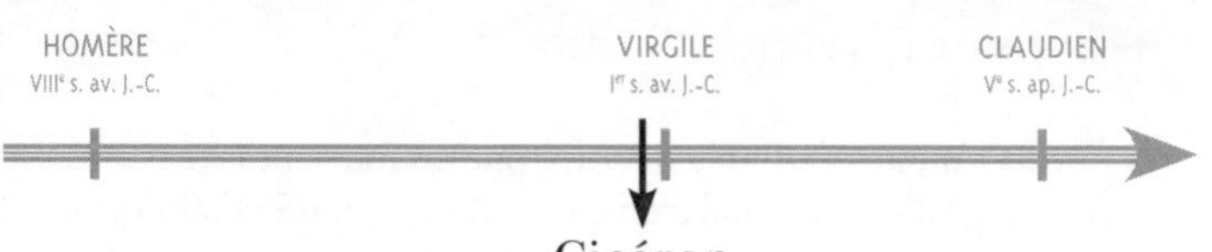

Cicéron

COMPASSION

Oui, certes, si tu veux le savoir, ce furent des jeux tout à fait magnifiques ; mais ils n'étaient pas de ton goût : j'en juge d'après le mien. Premièrement, on avait fait revenir sur la scène, pour honorer ces fêtes, des gens que je croyais l'avoir quittée pour s'honorer eux-mêmes. Et celui qui faisait tes délices, notre cher Ésope, a été si mauvais que tout le monde était d'accord pour lui laisser prendre sa retraite. Quand il a commencé à prêter le serment, la voix lui manqua pour dire : « Si je trompe sciemment. » À quoi bon t'en dire davantage ? tu connais le reste des jeux : ils n'eurent même pas cette sorte d'agrément qu'ont les jeux ordinaires. Le spectacle de la mise en scène leur ôtait toute gaieté : et cette mise en scène, je ne doute pas que tu ne t'en sois passé le plus aisément du monde. Quel plaisir y a-t-il à voir dans *Clytemnestre* six cents mulets, ou, dans *Le Cheval de Troie*, trois milliers de cratères, ou bien encore, dans je ne sais quel combat, toute la variété des armes de l'infanterie et de la cavalerie ? Il y avait là de quoi exciter l'admiration populaire, mais tu n'y eusses trouvé nul agrément. [...] Car je ne pense pas que tu aies regretté les jeux grecs ou les jeux osques : ceux-ci, il te suffit d'une séance de votre Sénat pour en avoir le spectacle, et quant aux Grecs, tu les aimes si peu que tu évites même de prendre la *via Graeca* pour gagner ta *villa*. Et quel regret puis-je penser que t'aient inspiré les athlètes, à toi qui n'as eu que mépris pour les gladiateurs ? C'est un spectacle où Pompée lui-même avoue qu'il a perdu sa peine et son temps. Restent les chasses, à raison de deux par jour pendant cinq jours : elles furent splendides, personne ne le nie ; mais quel plaisir peut éprouver un homme cultivé à voir un pauvre diable déchiré par un fauve puissant, ou un magnifique animal transpercé d'un épieu ? D'ailleurs, si c'est à voir, tu l'as vu plus d'une fois ; et pour nous, qui avons ce spectacle, nous n'avons rien vu de neuf. Le dernier jour fut celui des éléphants : le peuple, la foule, a éprouvé une grande admiration, mais aucun plaisir. Bien plus, cela a provoqué je ne sais quel sentiment de pitié, et l'impression qu'il y a quelque chose de commun, [une sorte de société] entre ces bêtes et l'espèce humaine.

Ad familiares, VII, 1
(Lettre CXXVII, à M. Marius – Rome,
première moitié d'octobre 55)

Augustin

Considérer la souffrance animale, c'est d'abord prendre conscience de ce qu'est un animal qui souffre *et que c'est* un animal *qui souffre, mais c'est aussi comprendre ce que cette souffrance a de significatif, car elle est bien plus en fait qu'une atteinte physique, elle dévoile une sorte de capacité à souffrir qui, même quand il ne s'agit* que *d'un animal (comme on dit parfois non sans sottise), au-delà de la compassion, force le respect.*

UNE PUISSANCE ADMIRABLE ET MAGNIFIQUE EN SON GENRE

[…] ces hommes, qui sont plutôt des bavards jongleurs que des observateurs attentifs, vont chercher jusque dans les maladies et les fatigues des animaux les moyens d'ébranler la foi des simples. Quel mal ont fait encore les animaux, disent-ils, pour souffrir de tant de manières, et qu'espèrent-ils dans toutes ces épreuves ?

Ce langage ou ces sentiments prouvent qu'ils ont de très fausses idées des choses ; incapables de voir la nature et la grandeur du souverain bien, ils voudraient que tout ressemblât à l'idée qu'ils en ont. Ils n'élèvent pas cette idée au-dessus des corps célestes qui sont les plus parfaits et les plus incorruptibles de tous les corps ; aussi voudraient-ils avec toute la déraison possible que les corps des animaux ne fussent sujets ni à la mort ni à la corruption. Mais, étant les derniers des corps, ne sont-ils pas mortels et sont-ils mauvais pour ne valoir pas autant que les corps célestes ?

D'ailleurs, les souffrances endurées par les bêtes montrent jusque dans le principe de vie qui les anime une puissance admirable et magnifique en son genre. On voit, en effet, combien elles cherchent l'unité dans le corps qu'elles animent et qu'elles dirigent. Car la douleur est-elle autre chose que le sentiment qui résiste à la séparation ou à la corruption ? Ainsi donc ne voit-on pas, plus clair que le jour, combien cette âme des bêtes recherche l'unité dans tout son corps et s'y attache opiniâtrement ? Ce n'est en effet ni avec plaisir ni avec indifférence, c'est plutôt avec résistance et avec effort, qu'elle se porte à la partie blessée dont elle sent avec peine que les douleurs menacent de détruire l'unité et l'intégrité de son corps. Sans ces souffrances des bêtes on ne verrait pas combien les dernières créatures animales recherchent l'unité, et si on ne le voyait pas, nous ne comprendrions pas suffisamment comme tout est fait par cette souveraine, sublime et ineffable unité du Créateur.

Du libre arbitre, III, 23

HOMÈRE
VIIIe s. av. J.-C.

VIRGILE
Ier s. av. J.-C.

CLAUDIEN
Ve s. ap. J.-C.

Plutarque

Dans un monde, ou une civilisation, assurément impitoyables, il est des philosophes pour dénoncer l'engrenage de la violence, et montrer, alors, que notre conduite à l'égard des animaux ne saurait relever seulement d'un droit qui les ignore. Il resterait à élucider, en l'homme, l'étrange plaisir de voir des êtres vivants massacrés et mourir.

GÉNÉALOGIE DE LA CRUAUTÉ

On dit aussi que cette pratique [la chasse] a amené chez les hommes l'insensibilité, et cette sauvagerie qui a découvert le goût du meurtre et qui s'est trouvée prédisposée, dans les battues et les curées, à ne pas s'offusquer du sang et des blessures des animaux, mais au contraire à prendre plaisir à les voir massacrés et mourants. Ainsi, à Athènes, la première victime des Trente fut un sycophante, et l'on trouva que c'était mérité ; même chose pour la deuxième, puis la troisième victime ; après quoi, peu à peu, se risquant davantage, ils s'en prirent à des honnêtes gens, et finalement n'épargnèrent même pas les meilleurs des citoyens. Eh bien, de la même façon, le premier qui tua un ours ou un loup en fut félicité ; puis ce fut un bœuf ou un porc que l'on accusa d'avoir goûté à des offrandes déposées ; à partir de là, on en vint désormais à manger les cerfs, les lièvres, les chevreuils, qui eux-mêmes ouvrirent la voie, pour la consommation de leur viande, aux moutons, voire en certains lieux aux chiens et aux chevaux. L'oie domestique et le pigeon, cet « hôte familier de la maison » dont parle Sophocle, ne servirent pas seulement, comme les belettes et les chats, de nourriture consommée sous l'effet de la faim, mais ils servirent au plaisir et à la gourmandise des hommes qui, en les dépeçant et découpant, fortifièrent tout le côté sanguinaire et bestial de leur nature et le rendirent inflexible à la pitié, tandis qu'ils laissaient s'étioler l'essentiel de ce qui fait d'eux des êtres civilisés. À l'inverse, les pythagoriciens ont fait de la douceur envers les bêtes un entraînement à l'humanité et à la pitié. Car l'habitude est d'un grand pouvoir pour pousser l'homme fort avant par l'effet des passions qui peu à peu s'installent en lui.

L'Intelligence des animaux, II, 2

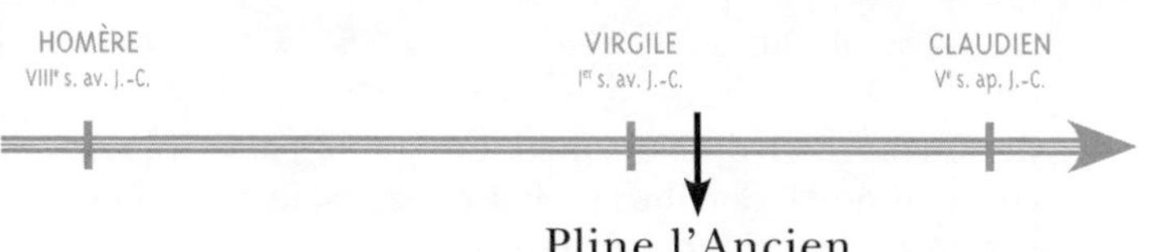

Pline l'Ancien

LE CORBEAU DU FORUM

Rendons aussi justice au mérite des corbeaux, attesté non seulement par le sentiment du peuple romain, mais encore par son indignation. Sous le principat de Tibère, un jeune corbeau, d'une couvée née sur le temple des Dioscures, vint s'abattre dans la boutique d'un cordonnier voisin ; sa provenance sacrée le recommandait au patron de la boutique. Habitué de bonne heure à parler, il s'envolait tous les matins sur la tribune et, tourné vers le Forum, il saluait par leurs noms Tibère, puis les Césars Germanicus et Drusus, ensuite le peuple romain qui passait par là ; après quoi, il retournait à la boutique, et, durant plusieurs années, son assiduité fut un objet d'admiration. Le maître-cordonnier d'une boutique toute proche le tua, soit par jalousie, soit dans un soudain accès de colère, comme il voulut le faire croire, parce que l'oiseau lui avait, de ses excréments, sali des chaussures. La multitude s'en émut au point qu'elle commença par chasser l'homme du quartier, et qu'ensuite elle le mit à mort ; un cortège innombrable assista aux funérailles de l'oiseau ; le lit funèbre fut porté sur les épaules de deux Éthiopiens, précédé d'un joueur de flûte et de couronnes de toute espèce, jusqu'au bûcher qui fut édifié à droite de la voie Appienne, à deux milles de Rome, dans le terrain plat qui porte le nom de Rediculus. C'est ainsi que le peuple romain vit dans le talent d'un oiseau un motif assez juste pour lui faire des funérailles ou pour lui sacrifier un citoyen romain, dans une ville où personne n'avait escorté le convoi funèbre de tant de personnages, où personne n'avait vengé la mort de Scipion Émilien, destructeur de Carthage et de Numance. Ce fait se passa sous le consulat de M. Servilius et de C. Cestius, le cinquième jour avant les calendes d'avril.

Histoire naturelle, X, 43

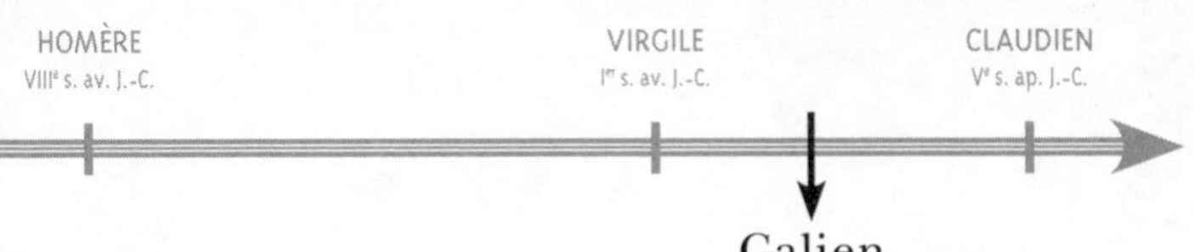

Galien

La science médicale doit beaucoup à Galien. Cet ancien médecin des gladiateurs fut un immense médecin. Est-ce en raison de cette insensibilité acquise au contact des grands blessés ? Toujours est-il qu'il cède à la « beauté » théorique d'expériences directes, sur l'animal vivant, expériences qui permettent d'observer les effets de la section de tel nerf ou de tel muscle, sur telle ou telle fonction, par exemple la voix en produisant une aphonie par la section du nerf pneumogastrique. L'examen du trajet des nerfs permettait alors de conclure à telle ou telle localisation de la fonction dans le cerveau.

Rappelons que Galien attendait de la vivisection ce que la dissection des cadavres ne pouvait lui donner. Mais cela n'avait de sens qu'en présupposant une homologie de structure des animaux utilisés et du corps humain, ce qui est loin d'être toujours le cas.

VIVISECTION

Pour cette opération [la dissection de l'animal vivant], tu dois disposer d'un porc ou d'un chevreau, afin d'obtenir à la fois deux résultats : en premier lieu, éviter le spectacle dégoûtant de la dissection du singe vivant, et en second lieu que l'animal objet de dissection ne pousse des cris stridents, toutes choses inévitables avec le singe.[…]

Pour toute incision que tu pratiques, vas-y sans hésiter, comme s'il s'agissait d'un animal mort, et que la dissection soit faite sans pitié ni compassion. […]

Souvent, au cours de cette dissection, une hémorragie se produit qui épouvante et paralyse celui qui n'a pas l'habitude de ce genre d'opérations. Mais il ne faut pas se laisser paralyser par la peur…

Procédés anatomiques, IX, 11

PROXIMITÉ ET BIENVEILLANCE

Il faudra bien tôt ou tard admettre l'étroitesse du point de vue juridique, hérité de la Grèce archaïque. Et donc penser la forme de communauté et le type de sentiment qui, en vérité, nous rapprochent des bêtes. Mais ce passage, qui va de la rigidité d'une norme juridique qui exclut toute communication avec les animaux, à la reconnaissance d'une sensibilité partagée, nécessite une longue et difficile transition, peut-être un changement d'époque, sûrement un changement de paradigme. Il est sans doute naturel d'être bon avec les animaux, mais c'est une chose qui ne va pas de soi dans l'Antiquité. Et qu'on ne dise pas que c'est une découverte tardive des philosophes : Pythagore l'avait compris dès le début.

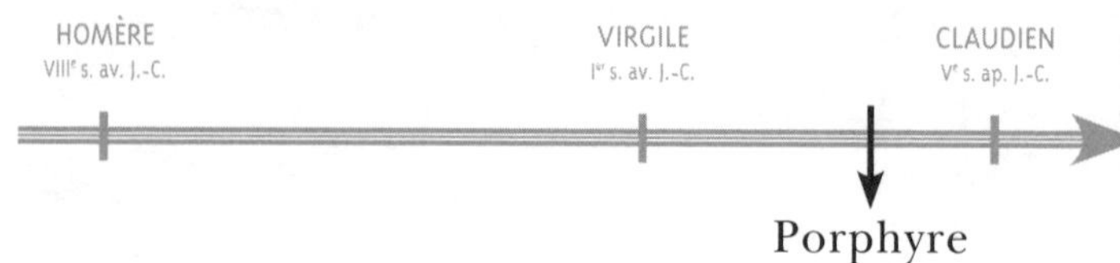

PROXIMITÉ

Parce que l'amour, je pense, et aussi la perception de la parenté régnaient alors, nul ne commettait aucun meurtre, car l'homme estimait que les animaux lui étaient appropriés. Mais quand vinrent à régner Arès et le Tumulte, ainsi que tous les conflits et sources de guerres, dès lors, en vérité, nul n'épargna plus un seul des êtres qui lui étaient appropriés. Or il faut encore examiner le point suivant : bien qu'une appropriation [οἰκειότης] nous unisse aux autres hommes, nous sommes d'avis qu'il faut détruire et punir tous ceux qui sont malfaisants et qu'une sorte d'impulsion de leur nature particulière et de leur méchanceté semble entraîner à nuire à ceux qu'ils rencontrent. Eh bien, de la même façon, on a peut-être le droit de supprimer, parmi les animaux privés de raison, ceux qui sont par nature injustes et malfaisants, et que leur nature pousse à nuire à ceux qui les approchent. Mais parmi les autres animaux certains ne commettent pas d'injustices, leur nature ne les poussant pas à nuire ; ceux-là, il est à coup sûr injuste de les détruire et de les tuer, tout comme il est injuste de le faire aux hommes qui sont comme eux. Voilà qui semble révéler qu'il n'y a pas qu'une forme de droit entre nous et les autres animaux, puisque parmi ces derniers les uns sont nuisibles et malfaisants par nature, et les autres non – tout comme parmi les hommes.

De l'abstinence, II, 22

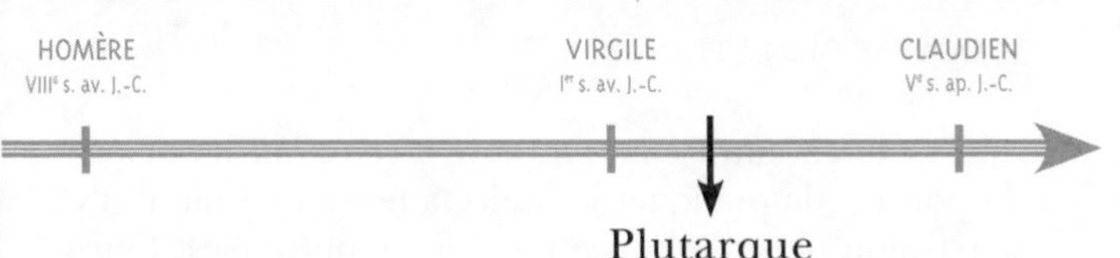

Plutarque

EST-IL VRAI QU'IL N'Y A PAS DE JUSTICE POSSIBLE AVEC LES ANIMAUX ?

Les stoïciens et les péripatéticiens s'appliquent plus que tous les autres à argumenter en sens contraire, disant qu'il n'y a plus d'avènement possible pour la justice mais qu'elle devient quelque chose d'inconstitué et d'inexistant si tous les vivants ont part à la raison. Ou bien en effet nous sommes contraints de manquer à la justice si nous n'épargnons pas les animaux, ou bien, si nous refusons de les utiliser, la vie devient impossible et privée de ressources ; en quelque sorte nous sommes voués à une vie de bêtes si nous renonçons à nous servir des bêtes. Je laisse de côté les foules incalculables des Nomades et des Troglodytes qui ne connaissent pas d'autre nourriture que la viande. Mais nous-mêmes, qui pensons avoir une vie civilisée et humanisée, que nous reste-t-il pour travailler la terre, quel travail est encore possible sur mer, que devient l'art qui s'exerce dans les montagnes, que devient notre mode de vie policé si, voyant dans tous les animaux des êtres raisonnables et de même race que nous, nous apprenons à observer à leur égard, comme il se doit, des dispositions inoffensives et une conduite scrupuleuse ? Il serait bien difficile de le dire. Nous n'avons pas d'autre médication, pas d'autre remède, contre ce dilemme qui supprime soit la vie soit la justice, que de respecter l'antique loi et règle par laquelle, selon Hésiode, Zeus, en séparant les espèces et en mettant à part chacun des deux genres, a permis « aux poissons, aux fauves et aux oiseaux ailés de s'entredévorer, puisqu'il n'est point parmi eux de justice ; mais aux hommes il a fait don de la justice » qui s'exerce entre eux. Or, envers ceux qui n'ont pas le pouvoir de pratiquer la justice à notre endroit, il n'y a pas non plus d'injustice possible de notre part. Ceux qui repoussent cet argument ne laissent à la justice nulle voie, large ou étroite, par où elle puisse se frayer un chemin. Eh bien ! mon cher, tu viens de divulguer là le « fond de la pensée » de ces messieurs.

IL Y A UNE AUTRE VOIE POUR LE DROIT

Car il y a dans ce domaine-là une autre voie pour le droit, une voie qui n'est pas si glissante ni si ardue, et qui ne passe pas à travers le chaos des évidences culbutées [...]. Car enfin l'homme n'est pas absolument exempt d'injustice quand il traite les animaux comme il le fait : c'est là une vérité reconnue par Empédocle et par Héraclite. Ceux-ci adressent bien des plaintes et des reproches à la nature : elle n'est, selon eux, que nécessité et guerre, elle ne comporte rien qui soit sans mélange, rien qui soit pur, mais elle s'accomplit au travers d'un grand nombre d'injustes souffrances.

Néanmoins, malgré la surabondance de violence et de cruauté qui apparaît ici, il existe par ailleurs un palliatif adéquat : il consiste, sans retirer aux animaux la raison, à préserver le droit en les utilisant de manière convenable.

EN JOUANT AVEC LES GRENOUILLES...

Il n'y a aucun mal à employer les chiens comme gardiens, à élever des chèvres et des brebis pour les traire et les tondre. Et la vie des hommes n'est pas anéantie, ni leur existence compromise, s'ils n'ont pas de fritures de poissons ni de foies d'oie, s'ils ne massacrent pas les bœufs et les chevreaux pour s'en régaler, s'ils ne vont pas tromper leur ennui dans les théâtres ou s'amuser à la chasse, en contraignant les animaux à faire face et à se battre contre leur gré, et en en détruisant d'autres à qui la nature n'a même pas donné de quoi se défendre. Si l'on veut jouer et s'amuser, je suggère que l'on prenne les animaux comme compagnons de jeu contents de l'être ; il ne faut pas faire comme les enfants dont parlait Bion, qui jouaient à lancer des pierres aux grenouilles alors que les grenouilles, elles, ne jouaient plus à mourir, mais mouraient pour de bon. Voilà pourtant ce qu'on fait à la chasse et à la pêche, quand on s'amuse de la souffrance et de la mort des bêtes, ou de les voir séparées de leurs petits et de leurs nouveau-nés d'une façon qui devrait faire pitié. L'injustice n'est pas de se servir des animaux, mais de s'en servir pour leur mal, dans le mépris et la cruauté.

L'Intelligence des animaux, VI

PLUS LOIN QUE L'UTILITÉ, L'AMITIÉ

Pour moi, chasser et vendre, comme des bêtes de somme, les serviteurs devenus vieux, dont on a tiré tout le profit possible, c'est le fait d'un caractère trop dur et de quelqu'un qui n'imagine pas d'autres liens entre les hommes que ceux de l'intérêt. Cependant nous voyons que le domaine de la bonté est plus vaste que celui de la justice : nous n'appliquons naturellement la loi et le droit qu'aux hommes seuls, tandis que la bienfaisance et la libéralité s'étendent jusqu'aux animaux privés de raison, en s'écoulant d'un cœur généreux comme d'une source abondante. L'homme doué de bonté doit nourrir ses chevaux épuisés par l'âge et soigner non seulement les chiots, mais aussi les chiens devenus vieux.

Le peuple d'Athènes, au temps de la construction du Parthénon, ordonna que toutes les mules qui avaient paru les plus endurantes au travail fussent relâchées et libres de paître à leur gré. L'une d'entre elles, dit-on, revenant d'elle-même au travail, trottait aux côtés des bêtes de somme qui traînaient les chariots en haut de l'Acropole ou même s'élançait à leur tête comme pour les encourager et exciter leur ardeur. Les Athéniens décrétèrent qu'elle serait nourrie aux frais du public jusqu'à sa mort. Les juments de Cimon, avec lesquelles il avait été trois fois vainqueur à Olympie, ont leur tombe près des monuments de sa famille. Bien des gens ont donné la sépulture à des chiens familiers, nourris dans leur maison, par exemple Xanthippe l'Ancien : son chien ayant nagé près de sa trière jusqu'à Salamine, quand le peuple quittait la ville, il le fit enterrer sur le promontoire qu'on appelle encore aujourd'hui Tombeau du chien. Et, de fait, nous ne devons pas traiter les êtres vivants comme des chaussures ou des ustensiles, qu'on jette quand ils sont abîmés ou usés à force de servir, car il faut s'habituer à être doux et clément envers eux, sinon pour une autre raison, du moins pour s'exercer à la pratique de la vertu d'humanité. Pour ma part, je ne vendrais même pas un bœuf de labour pour cause de vieillesse, à plus forte raison un homme âgé. Je ne voudrais pas lui faire quitter l'endroit où il a été nourri et son régime habituel, comme un homme exilé de sa patrie, et cela pour quelque menue monnaie, d'autant plus qu'il serait inutile à son acheteur autant qu'à son vendeur.

MESQUINERIE DE CATON ?

Mais Caton, comme s'il tirait vanité de tels procédés, nous dit qu'il abandonna en Espagne même le cheval qu'il montait durant son consulat, afin de n'en pas faire payer le transport par mer à l'État. Faut-il voir là de la grandeur d'âme ou de la mesquinerie ? Chacun en décidera selon les raisons qui le persuaderont.

Vie de Caton, V

HOMÈRE
VIIIe s. av. J.-C.

VIRGILE
Ier s. av. J.-C.

CLAUDIEN
Ve s. ap. J.-C.

Porphyre

On aboutit désormais à une conclusion très importante, pleinement explicitée par Porphyre. En généralisant le concept de toute communauté, nous voyons très clairement que nous formons une immense communauté avec les animaux, parce que, comme eux, nous sommes des êtres sensibles.

L'argumentation de Porphyre est superbe : elle repose d'abord sur une analyse de cette étonnante réalité, douée de vie et de sensation, qu'est un animal. Le philosophe s'attache ici, porté par une intuition vertigineuse, à l'âme animale qui recueille en cela la même importance que l'âme intellectuelle des classiques ; mais l'analyse recueille aussi le poids des métaphores politiques : la communauté des vivants sensibles est en un sens chose encore plus précieuse que la communauté politique, car c'est un universel qu'on peut bien dire concret.

UN UNIVERSEL CONCRET

Nous disons que les descendants des mêmes grands-parents sont apparentés les uns aux autres tout comme les citoyens d'une même cité le sont par la communauté de la terre et de leurs relations mutuelles : car pour ceux-ci nous ne jugeons plus que c'est le fait d'être issus les uns et les autres des mêmes parents qui les apparente entre eux, sauf dans le cas où leur race a pour fondateurs des premiers ancêtres communs ou descendant des mêmes parents. C'est ainsi, je pense, que nous disons également d'un Grec vis-à-vis d'un autre Grec, d'un Barbare vis-à-vis d'un autre Barbare, de tous les hommes les uns vis-à-vis des autres qu'ils sont parents et de la même race, pour l'une de ces deux raisons, soit pour avoir les mêmes ancêtres, soit pour avoir en commun la nourriture, les mœurs et la même race. Pareillement nous posons que tous les hommes, mais aussi tous les animaux, sont de la même race, parce que les principes de leur corps sont par nature les mêmes (en parlant ainsi je ne me réfère pas aux premiers éléments – car les plantes en proviennent aussi –, mais je pense à la peau, aux chairs et à ce genre d'humeurs inhérentes aux animaux), et beaucoup plus encore parce que l'âme qui est en eux n'est pas différente par nature, sous le rapport des appétits, des mouvements de colère, des raisonnements aussi et par-dessus tout des sensations.

De l'abstinence, III, 25

VI

LA MYTHOLOGIE ET L'IMAGINAIRE

Monnaie de Cyzique (Mysie), vers 404-394 av. J.-C. Héraclès Drakonopnigon : le dieu enfant étrangle les serpents envoyés par Héra.

ANIMAUX MYTHOLOGIQUES

Presque toujours, et l'Antiquité ne fait pas exception, les hommes se rapportent aux animaux en les poursuivant à la chasse et en les détruisant, mais aussi en les élevant et en les exploitant, également – sinon principalement – en les cuisinant et en les mangeant. Éventuellement, enfin, en les massacrant gratuitement ou en les protégeant. Ce sont là des rapports qu'on peut dire réels. Mais on peut aussi, et sur ce point l'Antiquité s'est montrée remarquable, les étudier, les connaître, libérer l'imagination à leur sujet. C'est pourquoi les animaux, dans leur inépuisable diversité, dans leurs formes infiniment variées et inattendues, sont avec les dieux, quand ils ne sont pas eux-mêmes des dieux, des personnages essentiels des mythologies grecque et romaine.

On évoquera le héros qui libère la Terre de ses monstres, Héraclès et les douze travaux qui lui sont imputés, mais on ne pourra pas épuiser la liste des animaux proprement mythologiques ou fantastiques. Cela, même si – à en croire Borges – cet inventaire serait incomparablement moins fourni que la liste infinie des formes vivantes réelles.

Comment ne pas évoquer Zeus métamorphosé en taureau[1] pour séduire et enlever la belle Europe ? Dès que la poésie s'en empare, surgit la beauté et une nouvelle façon de regarder le monde et ses apparences. Sur ce point, comme sur d'autres, l'Antiquité grecque et romaine savait faire.

1. Voir Ovide, *Métamorphoses*, II, 843-875 (signet n° 3 : « Séduire comme un dieu »).

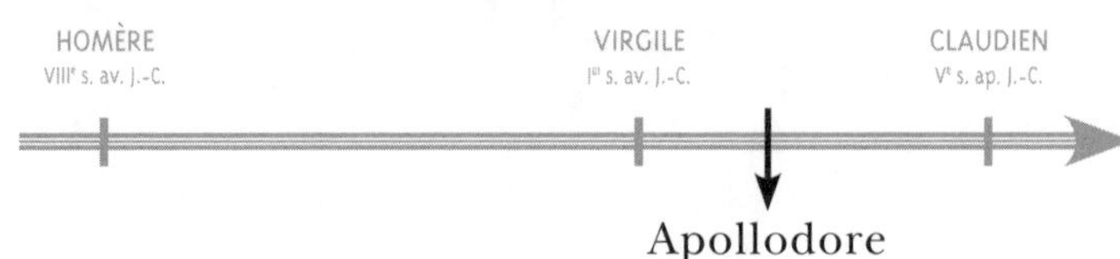

HERCULE ENFANT : DES DÉBUTS PROMETTEURS

Lorsqu'Héraclès eut huit mois, Héra, qui voulait faire périr le nourrisson, envoya vers son berceau deux énormes serpents, Alcmène appela Amphitryon à grands cris, mais Héraclès se dressa et tua les serpents en les étouffant dans ses deux mains.

[...]

Héraclès apprit d'Amphitryon à conduire un char, d'Autolycos à lutter, d'Eurytos à tirer à l'arc, de Castor à manier les armes et de Linos à jouer de la cithare. Linos était frère d'Orphée. Venu à Thèbes et devenu Thébain, il fut tué par Héraclès d'un coup de cithare : il avait frappé Héraclès qui, de colère, le tua. Traduit en justice pour meurtre, Héraclès lut une loi de Rhadamante qui disait : « Celui qui repousse un agresseur qui a pris l'initiative des voies de faits, qu'il ne soit pas coupable. » C'est ainsi qu'il fut acquitté. Mais Amphitryon, de peur qu'il ne récidive, l'envoya à ses troupeaux. C'est là qu'il fut élevé, surpassant tout le monde en taille et en force. Rien qu'à le voir, il était manifeste qu'il était fils de Zeus. Son corps mesurait quatre coudées, ses yeux brillaient d'un éclat de feu et jamais ses flèches ou ses javelots ne manquaient leur cible.

Alors qu'il était encore avec les troupeaux, à l'âge de dix-huit ans, il tua le lion du Cithéron. La bête sortait du Cithéron pour détruire les vaches d'Amphitryon et de Thespios.

Bibliothèque, II, 5

HOMÈRE
VIIIe s. av. J.-C.

VIRGILE
Ier s. av. J.-C.

CLAUDIEN
Ve s. ap. J.-C.

Élien

Marcel Détienne[2] *propose une fine analyse de la belle légende de l'oiseau Phénix, peut-être moins légendaire qu'il ne semble. Pour autant, en dépit d'éléments véridiques, on ne peut nier sa réappropriation par la mythologie.*

Avec les aromates et le bois, la myrrhe et l'encens, l'oiseau du Soleil confectionne un bûcher sur lequel, le cycle solaire achevé et de retour en son temple, il se couche pour mourir. Ces herbes prennent feu d'elles-mêmes et plus tard, d'un vermisseau, ou de l'œuf transporté, naîtra un nouvel oiseau.

L'OISEAU SOLAIRE

Les phénix savent compter cinq cents ans sans technique de calcul, en disciples qu'ils sont de la nature qui est plus sage que tout, et de ce fait ils n'ont besoin ni de leurs doigts ni d'un quelconque autre moyen qui permet de connaître l'arithmétique. Dans quel but ils savent cela, et à quelle nécessité ce savoir répond, c'est une histoire connue de tous. Cependant personne ou presque parmi les Égyptiens ne sait quand cette période de cinq cents ans s'achève ; pour être précis, seule une poignée d'hommes le sait, et ceux-ci font partie des prêtres. Or ces derniers ont du mal à se mettre d'accord sur ce point, et ils se chicanent l'un l'autre, protestant que ce n'est pas maintenant mais après le temps où il est censé venir que l'oiseau divin va arriver. Quant à l'oiseau, tandis que ceux-là sont occupés à de vaines querelles, il fait savoir par des signes surnaturels que le moment est venu, et le voilà. Les prêtres sont contraints de faire amende honorable et de reconnaître qu'ils perdent leur temps « à vouloir faire se coucher le soleil avec leurs

2. Voir *Les Jardins d'Adonis*, p. 59-68.

discussions », et qu'ils en savent moins que les oiseaux. Au nom des dieux, n'est-ce pas là de la sagesse que de savoir où est située l'Égypte, et aussi où est situé Héliopolis, l'endroit auquel, par décret du destin, il doit se rendre, et encore où il doit déposer le corps de son père, et dans quel cercueil ? Si tout cela n'apparaît pas extraordinaire, peut-on encore qualifier de savantes les activités liées au commerce et à la guerre, et les autres procédés dont usent les hommes pour se faire mutuellement et les uns aux autres du mal ?

La Personnalité des animaux, VI, 58

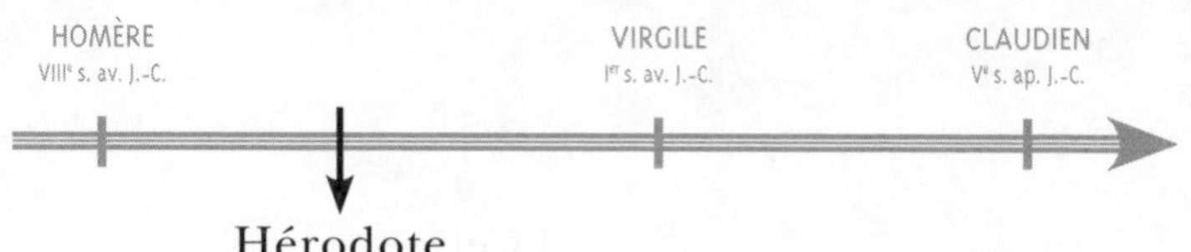

Hérodote

LE TEMPLE DU SOLEIL

Il y a encore un autre oiseau sacré, appelé le phénix. Je ne l'ai pas vu, sinon en peinture ; aussi bien visite-t-il rarement les Égyptiens, tous les cinq cents ans, à ce que disent les gens d'Héliopolis ; il viendrait, d'après eux, quand son père meurt. S'il est tel qu'on le peint, voici quelles seraient sa grandeur et son apparence : les plumes de ses ailes sont les unes couleur d'or, les autres d'un rouge vif ; pour la silhouette et la taille, il ressemble de très près à l'aigle. On raconte de lui – à mon avis c'est un récit incroyable – qu'il accomplirait cet exploit : partant de l'Arabie, il transporterait au sanctuaire d'Hélios le corps de son père enveloppé de myrrhe, et l'ensevelirait dans ce sanctuaire. Et, pour le transporter, il s'y prendrait de la manière suivante : il façonnerait d'abord avec la myrrhe un œuf, de la grosseur de ce qu'il peut porter, et s'essaierait ensuite à voler avec cette charge ; l'épreuve faite, il creuserait l'œuf et y introduirait son père ; puis, avec d'autre myrrhe, il enduirait la partie de l'œuf qu'il aurait creusée et par où il aurait introduit son père, dont l'introduction rétablirait le même poids ; et, enveloppé de la sorte, il le transporterait en Égypte au sanctuaire d'Hélios. Voilà, dit-on, ce que fait cet oiseau.

Histoires, II, 73-76

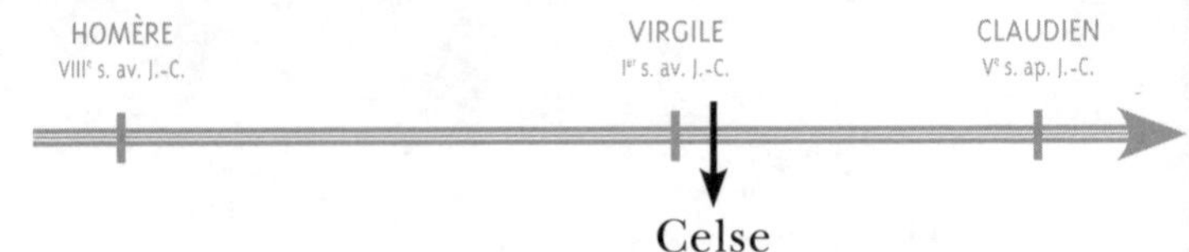

UNE BOULE DE MYRRHE

L'oiseau d'Arabie, le phénix, qui après de longues années émigre en Égypte, transporte le corps de son père, enfermé dans une boule de myrrhe comme dans un cercueil, et le dépose au lieu où se trouve le temple du Soleil.

« Discours véritable »
[cité par Origène, *Contre Celse*, IV, 94]

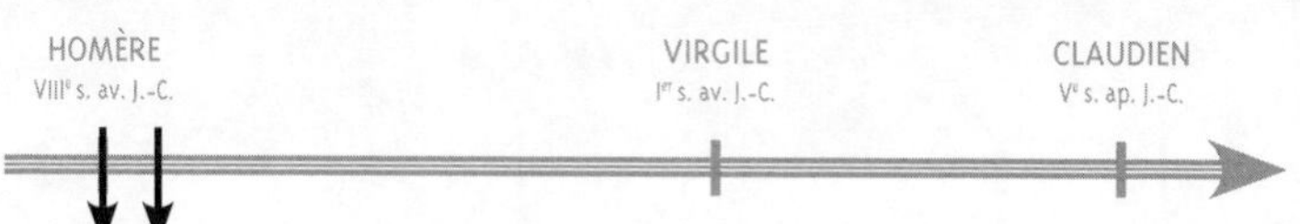

Homère & Hésiode

LA CHIMÈRE

Pour commencer il donna à Bellérophon l'ordre de tuer la Chimère invincible. Elle était de race non point humaine, mais divine : lion par-devant, serpent par-derrière, et chèvre au milieu, son souffle avait l'effroyable jaillissement d'une flamme flamboyante. Il sut la tuer pourtant, en s'assurant aux présages des dieux.

Iliade, VI, 179 *sq.*

Elle enfantait aussi Chimère, qui souffle un feu invincible, Chimère, terrible autant que grande, rapide et puissante, qui possède trois têtes, l'une de lion à l'œil ardent, l'autre de chèvre, l'autre de serpent, de puissant dragon.

Théogonie, 319 *sq.*

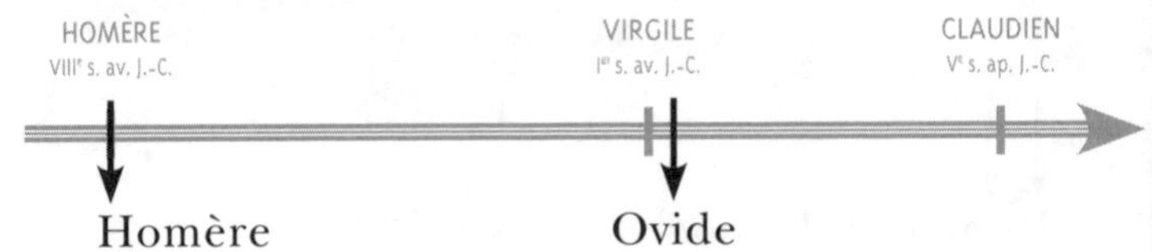

LES SIRÈNES

Il vous faudra d'abord passer près des Sirènes. Elles charment tous les mortels qui les approchent. Mais bien fou qui relâche pour entendre leurs chants ! Jamais en son logis, sa femme et ses enfants ne fêtent son retour : car, de leurs fraîches voix, les Sirènes le charment, et le pré, leur séjour, est bordé d'un rivage tout blanchi d'ossements et de débris humains, dont les chairs se corrompent…

Odyssée, XII, 39-46

Vous, filles d'Achéloos, d'où vous viennent vos plumes et vos pattes d'oiseaux, quand vous avez un visage de vierge ? Serait-ce qu'au moment où Proserpine cueillait les fleurs printanières vous vous trouviez au nombre de ses compagnes, ô doctes Sirènes ? Vous l'aviez vainement cherchée sur toute la Terre, quand soudain, pour que la mer eût aussi le spectacle de votre sollicitude, vous avez souhaité de pouvoir planer au-dessus des flots avec des ailes pour rames ; les dieux ont été complaisants à votre prière et vous avez vu tout d'un coup vos membres se couvrir d'un fauve plumage. Mais, afin que vos chants mélodieux, faits pour charmer les oreilles, et que le talent naturel de votre bouche eussent toujours la même langue à leur service, vous avez conservé votre visage de vierge et la voix humaine.

Métamorphoses, V, 551-563

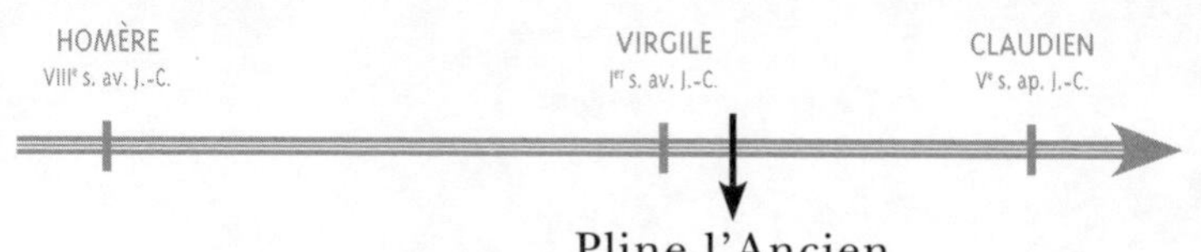

Pline l'Ancien

LES PÉGASES

Les pégases, animaux ailés à tête de cheval, et les griffons au bec recourbé surmonté d'oreilles sont pour moi des êtres fabuleux, les uns en Scythie, les autres en Éthiopie. J'en dis autant du tragopan, dont plusieurs auteurs assurent qu'il est plus grand que l'aigle, qu'il porte aux tempes des cornes incurvées, qu'il est de couleur rouille, excepté la tête qui est pourpre. Je ne croirais pas davantage aux Sirènes, bien que Dinon, père de Clitarque auteur réputé, affirme qu'elles existent dans l'Inde et qu'elles charment les hommes par leurs chants, pour les déchirer, lorsque le sommeil les accable.

Histoire naturelle, X, 70

RÊVES DE BÊTES
ET INTERPRÉTATIONS

Les animaux hantent le sommeil des hommes. On y cherche anxieusement des présages ou des avertissements. On doit à Artémidore le premier traité d'interprétation des rêves.

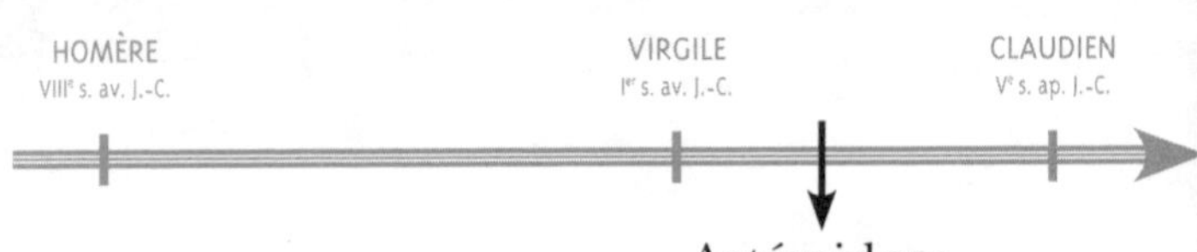

Artémidore

FOURMIS DANS LES OREILLES

Rêver qu'on a des fourmis qui vous entrent dans les oreilles n'est bon que pour les professeurs de rhétorique : car les fourmis sont semblables aux petits jeunes gens qui viendront suivre les cours. Pour les autres, ce songe prédit la mort : car les fourmis sont filles de la terre et s'enfoncent dans la terre. J'en sais un, qui rêva qu'il lui était jailli des oreilles des épis de blé et que, ces épis jaillissants, il les recevait dans les mains et les emportait. Il apprit qu'il était devenu l'héritier de son frère mort : « héritier » à cause des épis, « de son frère » parce que les oreilles sont sœurs l'une de l'autre.

Rêver qu'on a des oreilles d'âne n'est bon que pour les philosophes, parce que l'âne est prompt à remuer les oreilles. Pour les autres, cela signifie esclavage et misère.

Onirocriticon, I, 24

BÊTES MARINES

Voir une bête marine dans la mer n'est bon pour personne, sauf le dauphin. Celui-ci en effet, vu dans la mer, est bon, et là où il va, il y a indication que c'est de là que le vent soufflera. Toute bête marine, si elle a été vue hors de la mer ou de l'élément liquide, c'est bon : car elle ne peut plus nuire puisqu'elle ne peut même se maintenir en vie, s'agitant convulsivement et mourant d'une mort pénible. C'est pourquoi cela signifie que les ennemis, outre qu'ils n'auront aucune force, périront misérablement. Voir en revanche un dauphin hors de la mer n'est pas bon : cela indique qu'on assiste à la mort de l'un des êtres qui vous sont le plus chers.

Onirocriticon, II, 16

OISEAUX DE NUIT

Chouette, hibou, grand-duc, effraie, chat-huant, corbeau de nuit, outre cela la chauve-souris et tout autre oiseau nocturne indiquent tous sans doute chômage, mais d'autre part n'inspirent pas de crainte, parce que les oiseaux de nuit ni ne chassent le jour ni ne sont carnivores. En particulier, seule est bonne pour les femmes enceintes la chauve-souris : car elle ne pond pas d'œufs comme les autres oiseaux, mais fait des petits, et elle a du lait dans ses seins et les nourrit. Quel que soit celui de ces oiseaux que quelqu'un voie, s'il est en mer ou en marche, il tombera dans une grande tempête ou entre les mains de brigands. S'ils entrent dans une maison, ils présagent que cette maison sera vidée.

Onirocriticon, III, 65

ANIMAUX SAUVAGES ET ANIMAUX DOMESTIQUES

Tous ceux des animaux qui sont consacrés à des dieux signifient ces dieux mêmes. Au surplus, eu égard à tous les animaux pris ensemble, ceux qui sont apprivoisés et domestiqués se rapportent aux membres de la famille, ceux qui sont sauvages aux ennemis ou à la maladie ou à une circonstance fâcheuse ou à un malheur : car ennemis, maladies, malheurs, nous nuisent de la même façon que les bêtes féroces. Dès lors il est bon de posséder (en rêve) des animaux apprivoisés et de les voir en bonne santé et tenus en main par nous-mêmes et non par des ennemis, d'autre part il ne saurait qu'être bon de voir les animaux sauvages en train de mourir sans même que nous les ayons attaqués, ou dominés par les animaux apprivoisés et qui sont devenus nos compagnons : voir en revanche les fauves tenus en mains par des ennemis ou l'emportant sur les animaux domestiques et dans une méchante disposition, tout cela ne saurait être que fâcheux et de mauvais augure.

Onirocriticon, IV, 56

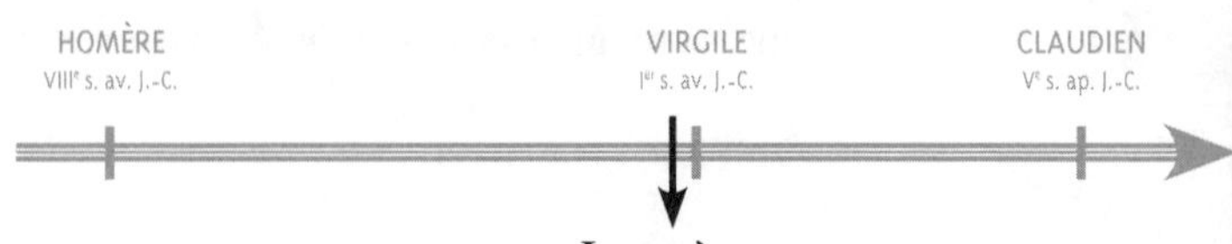

Lucrèce

PETITS CHIENS

Souvent les chiens de chasse, dans la détente du repos, bondissent tout à coup sur leurs jarrets, donnent brusquement de la voix, reniflent l'air à plusieurs reprises, comme s'ils avaient découvert et tenaient la piste du gibier. Souvent même ils s'éveillent et poursuivent l'image illusoire d'un cerf, comme s'ils le voyaient prendre la fuite, jusqu'à ce que l'erreur se dissipe et qu'ils reviennent à eux. De même l'espèce flatteuse des petits chiens de maison s'agite soudain et se lève en hâte, s'imaginant apercevoir des visages inconnus et des figures suspectes. Et plus une race est formée d'éléments rudes, plus elle doit manifester de violence dans le rêve. Mais les oiseaux s'enfuient au contraire, et soudain leurs battements d'ailes troublent le silence nocturne des bois sacrés, si pendant le doux sommeil, ils ont cru voir des éperviers leur livrer bataille, les poursuivre et fondre sur eux.

De la nature, IV, 987-1010

QUE NOUS APPRENNENT LES FABLES ?

Dans les fables, poésies qui traduisent les rapports sociaux en rapports naturels entre les bêtes, l'absence de lois et l'absence de justice deviennent visibles dans la forme des rapports de force, la ruse étant l'intelligence animale qui vient déstabiliser ces rapports tout en en acceptant la loi.

Toutes les fables, ou presque, mettent en scène la force et la ruse, symbolisées par le lion et le renard.

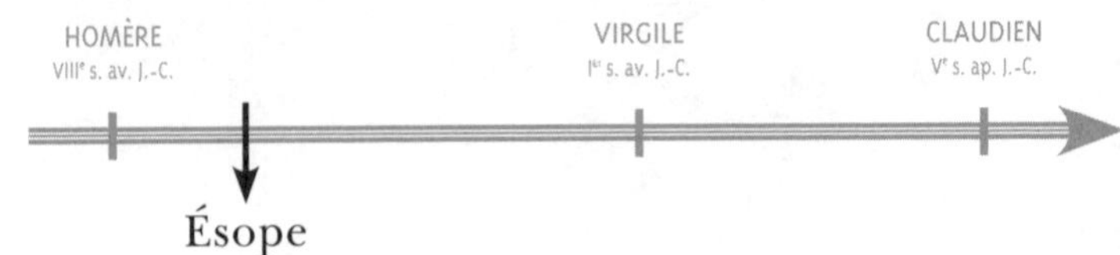

LE LION VIEILLI ET LE RENARD

Un lion devenu vieux, et dès lors incapable de se procurer de la nourriture par la force, jugea qu'il fallait le faire par adresse. Il se rendit donc dans une caverne et s'y coucha, contrefaisant le malade ; et ainsi, quand les animaux vinrent le visiter, il les saisit et les dévora. Or beaucoup avaient déjà péri quand le renard, ayant deviné son artifice, se présenta et s'arrêtant à distance de la caverne, s'informa comment il allait. « Mal », dit le lion, qui lui demanda pourquoi il n'entrait pas. « Moi, dit le renard, je serais entré, si je ne voyais beaucoup de traces d'animaux qui entrent, mais d'animal qui sorte, aucune. »

Ainsi les hommes judicieux prévoient à certains indices les dangers, et les évitent.

Fables, 196

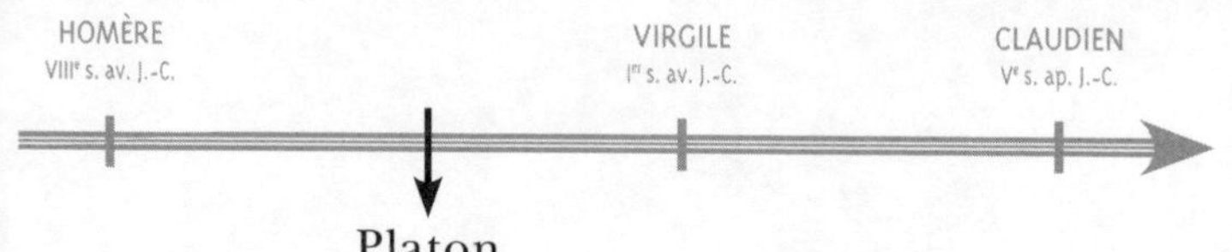

Platon

C'est le cas de rappeler ce que le renard dit au lion dans la fable d'Ésope : les traces de l'argent qui entre à Lacédémone, celles qui vont vers leur ville, sont bien visibles, mais nul ne pourrait découvrir celles de l'argent qui en sortirait [...].

Alcibiade, 123a

POÉSIE ET MÉTAMORPHOSE

La métamorphose ne symbolise-t-elle pas la réalisation de la fin de l'art et de la poésie ? transformer le réel en une belle apparence, et faire apparaître le fond de l'apparence. Ce genre poétique rapproche et réunit l'essentiel de la mythologie, la fluidité de ses personnages, dieux ou bêtes, et l'essentiel de l'art.

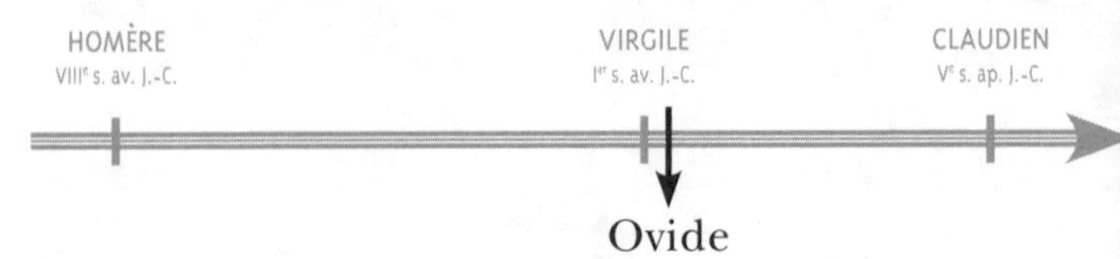

LES MÉTAMORPHOSES DU CORBEAU

Les dieux de la mer avaient donné d'un signe leur consentement ; la fille de Saturne s'élance dans l'air limpide, montée sur son char commode, que traînent des paons aux brillantes couleurs, ces paons qui devaient depuis peu leurs couleurs au meurtre d'Argus, à l'époque où toi-même, corbeau loquace, tu venais d'échanger tout à coup ton ancienne blancheur contre des ailes noires. Car ce fut autrefois un oiseau d'argent aux plumes de neige ; il rivalisait avec les colombes immaculées et ne le cédait ni aux oies, dont la voix vigilante devait un jour sauver le Capitole, ni au cygne, amant des eaux. Sa langue le perdit ; sa langue loquace fut cause que sa couleur, jadis blanche, est aujourd'hui le contraire du blanc.

Métamorphoses, II, 531-541

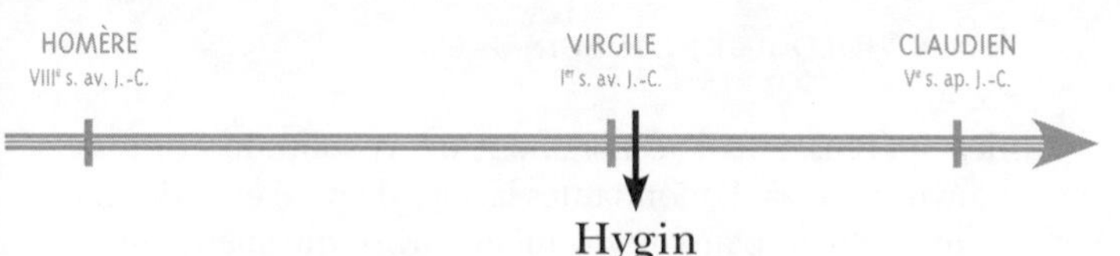

LA CANICULE ET L'INVENTION DE LA BALANÇOIRE

Icaros, après avoir reçu le vin du vénérable Liber, s'empressa de charger des outres pleines dans un chariot. Voilà pourquoi il est aussi appelé Bouvier. Traversant l'Attique, il révélait le vin aux bergers ; quelques-uns d'entre eux, pleins d'avidité, sous l'effet de cette boisson d'un nouveau genre, sont pris d'un profond sommeil, se laissant tomber chacun dans son coin. Ivres morts, gesticulants, ils tenaient des propos inconvenants ; les autres s'imaginèrent qu'Icaros avait donné du poison aux bergers pour emmener leurs troupeaux dans son pays. Ils tuèrent Icaros et le jetèrent dans un puits. Mais selon d'autres récits, ils l'enterrèrent au pied d'un arbre. Quant à ceux qui s'étaient endormis, ils reconnurent, à leur réveil, que leur repos n'était jamais meilleur et réclamèrent Icaros pour le récompenser de son bienfait ; ses assassins, que les remords de leur conscience troublaient, s'empressèrent de prendre la fuite et parvinrent à l'île de Céos ; ils y reçurent l'hospitalité et y élurent domicile.

Mais Érigone, fille d'Icaros, bouleversée par l'absence de son père, qu'elle ne voyait pas revenir, se mit à sa recherche ; la chienne d'Icaros, nommée Maera, hurlant en sorte qu'elle semblait pleurer la mort de son maître, revint auprès d'Érigone. Celle-ci y vit un indice non négligeable de la mort qui hantait son esprit. Car la jeune fille apeurée ne devait conjecturer que la mort de son père, absent depuis tant de jours et de mois. Quant à la chienne tenant entre ses dents un vêtement du père, elle la conduisit au cadavre. Aussitôt, à cette vue, sa fille désespérée, dans l'accablement de sa solitude et de sa pauvreté, versa d'abondantes larmes de pitié et se donna la mort en se pendant au même arbre qui marquait la sépulture de son père. Le chien apaisa par sa propre mort les mânes de la défunte. Selon certains, il se jeta dans un puits nommé Anigros. Aussi, par la suite, personne ne but-il d'eau tirée de ce puits, selon la tradition. Jupiter eut pitié de ces malheureux et représenta leurs corps parmi les astres. Donc beaucoup appelèrent Icaros le Bouvier, Érigone la Vierge, dont nous parlerons plus loin. Quant à la chienne, son nom et son apparence lui valurent d'être nommée Canicule. Comme elle se lève avant le Grand Chien, les Grecs l'appelèrent Procyon. Selon d'autres, c'est le vénérable Liber qui les représenta parmi les constellations.

Entre-temps, comme sur le territoire athénien beaucoup de jeunes filles se donnaient la mort en se pendant sans motif, parce qu'Érigone à sa mort avait supplié que les Athéniens périssent d'un trépas identique à celui qu'elle-même allait affronter, si ceux-ci n'enquêtaient pas sur la mort d'Icaros et ne le vengeaient pas, donc comme les événements se passaient ainsi que nous l'avons dit, ils consultèrent Apollon, qui leur répondit que s'ils voulaient échapper à leur sort, ils devaient apaiser Érigone. Puisqu'elle s'était pendue, ils décidèrent de se suspendre à des cordes en intercalant une planche et de se balancer comme un pendu agité par le vent. Ils instituèrent ce sacrifice chaque année. Ils le célèbrent en privé comme en public, et l'appellent Alétides, parce qu'Érigone à la recherche de son père avec son chien, inconnue et solitaire par nécessité, était appelée mendiante, ce que les Grecs nomment *aletides.*

En outre, la Canicule, à son lever ardent, privait de récoltes le territoire et les champs des Céens, et en les frappant eux-mêmes de maladie, elle les contraignait à expier douloureusement la mort d'Icaros, parce qu'ils avaient accueilli des brigands. Leur roi, Aristée, fils d'Apollon et de Cyrène, père d'Actéon, demanda à son père comment agir pour délivrer du fléau son pays. Le dieu lui ordonna de réparer la mort d'Icaros à force de sacrifices et de demander à Jupiter qu'à l'époque du lever de la Canicule il fasse pendant quarante jours souffler un vent capable de tempérer ses ardeurs.

L'Astronomie, II, 4

VII

L'ANIMAL AFFRANCHI DU BESOIN

Statère de Phaselis (Lycie).
IVe siècle av. J.-C.
Proue de galère avec Gorgone faisant face à une cigale.

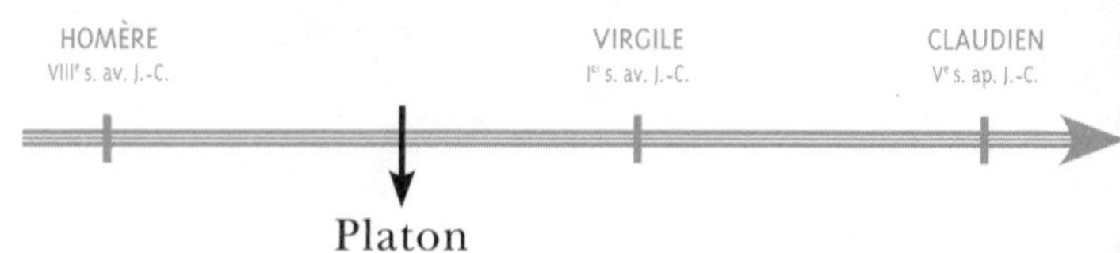

Platon

Et si c'était à l'animal encore de nous apprendre à surmonter l'animalité ? à nous enseigner la vie libre ? Sachons honorer les Muses !

LE MYTHE DES CIGALES

Les cigales qui, selon l'usage au fort de la chaleur, chantent et conversent entre elles au-dessus de nos têtes, ont l'œil sur nous. Si donc elles nous voyaient, même nous deux, à l'heure de midi imiter les gens du commun et ne point converser, mais au contraire laisser choir notre tête et céder à leurs enchantements par inertie intellectuelle, à juste titre elles se riraient de nous, dans la pensée que je ne sais quels esclaves leur sont arrivés en cet asile pour y dormir, ainsi que des moutons, leur méridienne à l'entour de la source ! Si, au contraire, elles nous voient converser, et notre esquif les côtoyer comme des Sirènes, sans céder à leurs enchantements, alors ce privilège dont les dieux leur ont accordé de taire aux hommes le présent, peut-être nous en feraient-elles présent dans leur satisfaction !

[...]

Voici la légende. Jadis les cigales étaient des hommes, de ceux qui existaient avant la naissance des Muses. Puis, quand les Muses furent nées et qu'on eut la révélation du chant, il y en eut alors, parmi les hommes de ce temps, qui furent à ce point mis par le plaisir hors d'eux-mêmes, que de chanter leur fit omettre le manger et le boire, et qu'ils trépassèrent sans eux-mêmes s'en douter ! Ce sont eux qui, à la suite de cela, ont été la souche de la gent cigale. Elle a des Muses reçu le privilège de n'avoir, une fois née, aucun besoin de se nourrir, et de se mettre cependant, estomac vide et gosier sec, tout de suite à chanter jusqu'à l'heure du trépas, et puis après d'aller trouver les Muses pour leur rapporter qui les honore ici-bas et à laquelle d'entre elles va cet hommage.

Phèdre, 258e-259c

LES AUTEURS DU « SIGNET »[1]

Apicius (IVe siècle ap. J.-C.)
Apicius est le nom donné à l'auteur fictif d'un certain nombre de recettes de cuisine recueillies, au IVe siècle ap. J.-C, sous le titre d'*Art culinaire*. C'était en fait le nom de divers personnages, célèbres pour leurs goûts culinaires dispendieux, parmi lesquels sans doute un cuisinier de Tibère né en 25 ap. J.-C.

Apollodore (Ier ou IIe siècle ap. J.-C.)
Auteur de la *Bibliothèque*, vraisemblablement écrite dans les premiers siècles ap. J.-C., on ne sait rien d'Apollodore. Cet ouvrage, en dépit de son caractère fragmentaire, est une source irremplaçable pour notre connaissance de la mythologie grecque.

Appien (fin du Ier siècle ap. J.-C.-*c.* 165 ap. J.-C.)
On doit à ce natif d'Alexandrie, qui fera une belle carrière à Rome sous les règnes d'Hadrien et d'Antonin, une vaste *Histoire* entreprenant de retracer l'expansion romaine, des origines aux conquêtes de Trajan. La principale originalité de l'ouvrage tient à sa composition : au lieu de suivre une progression chronologique, Appien étudie les régions l'une après l'autre (*Livre illyrien* ; *Livre ibérique* ; *Livre africain*, etc.), en résumant l'histoire du peuple en question jusqu'à son absorption par Rome.

1. Certaines de ces notices sont librement inspirées du *Guide de poche des auteurs grecs et latins* ou sont issues des précédents « Signets ». Les auteurs de langue grecque sont signalés par la casse droite, les auteurs de langue latine par l'italique.

Des vingt-quatre livres qui constituaient l'œuvre initiale, tous n'ont pas été conservés ; cinq d'entre eux offrent un très précieux témoignages sur les guerres civiles romaines, des Gracques à la mort de Sextus Pompée (35 av. J.-C.).

Aristophane (445-386 av. J.-C.)
Aristophane fut le plus grand poète comique d'Athènes. Issue du dème de Kydathénée, sa famille aurait possédé des terres à Égine. Sous un nom d'emprunt, il débuta au théâtre de Dionysos en 427 avec *Les Babyloniens.* Son talent fut très rapidement reconnu, et il obtint un premier prix en 425 avec *Les Acharniens,* puis l'année suivante avec *Les Cavaliers.* Ayant vécu pendant la guerre du Péloponnèse, il évoque dans ses comédies la cité en proie aux vicissitudes de la guerre et à la recherche de la paix (*Les Acharniens, La Paix, Lysistrata*). Il attaque également la politique athénienne, dominée par des démagogues qu'il juge corrompus (*Les Cavaliers, Les Guêpes*). Il excelle à tourner en dérision la vie athénienne, du pouvoir politique (*L'Assemblée des femmes, Les Oiseaux*) à l'éducation (*Les Nuées*) en passant par la littérature elle-même (*Les Grenouilles, Les Thesmophories*). Enfin, sa dernière pièce, *Ploutos,* évoque la situation désastreuse d'Athènes ravagée et humiliée par la guerre. Son humour, caustique, acerbe et souvent trivial n'est jamais vain : par ses caricatures et ses jeux de mots, Aristophane a invité ses concitoyens et ses lecteurs autant à la distraction qu'à la réflexion.

Aristote (384-322 av. J.-C.)
Originaire de Thrace, Aristote partit se former à Athènes et se fit le disciple de Platon à l'Académie, où il resta une vingtaine d'années. Après des séjours en Asie Mineure, il fut nommé précepteur d'Alexandre le Grand, puis revint à Athènes et y fonda en 335 sa propre école, le Lycée. Esprit encyclopédique, Aristote voyait dans la philosophie un savoir total et organique,

couvrant la logique, les sciences de la nature, la métaphysique, la morale, la politique et la littérature. Sa postérité et son influence furent immenses.

Artémidore (IIe siècle ap. J.-C)
Auteur de *La Clef des songes* [*Onirocriticon*], Artémidore d'Éphèse présente dans cet ouvrage une remarquable synthèse de cet aspect de la divination dans l'Antiquité qu'est l'interprétation des rêves. À côté de l'exposé des méthodes d'interprétation, on y trouve une analyse systématique des rêves et une large recension du matériel onirique.

Augustin (354-430 ap. J.-C.)
Après une jeunesse carthaginoise et italienne, Augustin, converti au christianisme en 386, devient évêque d'Hippone (l'actuelle Annaba en Algérie) en 395. Philosophe, théologien, docteur de l'Église, saint, son œuvre est immense. Nourrie de la meilleure tradition philosophique, cette œuvre pose à la fois les bases les plus puissantes de la réflexion théologique et de la doctrine chrétienne, et ouvre à une interrogation philosophique d'une radicalité exceptionnelle.

Aulu-Gelle (*c.* 130-180 ? ap. J.-C.)
Aulu-Gelle, dont on ignore l'origine, fit ses études à Rome avant de rendre visite au rhéteur Hérode Atticus, à Athènes. Son recueil intitulé *Nuits attiques* est composé de vingt livres, qui offrent chacun une série de petites dissertations sur des thèmes variés, touchant souvent à la sémantique ou à la grammaire, mais abordant aussi la littérature, la philosophie, le droit, la critique textuelle ou les institutions. Il entreprit ce travail – qu'il acheva à Rome – dans les longues nuits d'hiver passées en Attique. On y trouve de très précieuses informations sur tous les domaines ; il a aussi conservé dans ces pages de nombreux extraits d'auteurs dont les œuvres sont perdues par ailleurs.

Celse (IIe siècle ap. J.-C.)

Il est l'auteur d'un *Discours véritable*, qui est une réfutation du christianisme systématique et argumentée. Ce discours, connu aussi sous le nom de *Contre les Chrétiens*, nous a été transmis par **Origène** (voir ce nom), dans son ouvrage *La réfutation de Celse*.

Cicéron (106-43 av. J.-C.)

L'existence du plus fameux des écrivains romains déborde de rebondissements, car cet avocat brillant fut de tous les combats, tant judiciaires que politiques ou philosophiques. Né à Arpinum, dans un municipe éloigné d'une centaine de kilomètres de Rome, Cicéron voit le jour dans une famille aisée de notables Toutefois, comme Caton l'Ancien, qu'il admire, Cicéron est un « homme nouveau » *(homo novus)* : il est le premier de sa lignée à parcourir la carrière des honneurs jusqu'à son degré le plus élevé, le consulat, qu'il exerce en 63. C'est lors de ce consulat qu'il dénonce, dans ses *Catilinaires*, une conspiration qui menaçait la République, en employant la formule fameuse « Ô temps, ô mœurs ! » *(O tempora, o mores)*. À la suite des manœuvres de son ennemi juré, le tribun Clodius, il est exilé pendant un an (58-57), pour avoir fait mettre à mort Catilina sans jugement. Malgré le bon accueil qui lui est fait à son retour, son rôle politique ne cesse de décliner dans les années suivantes. Cicéron, l'un des plus fervents défenseurs du régime républicain, finit par rallier le camp de Pompée contre César, juste avant que ce dernier ne l'emporte définitivement. À la mort du dictateur, l'orateur prend le parti de son petit-neveu, Octave, le futur Auguste, pensant pouvoir influencer ce jeune homme de dix-neuf ans. Il le sert en rédigeant les *Philippiques*, dirigées contre Marc Antoine, lequel lui voue dès lors une haine inexpiable. Antoine réclame à Octave la mort de l'orateur dès leur première réconciliation. Abandonné par Octave, Cicéron est assassiné par des émissaires d'Antoine ; sa tête et ses mains seront clouées à la tribune du forum. L'œuvre de Cicéron, qui est très étendue, comprend une riche correspondance, environ cent quarante discours judiciaires ou politiques et de multiples traités de rhétorique et de philosophie ; elle a joué un rôle déterminant dans la tradition culturelle de l'Occident jusqu'à nos jours.

Columelle (Ier siècle ap. J.-C.)

Auteur du traité *De l'agriculture*, Lucius Moderatus Columella fut militaire et tribun en Syrie, avant de s'adonner à l'agriculture, ayant acquis une *villa* dans les environs de Rome. Ce grand propriétaire terrien avait beaucoup voyagé, et observé : il sut mettre à profit son expérience pour diriger son exploitation et fonder un peu plus que les linéaments d'une science de la chose agricole.

Dion Cassius (155-235)

Né à Nicée en Bithynie, Dion Cassius fit une brillante carrière à Rome : sénateur sous le règne de Commode, préteur sous Pertinax, il fut plusieurs fois *consul suffectus* sous Septime Sévère. Il devient par la suite proconsul d'Afrique puis consul ordinaire. Il quitte alors Rome pour s'installer définitivement en Bithynie où il disparaît en 235. Auteur d'une biographie d'Arrien et d'un ouvrage sur les rêves, perdus, il nous a laissé une colossale *Histoire romaine* en quatre-vingts livres, des origines de Rome au règne d'Alexandre Sévère. De cette œuvre monumentale, seuls les livres XXXIII à LIV, couvrant la période allant de 68 av. J.-C. à 10 av. J.-C. nous sont parvenus intacts, le reste nous étant connu par résumés ou extraits. Malgré sa volonté de prendre pour modèle Thucydide, son histoire s'inscrit davantage dans le courant des annales, où Dion puisa la majorité de ses renseignements sur le passé de Rome.

Élien (*c.* 175-235 ap. J.-C.)

Claude Élien, affranchi originaire de Préneste, près de Rome, se vantait de n'être jamais sorti d'Italie, mais écrivit son œuvre en grec. Élève de sophistes et sophiste réputé lui-même, il préféra une vie retirée et tranquille au prestige d'une carrière d'orateur et à la turbulente cour impériale des Sévères. Son ouvrage le plus fameux, l'*Histoire variée*, se présente comme un recueil d'anecdotes, d'aphorismes, de notices et de faits étonnants concernant le passé classique de la Grèce et d'autres contrées. Il composa également un ouvrage *Sur la personnalité des animaux*, des *Lettres* et deux traités sur la providence divine. L'œuvre d'Élien témoigne d'un goût de l'époque pour la *poikilia* (« variété ») ainsi que de l'infatigable curiosité de son auteur.

Empédocle (*c.* 490-435 av. J.-C.)
Né à Agrigente, ce philosophe étonnant, savant et poète, est passé dans la légende. Fragmentaire et souvent énigmatique, son œuvre couvre toutes sortes de domaines.

Épictète (*c.* 50-130 ap. J.-C.)
Ce philosophe célèbre, qui se réclamait de l'école stoïcienne, était un esclave, comme on se plaît à le rappeler souvent : ce qui caractérise en effet son enseignement moral, c'est à la fois une haute idée de l'homme et une exigence universaliste résolue.

Ésope (VIIe ou VIe siècle av. J.-C.)
Auteur de *Fables* célèbres, Ésope le Phrygien est sans doute l'inventeur du genre. Selon la légende, cet esclave difforme, laid, bègue, ridicule sut se montrer supérieur aux puissants, livrant ainsi, pour des siècles, la morale de la fable.

Galien (129-216 ap. J.-C.)
Claude Galien est né à Pergame où il exerça la médecine avant de devenir, à Rome, le médecin des empereurs, mais aussi des gladiateurs. Son œuvre considérable tire son importance de reposer essentiellement sur l'observation anatomique et l'expérimentation, sans exclure la vivisection. Cette œuvre nous a été transmise à travers des copies grecques ou arabes, établies parfois depuis le syriaque.

Hérodien (175-249 ap. J.-C.)

Aelius Herodianus est un historien romain, auteur d'une *Histoire des empereurs romains de Marc-Aurèle à Gordien III.* On y trouve non seulement des récits ou des descriptions du plus haut intérêt, mais aussi une analyse critique et un commencement, parfois, de réflexion véritablement historique.

Hérodote (480-420 av. J.-C.)

Né en 480 av. J.-C. à Halicarnasse, ville dorienne du territoire d'Ionie, en Asie Mineure, celui que Cicéron tenait pour « le père de l'histoire » voyagea beaucoup, d'Athènes, où il séjourna, en Égypte, à Tyr et en Scythie. Il ne vit pourtant pas toutes les contrées qui sont décrites dans ses *Histoires*, vaste « enquête » (c'est le sens de *historié* en grec), dont le premier but est de rapporter les tenants et aboutissants des guerres médiques. Friand d'anecdotes, Hérodote est célèbre pour ses digressions, si bien que les *Histoires* débordent largement le projet annoncé : la Lydie, l'Égypte, la Scythie et la Libye, autant de contrées visitées, pour le plus grand plaisir du lecteur. L'œuvre fut, à la période alexandrine, divisée en neuf livres, nommés selon les Muses. Les quatre premiers rapportent la formation de l'Empire perse et les cinq derniers les guerres médiques. « Roi des menteurs » pour certains, « père de l'histoire » pour d'autres, Hérodote nous éclaire cependant sur les rapports entre les Grecs et les Barbares, et fournit nombre de renseignements ethnologiques, géographiques et anthropologiques aussi précieux qu'amusants.

Hésiode (vers 700 av. J.-C.)

Tout ce que nous connaissons de ce poète, nous le trouvons dans ses œuvres, la *Théogonie* et *Les Travaux et les Jours.* De condition modeste, Hésiode, poète et paysan, nous raconte tenir son savoir des Muses, qui lui seraient apparues au sommet de l'Hélicon alors qu'il faisait paître ses bêtes. Dans la *Théogonie*, il évoque les origines du monde (la cosmogonie) et la naissance des dieux (la théogonie), jusqu'à l'avènement de Zeus et la victoire sur le chaos initial ; puis le poète définit la place et le rôle des hommes par rapport aux dieux. Postérieur à Homère, et contemporain de la naissance de la cité-État, Hésiode propose une synthèse de la pensée religieuse des Grecs. Dans *Les Travaux et les Jours,* il donne des conseils pratiques à ses contemporains, et notamment à son frère, Persès. Sa poésie est didactique : elle délivre un enseignement. Dans cet enseignement, les mythes sont centraux : c'est dans ce poème que se trouvent le mythe des races et celui de Pandore. Bien que sa renommée ait été éclipsée par celle d'Homère, il constitue la source la plus belle et la plus complète de la mythologie grecque. Les Anciens lui attribuaient en outre *Le Bouclier,* dont l'authenticité a été mise en doute, et *Le Catalogue des femmes,* aujourd'hui perdu.

Homère (VIIIe siècle av. J.-C. ?)

Ce n'est pas le moindre des paradoxes que le plus célèbre poète de l'Antiquité est peut-être aussi l'un des moins connus. Homère a-t-il seulement existé ? Étaient-ils plusieurs ? Le nom désigne-t-il une école d'aèdes ? Nul ne sait. « L'affaire Homère » a fait couler beaucoup d'encre, et aujourd'hui encore les érudits multiplient les hypothèses. L'obscurité s'est faite dès l'Antiquité, en partie à cause de la célébrité de l'auteur : nombre de « vies », fictives, ont circulé, tant et si bien que, s'il y a un Homère, c'est celui que la tradition a forgé. Celui-ci vécut en Ionie, au VIIIe siècle av. J.-C., et a composé l'*Iliade* et l'*Odyssée,* immenses épopées comptant respectivement près de 16 000 et plus de 12 000 vers. Louées dès l'Antiquité, ces deux œuvres sont fondatrices de la culture occidentale. Chantées par les aèdes dans les cours aristocratiques, elles sont les premières œuvres de notre patrimoine qui nous sont parvenues intactes. L'*Iliade,* poème de la gloire et de la guerre, relate la colère d'Achille qui, pour ne pas manquer à l'idéal héroïque, fait le sacrifice de sa vie. Récit de voyage et conte merveilleux, l'*Odyssée* chante les errances d'Ulysse jusqu'à son retour à Ithaque. Les deux textes s'intègrent aux légendes issues de la guerre de Troie. À la suite de l'enlèvement d'Hélène, la femme du roi de Sparte Ménélas, les chefs grecs partent à la conquête de Troie. Gouvernée par Priam, Troie est une riche cité d'Asie Mineure (en actuelle Turquie) où ont trouvé refuge Hélène et Pâris, le prince troyen qui a ravi la jeune femme. Les combats font rage pendant dix ans, tant de part et d'autre les héros sont vaillants. Parmi les Troyens, Hector et Énée sont les plus valeureux, tandis que, côté achéen, Achille, Ajax et Diomède sont les meilleurs guerriers, auxquels il faut ajouter Ulysse le rusé. Les dieux prennent aussi part à la guerre en favorisant leurs champions, quand ils ne vont pas eux-mêmes sur le champ de bataille. Hector puis Achille meurent au combat, si bien que l'issue de la guerre est, jusqu'aux derniers moments, incertaine. C'est alors qu'Ulysse imagine un stratagème appelé à devenir fameux : les troupes grecques font mine de partir. Il ne reste sur la plage qu'un gigantesque et mystérieux cheval de bois. Les Troyens y voient un présent des dieux et l'introduisent dans leurs murs. Les Achéens, dissimulés dans le cheval, sortent de leur cachette. Troie est dévastée : seuls Énée et quelques hommes parviennent à fuir la cité en flammes. Les chefs achéens reprennent la mer, leurs navires chargés de l'or de Troie et des princesses captives.

Hygin (début du Ier siècle ap. J.-C. ?)

C. Iulius Hyginus, affranchi érudit d'origine alexandrine ou hispanique placé à la tête de la Bibliothèque palatine sous le règne d'Auguste, passe souvent pour être l'auteur des *Fables*, sorte de compilation rappelant l'essentiel des récits, des généalogies, des catalogues de la mythologie gréco-romaine. Cependant, il existe d'autres écrivains du nom d'Hygin à qui l'on attribue parfois cette œuvre au style assez dépouillé, qui vise un objectif d'ordre avant tout pédagogique.

Juvénal (60-140 ap. J.-C.)

D'origine modeste, Juvénal, natif d'Aquinum, en Campanie, se plut à opposer, aux mœurs chastes et droites des anciens Romains de la République, la dépravation de son temps. Après s'être consacré à la rhétorique, il commença à composer des satires vers l'âge de quarante ans, lorsque l'accession au pouvoir de Trajan, puis d'Hadrien, lui permit de dénoncer les abus dont il avait été le témoin sous le règne de leur prédécesseur Domitien. Ses *Satires* sont politiques, mais aussi sociales : flagorneurs, rimailleurs, ripailleurs, professeurs, coquettes et avares, toutes les couches de la société, tous les vices de Rome sont l'objet de son courroux.

Lucain (39-65 ap. J.-C.)

Ce poète , auteur d'une puissante épopée, la *Pharsale*, fut compromis dans des intrigues politiques et connut une fin tragique, comme Sénèque, son oncle. Son style, aux exceptionnelles capacités expressives, est mis au service de descriptions saisissantes.

Lucrèce (99/94-55/50 av. J.-C.)

On ignore à peu près tout de l'auteur du poème *De la nature* (*De natura rerum*). La seule indication est une lettre de Cicéron, montrant que celui-ci fut si admiratif devant l'ouvrage de Lucrèce qu'il entreprit de l'éditer. Les six chants s'inscrivent dans la doctrine du philosophe grec Épicure et en exposent les principes. Aucun préjugé ne résiste à la démonstration : le poète s'en prend successivement aux croyances, à la religion, aux peurs, aux superstitions et aux mythes amoureux. Dans une langue imagée et harmonieuse, l'ouvrage développe une physique atomiste, une théorie de la connaissance et une morale de la liberté.

Martial (38/41-104 ap. J.-C.)

Martial naquit dans la province d'Espagne sous le règne de Caligula. Il se rendit à Rome, où il fut bien accueilli par les autres Romains d'Espagne, Quintilien, Sénèque et Lucain. Mais ces relations lui portèrent préjudice lors de la conspiration de Pison, dans laquelle ses amis furent impliqués. C'est pour subvenir à ses besoins que Martial, homme de lettres peu fortuné, dépendant de ses « patrons », pratiqua le genre de l'épigramme, poésie brève et de circonstance, dans lequel il excella. Les quinze livres d'épigrammes, qui composent toute son œuvre, reflètent une production qui s'étala sur plus de vingt ans, raffinée, ingénieuse, riche en flagorneries certes, mais aussi en traits d'esprit et en allusions grivoises, remplie d'attaques, de suppliques, de railleries et de louanges. Martial finit par rentrer dans son pays natal, où il s'ennuya et regretta Rome.

Origène (185-253 ap. J.-C.)
Auteur du *Contre Celse,* Origène est un philosophe et Père de l'Église. Son œuvre, qui comporte traités et homélies, est considérable et eût une immense influence dans l'Antiquité. Écrite en grec, elle ne nous est parvenue, pour la plus grande partie, que dans ses traductions latines.

Orose (*c.* 380-418 ap. J.-C.)
Paul Orose, est l'auteur *d'Histoires (Contre les païens),* écrites à la demande de saint Augustin pour montrer que les malheurs du temps ne devaient pas être imputés au christianisme. Il montre, par une recension systématique, que son époque, contemporaine du christianisme, n'a en rien le monopole des calamités.

Ovide (43 av. J.-C.-*c.* 18 apr. J.-C.)
Le « clerc de Vénus », le « précepteur d'Amour » est le plus jeune des poètes augustéens et n'a connu que la paix. Pour cette raison, il sera moins reconnaissant à Auguste de l'avoir ramenée et plus insolent envers le nouveau maître de Rome. Un premier poste de *triumvir* le détourne vite de la vie politique au profit d'une vie

mondaine vouée à l'érotisme et à la poésie. Les joutes du forum l'ennuient, le cénacle de Messala l'exalte, même s'il n'entend pas limiter la diffusion de ses œuvres à ce cercle restreint. Il est l'un des premiers auteurs à se soucier de son public anonyme mais nombreux et fidèle. Pour des raisons qui nous sont obscures – Auguste invoquera l'immoralité de *L'Art d'aimer*, mais ce prétexte paraît peu convaincant –, Ovide est exilé à Tomes dans l'actuelle Roumanie, au bord de la mer Noire, où il meurt dans la désolation, abandonné de tous et de tout, sauf de ses livres. Son œuvre de virtuose, étourdissante de facilité et de beauté, s'étend dans trois directions. Un premier ensemble regroupe les *Héroïdes* (les lettres d'amour écrites par les héroïnes de la mythologie à leurs amants), commencées à l'âge de dix-huit ans, *Les Amours*, *L'Art d'aimer* et *Les Remèdes à l'amour*. *Les Fastes* et *Les Métamorphoses* appartiennent à une veine plus purement mythologique et savante : *Les Fastes* relatent l'origine des fêtes du calendrier tandis que *Les Métamorphoses* narrent les transformations des hommes en animaux et en plantes. La troisième période s'ouvre avec l'exil où Ovide, dans les *Tristes* et les *Pontiques*, revient au vers élégiaque qui lui est cher et se consacre à une poésie de la vieillesse et de la nostalgie. Tendre, enjoué et incisif, Ovide est l'un des plus célèbres poètes latins, le rival de Virgile dans les cœurs effrontés, et l'une de nos meilleures sources pour la mythologie.

Pausanias (*c.* 115 apr. J.-C.-*c.* 180 apr. J.-C. ?)

On ne sait pratiquement rien de la vie de Pausanias, si ce n'est qu'il était originaire d'Asie Mineure. Après avoir beaucoup voyagé, il se fixa à Rome où il écrivit une *Description de la Grèce* ou *Périégèse*, en dix livres. Précurseur de la littérature des guides de voyage, mais écrivant dans une langue volontairement archaïsante, il donne à la fois des descriptions très précises de sites ou de monuments et une image d'ensemble de la Grèce à son époque. Son œuvre se décompose comme suit : livre I : l'Attique et

Mégare ; livre II : Corinthe, l'Argolide, ainsi qu'Égine et les îles alentour ; livre III : la Laconie ; livre IV : la Messénie ; livre V : l'Élide et Olympie ; livre VI : l'Élide (2e partie) ; livre VII : l'Achaïe ; livre VIII : l'Arcadie ; livre IX : la Béotie ; livre X : la Phocide et la Locride. Les fouilles archéologiques confirment régulièrement la précision de ses affirmations, mais son œuvre est aussi un hommage permanent rendu à l'identité et à la culture grecque sous toutes leurs formes. Grand visiteur de temples, s'attachant à transmettre avec rigueur les mythes, Pausanias a contribué à fixer les traits de la Grèce antique, telle qu'elle fascinera après lui des générations de voyageurs.

Pétrone (mort en 66 ap. J.-C. ?)

L'homme demeure un inconnu, bien qu'on l'identifie au Pétrone dont parle Tacite, un sybarite insouciant et raffiné. Surnommé « l'arbitre des élégances », il sut entrer à la cour de Néron, avant d'en être évincé et contraint au suicide, comme beaucoup de proches de l'empereur, non sans avoir pris le temps de composer un récit des débauches du prince, qu'il lui fit parvenir. Mais d'autres le font vivre au début du IIIe siècle ou bien encore à la cour des Flaviens. Reste l'oeuvre, insolite et éclectique, le *Satiricon*, « histoires satiriques » ou « histoires de satyres », le premier « roman réaliste ». Il se distingue des romans grecs contemporains centrés sur une intrigue mièvre. Nous en possédons de larges extraits qui paraissent se situer sous les règnes de Claude ou Néron. Accompagné de son ami Ascylte et du petit Giton, son esclave, Encolpe, le narrateur, vole d'aventure en aventure. Trois temps forts rythment le récit : le repas de Trimalcion, le « nouveau riche » affranchi, la légende de la veuve d'Éphèse et le séjour à Crotone, paradis des vieillards encore verts et des captateurs d'héritages. Exploration de la « comédie humaine », le livre donne l'occasion de savoureuses descriptions de la société romaine et de parodies, pleines d'humour et de grivoiserie.

Phèdre (*c.* 14 av. J.-C. - *c.* 50 apr. J.-C.)

Esclave et « affranchi d'Auguste », il est l'auteur de *Fables ésopiques*, en effet inspirées d'Ésope, mais écrites en vers.

Philon d'Alexandrie (*c.* 15 av. J.-C.-*c.* 50 apr. J.-C.)

Nous savons très peu de chose de la vie de Philon d'Alexandrie. Né dans l'une des principales familles juives d'Alexandrie, il avait pour frère Alexandre, qui exerça la fonction d'*alabarque*, terme désignant probablement le contrôleur général des douanes égyptiennes. Son neveu Tiberius Iulius Alexander abjura le judaïsme, fut procurateur de Judée sous Claude, puis préfet d'Égypte et il seconda Titus au siège de Jérusalem. Philon suivit l'éducation grecque traditionnelle, ce qui lui permit d'avoir des connaissances approfondies en philosophie et en littérature. À Alexandrie, la Bible était lue et commentée en grec, car la plupart des Juifs, et Philon ne semble pas avoir fait exception, n'avaient que des connaissances très superficielles de l'hébreu et de l'araméen. L'épisode de sa vie que nous connaissons le mieux, grâce à son propre témoignage, est son ambassade auprès de Caligula, à la suite du terrible pogrom subi en 38 par la communauté juive alexandrine, épisodes qu'il raconte dans l'*In Flaccum* et dans la *Legatio ad Caium*. Son œuvre, qui atteint une cinquantaine de volumes, comprend plusieurs types de travaux : a) des traités à caractère philosophique ; b) des œuvres apologétiques de défense du peuple juif ; c) des livres sur la création du monde, le Décalogue, les patriarches, les lois propres au judaïsme, etc. ; d) une *Vie de Moïse* en deux livres ; e) un commentaire allégorique d'une partie de la Genèse, en vingt et un livres ; f) des livres de questions-réponses sur la Genèse et l'Exode. Appliquant à la Bible la méthode allégorique qu'avaient mise au point les penseurs grecs, notamment les stoïciens, Philon, qui pourtant se défendait de négliger la lettre du texte, apparut très vite aux chrétiens comme un précurseur, ce qui permit la sauvegarde de son œuvre.

Platon (427-347 av. J.-C.)

Le célèbre philosophe grec était un citoyen athénien, issu d'une des grandes familles de la cité. Alors que sa noble origine, sa richesse et son éducation le destinaient à devenir dirigeant politique ou savant pédagogue (un de ces sophistes honnis par l'écrivain), Platon choisit de devenir philosophe, à l'imitation de son maître et concitoyen Socrate. Loin toutefois de se retirer de la vie publique, le philosophe tel que Platon l'a inventé se consacre à la réforme de la cité et de ses habitants, soit par ses écrits, soit par son enseignement. Il institua en outre l'Académie, où les élèves (parmi lesquels Aristote) venaient suivre ses leçons aussi bien que celles des prestigieux savants invités. Son œuvre est immense, et la culture occidentale n'a eu de cesse d'y puiser des enseignements. Deux groupes sont cependant identifiables : les premiers dialogues, mettant en scène les entretiens de Socrate, tels que *Gorgias*, *Phèdre* ou *Protagoras*, et les œuvres de plus longue haleine où Platon exprime sa seule pensée, comme *La République*.

Pline l'Ancien (23-79 ap. J.-C.)

Polymathe, père de l'esprit encyclopédiste et surnommé à juste titre « le plus illustre apôtre de la science romaine », Pline l'Ancien sut allier le goût du savoir à celui du pouvoir. Sous le règne de l'empereur Vespasien, il exerça quatre procuratèles avant de commander, de 77 à 79, la flotte impériale de Misène. En même temps, il se consacra à des recherches tantôt érudites, tantôt généralistes, allant de l'étude des phénomènes célestes à la sculpture et à la peinture, en passant par l'agriculture et la philosophie. Sa curiosité et son insatiable désir de connaissance lui coûtèrent la vie : en 79, Pline périt dans les laves du Vésuve dont il s'était approché pour en observer l'éruption. Il aurait écrit plus de 500 volumes, dont seuls nous sont parvenus les 37 livres de l'*Histoire naturelle*, achevée et publiée en 77. Son neveu et fils adoptif, Pline le Jeune, nous apprend que

Pline fut en outre historien (il aurait consacré 20 livres aux guerres de Germanie et 31 à l'histoire romaine), rhéteur et grammairien.

Plutarque (*c.* 45-125 apr. J.-C.)

Né à Chéronée, en Béotie, Plutarque était issu d'une famille de notables. Il étudia à Athènes, fit des voyages et séjourna à Rome, avant de revenir dans sa patrie, où il se consacra à l'écriture, à sa famille et à ses amis ; il se rendait fréquemment à Delphes, où il exerçait des fonctions politiques et sacerdotales en relation avec le sanctuaire d'Apollon. Son œuvre est composée de deux massifs: les *Vies parallèles*, recueil de biographies de grands hommes de l'histoire, présentées presque toutes par paires (un Grec étant mis chaque fois en parallèle avec un Romain) ; les *Œuvres morales*, ensemble très varié de traités et de dialogues consacrés non seulement à des questions de philosophie morale (d'où le titre de l'ensemble), mais aussi à des sujets littéraires, politiques, scientifiques, religieux. En philosophie, l'auteur se rattachait à l'école de Platon (l'Académie), non sans inflexions et écarts doctrinaux. D'une érudition prodigieuse, l'œuvre de Plutarque est un trésor de connaissances, de faits et d'idées. Dès l'Antiquité, elle a exercé une influence considérable, et, parmi les très nombreux esprits que Plutarque a marqués, on relève Shakespeare, Montaigne, ou encore Rousseau.

Polyen (IIe siècle apr. J.-C.)

Sous le titre de « ruses de guerre », ou *Stratagèmes*, ce militaire nous a transmis en fait un recueil fourni de récits forts instructifs sur toutes sortes d'aspects de l'histoire de la Grèce classique ou hellénistique.

Porphyre (234-*c.* 305)

Né à Tyr en Syrie, Porphyre séjourna à Athènes avant de rejoindre Rome en 263 pour y recevoir l'enseignement de Plotin dans l'École que ce dernier avait fondée en 244. D'abord très enthousiaste, Porphyre rompit brusquement avec Plotin ainsi qu'avec le néoplatonisme tel que l'auteur des *Ennéades* l'avait fondé. Entre divers séjours qui le conduisirent en Sicile, en Orient et de nouveau à Rome où il termina ses jours, Porphyre a composé une œuvre aussi immense que variée, dont il nous reste aujourd'hui la liste et une infime partie, le plus souvent fragmentaire. Outre l'édition, le commentaire et la diffusion de l'œuvre de Plotin, qu'il avait lui-même regroupée en « Ennéades », Porphyre composa plusieurs traités platoniciens et aristotélicien, ainsi qu'une *Histoire philosophique* dont il reste aujourd'hui la partie consacrée à Pythagore. Il rédigea en outre des traités scientifiques, éthiques ou religieux (*Contre les chrétiens*). Ses commentaires influencèrent les néoplatoniciens de l'Antiquité tardive et, traduits en latin, eurent une importance notable auprès des auteurs médiévaux.

Properce (*c.* 47 av. J.-C. - *c.* 16/15 av. J.-C.)
Sextus Propertius est l'auteur de quatre livre d'*Élégies*. Le livre IV illustre le genre de la poésie nationale et évoque les origines de Rome.

Sénèque (*c.* 1 av. J.-C.-65 apr. J.-C.)
Le « toréador de la vertu », selon le mot de Nietzsche, est né à Cordoue, en Espagne. Si le nom de Sénèque est, à juste titre, associé à la pensée stoïcienne, sa vie et son œuvre ne se résument pas à cela. La carrière politique du philosophe fut tout aussi brillante que sa carrière littéraire, même s'il connut des disgrâces, un exil, et échappa à une première condamnation à mort sous Caligula. Précepteur de Néron, exerçant dans l'ombre une influence sur l'Empire, il serait l'auteur de neuf tragédies, dont *Œdipe*, *Hercule furieux* et *Médée*, qui représentent les ravages des passions dénoncées dans ses traités philosophiques. Ces derniers, consacrés notamment à la tranquillité de l'âme, à la clémence, au bonheur ou à la constance, invitent au souci de soi et

évoquent les avantages de la retraite : le sage ne veut pas occuper une responsabilité mesquine et disputée dans la cité, mais sa juste place dans l'ordre de l'univers. Cependant, Néron au pouvoir se méfie de son ancien maître et tente de le faire empoisonner. Retiré à Naples, par crainte de l'empereur, le penseur stoïcien mène une existence érudite et tranquille, et compose les *Lettres à Lucilius*. Sa fin est exemplaire : impliqué dans la conspiration de Pison, Sénèque se suicide, rejoignant dans la mort choisie plusieurs autres figures emblématiques du stoïcisme, dont Caton d'Utique, disparu au siècle précédent.

Sextus Empiricus (IIe ou IIIe siècle apr. J.-C.)

Même si nous ne savons pratiquement rien de la vie de ce médecin empiriste, c'est par Sextus Empiricus que nous connaissons le scepticisme antique. Dans les *Hypotyposes pyrrhoniennes*, dans le *Contre les Professeurs*, dans le *Contre les Logiciens* et *Contre les Moralistes*, notamment, il nous donne à connaître très précisément et dans le détail les arguments et les discussions des sceptiques. Montaigne l'a lu et en était pénétré, il y a trouvé nombre de ses remarques sur le comportement des animaux.

Suétone (*c.* 70-122 apr. J.-C.)

Des très nombreux ouvrages que composa Suétone, deux seulement sont parvenus jusqu'à nous, les fameuses *Vies des douze Césars* et le traité *Grammairiens et rhéteurs*, et encore de manière fragmentaire : le recueil des *Vies des douze Césars* est amputé de son début et le *De grammaticis et rhetoribus* de sa fin. Nous n'avons donc qu'un témoignage partiel de l'œuvre de Suétone, biographe aussi prolixe qu'éclectique : il s'intéressa tout autant aux courtisanes célèbres qu'à l'histoire naturelle, aux empereurs romains qu'aux injures grecques. Qui était C. Suetonius Tranquillus ? Pline le Jeune, qui fut son ami et veilla sur sa carrière, en donne un portrait peu amène : couard, il se fit exempter de la charge militaire et dut son rôle de responsable de la correspondance impériale à des intrigues qui lui valurent de tomber en disgrâce en 122. Si la vie de Suétone est tristement banale, ses *Vies*, tant par les empereurs qu'elles évoquent que par le talent de l'auteur, qui aspire à un récit objectif des faits et gestes de ses modèles, sont un chef-d'œuvre de la littérature latine. Il est toutefois possible de leur reprocher une trop grande attention aux rumeurs et légendes malintentionnées dont chaque dynastie accablait la précédente.

Théophraste (*c.* 371 av. J.-C.-*c.* - 288 av. J.-C.)
Élève d'Aristote, Théophraste d'Érèse a poursuivi son œuvre de métaphysicien, de logicien et de savant, notamment en ce qui concerne les sciences de la nature et la botanique. Avec ses *Caractères*, il inaugure la caractérologie.

Tite-Live (*c.* 60 av. J.-C -17 apr. J.-C.)
La vie de Tite-Live est sans doute l'une des plus calmes parmi les existences d'auteurs antiques. Il fallait bien une telle sérénité pour composer une œuvre-fleuve comme celle à laquelle le plus prolixe des historiens latins donna le jour. Originaire de Padoue, il consacre sa vie à sa famille et à l'écriture. Cet intime d'Auguste, attaché à ses convictions républicaines, limite ses séjours à la Cour, où il occupe toutefois les fonctions de précepteur du futur empereur Claude. Il est l'auteur d'écrits d'inspiration philosophique aujourd'hui perdus, mais surtout d'une histoire romaine, *Ab Urbe condita*, « Depuis la fondation de Rome », en cent quarante-deux livres. Seule la mort interrompt son travail. Il nous reste trente-cinq livres, fort instructifs, qui sont notre source principale sur l'histoire archaïque de Rome. Malheureusement, les livres consacrés aux guerres civiles ont disparu. Tite-Live s'appuie sur différents matériaux : des légendes, des documents officiels, les œuvres des premiers historiens, les « annalistes », qui consignaient tous les événements importants survenus chaque année. Son travail

se veut non seulement narratif mais aussi explicatif et didactique : son ouvrage multiplie les *exempla*, les figures de citoyens exemplaires qui ont fait la force et la grandeur de la Rome des premiers temps et qui doivent aujourd'hui servir de mémento à ses contemporains dévoyés par le luxe et la débauche. Tite-Live cherche également à composer une œuvre d'art : l'exigence de vérité ne l'amène jamais à sacrifier sa visée esthétique.

Varron (116 av. J.-C. - 27 av. J.-C.)

Marcus Terentius Varro est avant tout connu comme un grammairien, auteur du *De lingua latina.* La plupart de ses recherches, portant sur de multiples domaines sont perdues, mais il nous reste un *De re rustica* (*Économie rurale*), seule de ses œuvres qui nous soit parvenue en entier. On y trouve une description précise des pratiques des éleveurs et agriculteurs.

Végèce (IVe/Ve siècles apr. J.-C.)

Publius Flavius Vegetius Renatus, à côté de traités relevant de l'art militaire est l'auteur d'une *Mulomedicina,* qui est un *Art vétérinaire.* Ce traité est consacré aux bœufs et aux chevaux. En raison d'un effort d'analyse et de présentation systématique des maladies et des soins à donner aux bêtes, cette œuvre permet de voir en ce médecin un fondateur de la médecine vétérinaire.

Virgile (70-19 av. J.-C.)

Si Homère devait avoir un double latin, ce serait Virgile, tant son œuvre fut célébrée, autant par les Anciens que par les générations suivantes. Issu d'une famille modeste, spoliée d'une partie de ses biens par la guerre civile, Virgile est né à Mantoue et ne tarde guère à se consacrer à la poésie, après avoir étudié la rhétorique et la philosophie épicurienne à Crémone, Milan et Rome. À trente ans à peine, il a déjà composé les *Bucoliques*, pièces champêtres à la manière du poète grec Théocrite, qui comportent plusieurs allusions à la triste réalité contemporaine des propriétaires spoliés. Il poursuit avec les *Géorgiques,* imitées de la poésie didactique d'Hésiode. Mécène puis Auguste le remarquent : Virgile devient ainsi le chantre officiel de l'Empire. Toutefois, ce poète de cour est un poète de génie. Désireux de chanter la gloire d'Auguste, il a cependant l'idée de ne pas célébrer directement ses exploits mais d'entreprendre une épopée propre à flatter tant le prince que l'orgueil national : l'*Énéide* relate les exploits d'Énée, chef troyen, fils de Vénus et ancêtre mythique de la famille d'Auguste et du peuple romain. Un réseau complexe d'allusions à la destinée future du peuple romain assure le lien entre le récit fabuleux des origines et l'histoire contemporaine. C'est ainsi que les Romains ont pu rivaliser avec les glorieux héros grecs. Insatisfait de son œuvre, Virgile avait demandé à Varron de la jeter dans les flammes s'il venait à mourir avant d'avoir pu la relire entièrement. Bravant la volonté du poète mort brusquement d'une insolation, Auguste en ordonna la publication. Dès lors, l'épopée nationale fut considérée comme un véritable abrégé du savoir humain et le modèle de la grande poésie, louée tant par les païens que par les chrétiens. À partir des trois œuvres du poète s'élabora le modèle de « la roue de Virgile » : les motifs, les tournures de chacune servaient de références aux trois niveaux de style : bas, moyen et élevé (*humile, mediocre, sublime*).

Xénophon (426-après 355 av. J.-C.)
Issu d'une riche famille athénienne, Xénophon prit part à la défense d'Athènes pendant la guerre du Péloponnèse. En 401, il s'engagea avec un groupe de Grecs au service de Cyrus le Jeune, lequel cherchait à renverser le roi de Perse son frère ; Cyrus étant mort, les Grecs firent retraite à travers l'Asie, en pays hostile, et réussirent à regagner leur patrie, exploit que Xénophon raconte dans l'*Anabase.* Condamné pour sympathies prospartiates, Xénophon resta longtemps exilé, avant de rentrer à Athènes à la fin de sa vie. De sa fréquentation de

Socrate, qu'il connut dans sa jeunesse, Xénophon a tiré des discours et des dialogues, dans lesquels le philosophe est mis en scène : les *Mémorables*, le *Banquet*, l'*Apologie de Socrate* et l'*Économique* (dialogue sur la « maison », *oikos*, c'est-à-dire sur ce que doivent être la vie d'un ménage et la gestion d'un domaine). Son oeuvre d'historien se compose de l'*Anabase*, et aussi des *Helléniques*, où il poursuit le récit de la guerre du Péloponnèse en reprenant là où Thucydide s'était interrompu. Outre des traités sur la cavalerie, l'équitation, la chasse, il est encore l'auteur d'opuscules politiques et d'une histoire romancée de la vie de Cyrus l'Ancien, la *Cyropédie*. L'oeuvre de Xénophon, qui n'a pas toujours été appréciée à sa juste valeur (elle a souffert du parallèle, inévitable, avec ces grands génies que furent Thucydide et Platon), est importante pour la connaissance de nombreux aspects de la civilisation grecque ; fine et variée, elle est novatrice dans l'emploi des genres littéraires.

POUR ALLER PLUS LOIN

Sources

Nota bene. L'abréviation « CUF » désigne la Collection des Universités de France, publiée par Les Belles Lettres.

Apicius
L'Art culinaire, texte établi, traduit du latin et commenté par Jacques André, « CUF », 1974.

Apollodore
Bibliothèque, texte traduit du grec ancien, annoté et commenté par Jean-Claude Carrière et Bertrand Massonie, Besançon, Université de Besançon, « Annales littéraires de l'Université de Besançon. Centre de recherches d'histoire ancienne. Lire les polythéismes », 1991.

Appien
Celtiques, traduction nouvelle depuis le grec ancien, Jean-Louis Poirier

Aristophane
Les Acharniens, Texte établi par Victor Coulon, traduit du grec ancien par Hilaire Van Daele, « CUF », 1934.

Aristote
De l'âme, texte établi par Antonio Jannone, traduit du grec ancien et annoté par Edmond Barbotin, « CUF », 1995.

Histoire des animaux, texte établi, traduit du grec ancien et commenté par Pierre Louis, « CUF », 1964-1969.

Marche des animaux – Mouvement des animaux, suivi d'un *Index des traités biologiques*, texte établi et traduit du grec ancien par Pierre Louis, « CUF », 2015.

Les Parties des animaux, texte établi et traduit du grec ancien par Pierre Louis, « CUF », 2002.

Politique, tome I, texte établi et traduit du grec ancien par Jean Aubonnet, « CUF », 2015. c1960

Sur les poètes, traduction nouvelle, Jean-Louis Poirier.

Artémidore

La Clef des songes [*Onirocriticon*], traduit du grec ancien et annoté par André-Jean Festugière, Paris, Vrin, « Bibliothèque des textes philosophiques », 1975.

Augustin

Du libre arbitre, in *Œuvres complètes*, 17 vol., texte traduit du latin sous la direction de Jean-Joseph-François Poujoulat et l'abbé Jean-Baptiste Raulx, Bar-le-Duc, L. Guérin, 1864-1873.

Aulu-Gelle

Nuits attiques, traduction nouvelle depuis le latin, Jean-Louis Poirier

Celse

Voir Origène

Cicéron

Correspondance, tome III, texte établi et traduit du latin par Léopold-Albert Constans, « CUF », 1936.

De la divination, texte traduit du latin et commenté par Gérard Freyburger et John Scheid, Paris, Les Belles Lettres, « La roue à livres », 1992.

Les Devoirs, texte établi et traduit du latin par Maurice Testard, « CUF », 1965.

Discours, tome 1, *Pour Sextus Roscius d'Amérie*, texte établi et traduit du latin par Henri de la Ville de Mirmont, « CUF », 1973.

La Nature des dieux, texte introduit, traduit du latin et annoté par Clara Auvray-Assayas, Paris, Les Belles Lettres, « La roue à livres », 2002.

La République, tome 2, texte établi et traduit du latin par Esther Bréguet, « CUF », 1980.

Tusculanes, texte établi par Georges Fohlen et traduit du latin par Jules Humbert, « CUF », 1960.

COLUMELLE

De l'agriculture, in *Les Agronomes latins : Caton, Varron, Columelle, Palladius*, textes traduits du latin sous la direction de Désiré Nisard, Paris, Dubochet et Cie, 1844.

DION CASSIUS

Histoire romaine, livres 38, 39 et 40, texte établi par Guy Lachenaud, traduit du grec ancien et commenté par Guy Lachenaud et Marianne Coudry, « CUF », 2011.

ÉLIEN

La Personnalité des animaux, 2 vol., texte traduit du grec ancien et commenté par Arnaud Zucker, Paris, Les Belles Lettres, « La roue à livres », 2001-2002.

EMPÉDOCLE, traduction nouvelle depuis le grec ancien, Jean-Louis Poirier

ÉPICTÈTE

Entretiens, texte établi, traduit du grec ancien et commenté par Joseph Souilhé, « CUF », 1943 (2e éd. revue et corrigée).

ÉSOPE

Fables, texte établi, traduit du grec ancien et commenté par Émile Chambry, « CUF », 2012.

Galien

De l'utilité des parties du corps humain, in *Œuvres anatomiques, physiologiques et médicales*, 2 vol., texte traduit du grec ancien par Charles Daremberg, Paris, Baillière,1854.

Procédés anatomiques, traduction nouvelle depuis l'italien par Jean-Louis Poirier (*Procedimenti anatomici*, traduit vers l'italien par Ivan Garofalo depuis la version arabe – tirée du syriaque – de Hubaish, Milan, Rizzoli, « Biblioteca universale Rizzoli », 1991)

Hérodien

Histoire des empereurs romains : de Marc-Aurèle à Gordien III (180 ap. J.-C.-238 ap. J.-C.), texte traduit du grec ancien et commenté par Denis Roques, Paris, Les Belles Lettres, « La roue à livres », 1990.

Hérodote

Histoires, 10 vol. texte établi, traduit du grec ancien et commenté par Philippe-Ernest Legrand, « CUF », 1932-1955.

Hésiode

Théogonie – Les Travaux et les Jours – Bouclier, texte établi, traduit du grec ancien et commenté par Paul Mazon, « CUF », 2014.

Homère

Iliade, 4 vol., texte établi, traduit du grec ancien et commenté par Paul Mazon avec la collaboration de Pierre Chantraine, Paul Collart et René Langumier, « CUF », 1937.

Odyssée : « poésie homérique », 3 vol., texte établi, traduit du grec ancien et commenté par Victor Bérard, « CUF », 1924.

Hygin

L'Astronomie, texte établi et traduit du latin par André Le Bœuffle, « CUF », 1983.

JUVÉNAL
Satires, texte établi, traduit du latin et commenté par Pierre de Labriolle et François Villeneuve, « CUF », 1983.

LUCAIN
La Guerre civile. La Pharsale, 2 vol., texte établi, traduit du latin et commenté par Abel Bourgery et Max Ponchont, « CUF », 1997.

LUCRÈCE
De la nature, 2 vol. texte établi, traduit du latin et commenté par Alfred Ernout, « CUF », 2010-2015.

MARTIAL
Épigrammes, 3 vol., texte établi, traduit du latin et commenté par H.-J. Izaac, « CUF », 1930-1934.

ORIGÈNE
Contre Celse, tome IV, livres VII et VIII, texte introduit, traduit du grec ancien et annoté par Marcel Borret, Paris, Éditions du Cerf, « Sources chrétiennes », 1969.

OROSE
Histoires (Contre les païens), texte établi, traduit du latin et commenté par Marie-Pierre Arnaud-Lindet, « CUF », 1990-1991.

OVIDE
Halieutiques, texte établi, traduit du latin et commenté par Eugène de Saint-Denis, « CUF », 1975.

Métamorphoses, 3 vol. texte établi et traduit du latin par Georges Lafaye, édition revue et corrigée par Jean Fabre, « CUF », 1995-1999.

PAUSANIAS
Description de la Grèce, 6 vol., traduit du grec ancien par Étienne Clavier, Paris, J. M. Eberhart, 1821.

PÉTRONE

Satiricon, Texte établi, traduit du latin et annoté par A. Ernout, « CUF », 2009.

PHÈDRE

Fables, Texte établi et traduit par A. Brenot, « CUF », 2009.

PHILON

Alexander vel De ratione quam habere etiam bruta animalia (De animalibus), texte introduit, traduit de l'arménien par Abraham Terian, Paris, Éditions du Cerf, « Les œuvres de Philon d'Alexandrie », 1988.

PLATON

Alcibiade, in *Œuvres complètes,* tome 1, texte établi, traduit du grec ancien et commenté par Maurice Croiset, « CUF », 1920.

Lois, in *Œuvres complètes,* tomes 11 et 12, texte établi, traduit du grec ancien et commenté par Édouard des Places et Auguste Diès, « CUF », 1956.

Phédon, in *Œuvres complètes,* tome 4, texte établi, traduit du grec ancien et commenté par Léon Robin, « CUF », 1963.

Phèdre, in *Œuvres complètes,* tome 4, texte établi, traduit du grec ancien et commenté par Léon Robin, « CUF », 1961.

Le Politique, in *Œuvres complètes,* tome 9, texte établi, traduit du grec ancien et commenté par Auguste Diès, « CUF », 1960.

Protagoras, in *Œuvres complètes,* tome 3, texte établi, traduit du grec ancien et commenté par Alfred Croiset avec la collaboration de Louis Bodin, « CUF », 1955.

République, in *Œuvres complètes,* tomes 7 et 8, texte établi, traduit du grec ancien et commenté par Émile Chambry, « CUF », 1957.

Théétète, in *Œuvres complètes*, tome 8, texte établi, traduit du grec ancien et commenté par Auguste Diès, « CUF », 1965.

PLINE L'ANCIEN
Histoire naturelle, livres VIII à XI et XXIX-XXX, texte établi, traduit du latin et commenté par Eugène de Saint-Denis, Alfred Ernout, etc., « CUF », 1960.

PLUTARQUE
Œuvres morales, tome XIV, 1re partie, *Traité 63. L'Intelligence des animaux*, texte établi et traduit du grec ancien par Jean Bouffartigue, « CUF », 2012.

S'il est loisible de manger chair, traduit du grec par Jacques Amyot, in *Œuvres morales*, tome XVII, Paris, Imprimerie de Cussac, 1801-1806.

Vies, tome I, *Thésée - Romulus. Lycurgue - Numa*, texte établi, traduit du grec ancien et commenté par Émile Chambry, Robert Flacelière et Marcel Juneaux, « CUF », 1993.

Vies, tome III, *Périclès - Fabius Maximus. Alcibiade - Coriolan*, texte établi, traduit du grec ancien et commenté par Émile Chambry et Robert Flacelière, « CUF », 1964.

Vies, tome V, *Aristide - Caton l'Ancien - Philopœmen - Flamininus*, texte établi, traduit du grec ancien et commenté par Émile Chambry et Robert Flacelière, « CUF », 1969.

POLYEN
Stratagèmes, traduction nouvelle depuis le grec ancien, Jean-Louis Poirier

PORPHYRE
De l'abstinence, 3 vol., texte établi et traduit du grec ancien par Jean Bouffartigue et Michel Patillon, « CUF », 1977.

PROPERCE

Élégies, texte établi, traduit du latin et commenté par Simone Viarre, « CUF », 2005.

SÉNÈQUE

De la brièveté de la vie, in *Dialogues*, tome II, texte établi, traduit du latin et commenté par Abel Bourgery, « CUF », 1930.

De la colère, in *Dialogues*, tome I, texte établi, traduit du latin et commenté par Abel Bourgery, « CUF », 1922.

Des bienfaits, 2 vol., texte établi, traduit du latin et commenté par François Préchac, « CUF », 1926-1928.

Lettres à Lucilius, 5 vol., texte établi par François Préchac et traduit du latin par Henri Noblot, « CUF », 1964-1989.

SEXTUS EMPIRICUS

Contre les physiciens, traduit du grec ancien par Charles-Émile Ruelle, Paris, 1898.

Hypotyposes pyrrhoniennes, traduit du grec ancien par Claude Huart, Amsterdam, 1925.

SUÉTONE

Vie des douze Césars, tome II, *Tibère - Caligula - Claude - Néron*, texte établi, traduit du latin et commenté par Henri Ailloud, « CUF », 1931.

THÉOPHRASTE

Caractères, texte établi, traduit du grec ancien et commenté par Octave Navarre, « CUF », 2012.

TITE-LIVE

Histoire romaine, tomes I, V et XXI, texte établi et commenté par Jean Bayet, traduit du latin par Gaston Baillet, Raymond Bloch et Alain Hus, « CUF », 1974-1977.

Varron
Économie rurale, 3 vol., texte établi, traduit du latin et commenté par Jacques Heurgon et Charles Guiraud, « CUF », 1978-1997.

Végèce
L'art vétérinaire ou l'hippiatrique, traduit du latin par Charles-François Saboureux de la Bonneterie, Paris, Didot Jeune, 1775.

Virgile
Géorgiques, texte établi, traduit du latin et commenté par Eugène de Saint-Denis, « CUF », 1957.

Xénophon
L'Art de la chasse, texte établi, traduit du grec ancien et commenté par Édouard Delebecque, « CUF », 1970.
De l'art équestre, texte établi, traduit du grec ancien et commenté par Édouard Delebecque, « CUF », 1978.

Suggestions bibliographiques

Ouvrages généraux

Amat, Jacqueline, *Les Animaux familiers dans la Rome antique*, Paris, Les Belles Lettres, « Realia », 2002.

Dumont, Jacques, *Les Animaux dans l'Antiquité grecque*, Paris, L'Harmattan, 2001.

Fontenay, Élisabeth de, *Le Silence des bêtes : la philosophie à l'épreuve de l'animalité*, Fayard, Paris, 1998 (rééd. Éditions du Seuil, « Points Essais », 2013).

Labarrière, Jean-Louis, *La Condition animale : études sur Aristote et les stoïciens*, Louvain-la-Neuve, Paris, Dudley (Mass.), Peeters, « Aristote », 2005.

Pellegrin, Pierre, *La Classification des animaux chez Aristote : statut de la biologie et unité de l'aristotélisme*, Paris,

Les Belles Lettres, « Collection d'études anciennes », 1982.

POIRIER, Jean-Louis, « Éléments pour une zoologie philosophique », in *Critique*, n° 375-376, 2004.

ROMEYER-DHERBEY, Gilbert, CASSIN, Barbara et LABARRIÈRE Jean-Louis (dir.), *L'Animal dans l'Antiquité*, Librairie philosophique Jacques Vrin, « Bibliothèque d'histoire de la philosophie », 1997.

THOMPSON, D'Arcy Wentworth, *A Glossary of Greek Birds*, Oxford, Clarendon Press, 1895 ; Oxford/Londres, Oxford University Press/H. Milford, 1936.

ZUCKER, Arnaud, *Aristote et les classifications zoologiques*, Louvain-la-Neuve, Paris, Dudley (Mass.), « Aristote », Peeters, « Aristote », 2005.

Études thématiques particulières

La chasse

AYMARD, Jacques, *Essai sur les chasses romaines : des origines à la fin du siècle des Antonins*, Paris, Éditions de Boccard, 1951.

LUCE, Jean-Marc, « Quelques jalons pour une histoire du chien en Grèce antique », in *Pallas*, n° 76, 2008, p. 261-293.

TRINQUIER, Jean, « Parcs à gibier, parcs de chasse, "paradis" dans le monde romain : *quid ad Persiam ?* », in *Paradeisos : genèse et métamorphose de la notion de paradis dans l'Antiquité*, actes du colloque international organisé par Éric Morvillez, Paris, Éditions de Boccard, « Orient & Méditerranée », 2014.

Les jeux

AUGUET, Roland, *Cruauté et Civilisation : les jeux romains*, Paris, Flammarion, 1970.

Clavel-Lévêque, Monique, *L'Empire en jeux : espace symbolique et pratique sociale dans le monde romain*, Paris, Éditions du CNRS, 1984.

Clavel-Lévêque, Monique, « L'espace des jeux dans le monde romain : hégémonie, symbolique et pratique sociale », *Aufstieg und Niedergang der römischen Welt (ANRW)*, II, 16, 3 (1986), p. 2405-2563.

La guerre

Chaumette, Jean-Christophe, *Les Animaux dans les guerres de l'Antiquité*, thèse méd. vét., Nantes, 1987, n° 36.

Polin, Sébastien, *Le Chien de guerre : utilisations à travers les conflits*, thèse pour le doctorat vétérinaire présentée et soutenue publiquement devant la Faculté de médecine de Créteil, 2003.

Schneider, Pierre, *Les Éléphants de guerre dans l'antiquité : IVe-Ier siècles avant J.-C.*, Clermont-Ferrand, Lemme Edit, « Illustoria. Histoire ancienne », 2015.

Ville, Georges, *La Gladiature en Occident des origines à la mort de Domitien*, Rome, École française de Rome, « Bibliothèque des Écoles françaises d'Athènes et de Rome », 1981.

Cuisine et sacrifices

Berthiaume, Guy, *Les Rôles du mágeiros : étude sur la boucherie, la cuisine et le sacrifice dans la Grèce ancienne*, Leyde/Montréal, E. J. Brill/Presses de l'université de Montréal, « Mnemosyne. Supplementum », 1982.

Détienne, Marcel, « La cuisine de Pythagore », in *Archives de sociologie des religions*, vol. 29, n° 1, 1970, p. 141-162 ; repris dans *Les Jardins d'Adonis*, Paris, Gallimard, « Bibliothèque des histoires », 1972, p. 78 *sq.*

Détienne, Marcel et Vernant, Jean-Pierre, *La Cuisine du sacrifice en pays grec*, Paris, Gallimard, « Bibliothèque des histoires », 1979.

Rudhardt, Jean et Reverdin, Olivier, *Le Sacrifice dans l'Antiquité : huit exposés suivis de discussions*, Genève, Fondation Hardt, « Entretiens sur l'Antiquité classique », 1981.

L'art vétérinaire

CAM, Marie-Thérèse, *La Médecine vétérinaire antique : sources écrites, archéologiques, iconographiques*, actes du colloque international de Brest, 9-11 septembre 2004, Presses universitaires de Rennes, « Histoire », 2007.

MOULÉ, Léon Théophile, *Histoire de la Art vétérinaire. Première période : histoire de la Art vétérinaire dans l'Antiquité*, Paris, Maulde, 1891.

L'homme et l'animal

DÉTIENNE, Marcel et VERNANT, Jean-Pierre, « La mètis du renard et du poulpe », *in Revue des études grecques*, vol. 82, n° 391-393, juillet-décembre 1969, p. 291-317.

DÉTIENNE, Marcel et VERNANT, Jean-Pierre, *Les Ruses de l'intelligence*, Paris, Flammarion, 1974.

GUILLAUMONT, François, *Philosophe et Augure : recherches sur la théorie cicéronienne de la divination*, Bruxelles, Latomus, 1984.

HAAR, Michel, « Du symbolisme animal en général, et notamment du serpent », in *Alter, revue de phénoménologie*, n° 3, 1995, p. 319-343.

HUBAUX, Jean et LEROY, Maxime, *Le Mythe du phénix dans les littératures grecque et latine*, Paris, Droz, « Bibliothèque de la Faculté de philosophie et lettres de l'université de Liège », 1939.

PRIEUR, Jean, *Les Animaux sacrés dans l'Antiquité : art et religion dans le monde méditerranéen*, Rennes, Ouest-France, « Ouest France université. De mémoire d'homme », 1988.

INDEX DES ANIMAUX

INDEX DES AUTEURS ET DES ŒUVRES

TABLE DES MATIÈRES

Ce volume,
le vingt-cinquième
de la collection « Signets »,
publié aux Éditions Les Belles Lettres,
a été achevé d'imprimer
en janvier 2016
sur les presses
de la Nouvelle Imprimerie Laballery,
58500 Clamecy, France

Dépôt légal : février 2015
N° d'édition : 8216 - N° d'impression : 512429

Imprimé en France